清宮林則徐檔案匯編

10

中國第一歷史檔案館
福建省林則徐研究會 編

海峽出版發行集團
海峽文藝出版社

第一〇册　目録

題報道光三年份江寧等六府州常平倉動存穀數（首缺）

叁州縣報入貳叁次清查虧缺折價追補並墊
完民欠豁免註銷應買共穀柒千玖百叁拾伍
石零實該淮寧縣存倉小麥抵穀壹千玖百捌
拾石零分晰轉造四柱款冊並遵新例將節奉
部文裝載冊首詳請具
題
并聲明各屬解存買補盈餘以及減存行月糶
價銀兩留備添補買補不敷之用造冊附呈送
部再此案報銷清查辦竣即應彙案詳
題
旋因司署科房失慎卷宗被焚飭令補造又因
開報未協輾轉行查以致稍稽遲延有因應請
邀免查議等情前來臣覆核無異除冊送部查
核外相應具

江蘇巡撫林則徐題本　題報道光三年份江寧等六府州常平倉動存穀數

道光十四年六月初一日

題伏乞
皇上聖鑒勅部核覆施行謹題請
旨

道光[illegible]部右侍郎兼都察院右副都御史巡撫江蘇等處地方提督軍務總理糧儲林則徐

江蘇巡撫林則徐題本 題報道光三年份江寧等六府州常平倉動存穀數
道光十四年六月初一日

兵部侍郎兼都察院右副都御史巡撫江蘇等處地方提督軍務兼理糧餉臣林則徐謹
題為報銷常平倉穀事據臣查得常平倉穀例應
按年造冊
題報除嘉慶貳拾肆年以前歷年動存穀數俱經
按年造報其嘉慶貳拾伍年報銷先因辦理叁
次清查案經前撫臣咨明展限嗣於清查事竣
即飭藩司迅飭各屬查造將道光元貳兩年報
銷詳
題在案所有道光叁年冊籍應行接辦今據江寧
布政使楊簧詳稱江寧等陸府州屬上元等叁
拾伍州縣常平倉項下舊管道光貳年報銷冊
報存倉穀壹拾伍萬叁拾玖石零新收穀叁千
捌百玖拾柒石零開除穀叁萬叁千壹百貳石
零實在存倉穀壹拾貳萬捌百叁拾伍石零又
各屬歷年借糶省道各倉並出易平糶撥放賑
濟以及報入清查參案折價追補同豁免註銷
等項應買應征應還共穀陸拾貳萬壹千捌百
玖拾捌石零內有桃源蕭縣碭山睢甯等肆縣
溢穀叁萬貳百捌拾陸石零實計上元等叁拾
壹州縣動缺額貯穀玖萬伍千伍百伍拾叁石
零又銅山蕭縣睢寧海州贛榆等州縣徵存乾
隆伍拾年夏共借給口糧漕米改徵小麥歸入
常平倉穀額外存貯秖穀壹萬肆千伍拾貳石
零內除銅山縣嘉慶陸年協撥蕭縣搭放展賑
應買麥秖穀肆千壹百叁拾陸石零蕭縣海州
贛榆叁州縣報入貳叁次清查虧缺折價追補
並墊完民欠豁免註銷應買共穀柒千玖百叁
拾伍石零實該睢寧縣存倉小麥秖穀壹千玖
百捌拾石零分晰轉造四柱款冊詳請具
題等情前來臣覆核無異除冊送部外謹題請
旨

江蘇巡撫林則徐題本 **審明沭陽縣民王大八戳斃伊妻張氏擬絞監候**

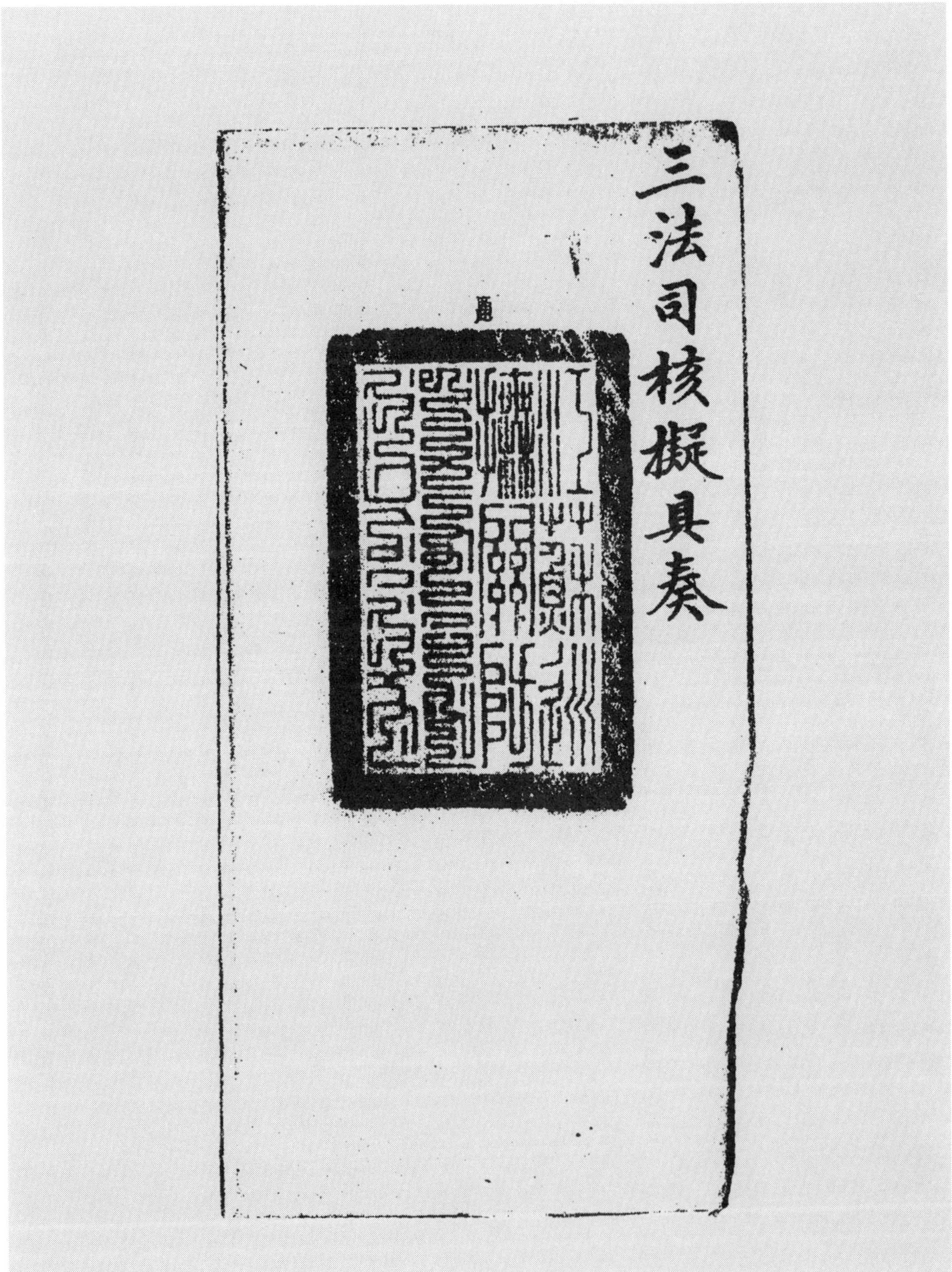
三法司核擬具奏

江蘇巡撫林則徐題本 審明沭陽縣民王大八戳斃伊妻張氏擬絞監候

道光十四年六月初一日

兵部侍郎兼都察院右副都御史巡撫江蘇等處地方提督軍務總理糧儲臣林則徐謹
題為報驗事據署江蘇按察使李彥章詳據署海
州知州王夢齡詳據署沭陽縣知縣王之棠詳
稱查接管卷內道光拾叁年柒月貳拾肆日據
地保胡泳與報據民人龔文敘投稱柒月貳拾
貳日鄰村王大八之妻王張氏攜帶提斗竊取
伊地內玉秫被伊撞見將提斗并所竊玉秫留
下貳拾叁日王大八同王張氏走至說伊誣竊
伊告知前情將提斗及所竊玉秫給看王大八
不能分辯向王張氏斥罵不服用刀將王張氏
戳傷身死等語往查屬實理合報驗等情到縣
經前縣王夢齡帶領吏仵前詣屍所如法相驗

江蘇巡撫林則徐題本　審明沭陽縣民王大八戳斃伊妻張氏擬絞監候　道光十四年六月初一日

據仵作徐順喝報已死王張氏問年貳拾貳歲
驗得仰面不致命左手腕刃傷壹處斜深透過
外口斜長柒分內口斜長伍分均寬壹分皮開
血污右手腕刃傷相連叁處上壹處斜長柒分
中壹處斜長伍分下壹處斜長肆分均寬壹分
深至骨骨不損皮開血污致命肚腹刃傷壹處
斜長柒分寬壹分深透內皮肉捲縮血污合面
致命右腰眼刃傷壹處斜長陸分寬壹分深透
內皮肉捲縮血污委係受傷身死報畢
親驗無異飭取兇器小刀比對屍傷相符填格
取結屍飭棺殮隨訊據地保胡泳與供與報詞
同據鄰佑王沅供王張氏是王大八的妻子

江蘇巡撫林則徐題本 審明沭陽縣民王大八戳斃伊妻張氏擬絞監候

道光十四年六月初一日

道光拾叁年柒月貳拾貳日王張氏在龔文敬地內竊取玉秫被龔文敬撞見把他提斗并所竊玉秫留下小的知道的貳拾叁日早小的在地工作見王大八同王張氏走到龔文敬地內說是龔文敬誣竊要與評理龔文敬告知前情把提斗同所竊玉秫當衆給看王大八不能分辯就向王張氏斥罵王張氏不服頂撞王大八拔出身佩小刀戳傷王張氏兩手腕王張氏撒潑撞頭王大八又戳傷他肚腹倒地王張氏在地滾罵王大八又用刀戳傷他右腰眼當時身死小的實是勸阻不及是實據地主龔文敬供小的佃種度日道光拾叁年柒月貳拾貳日小

的赴地照看莊稼權見王大八的妻子王張氏攜帶提斗在地內竊取玉秫小的把他提斗并所竊玉秫留下貳拾叁日早王大八同王張氏走到小的地邊說小的誣竊要來評理小的告知前情並把提斗同所竊玉秫當衆給看王大八不能分辯就向王張氏斥罵王張氏不服頂撞王大八順拔身佩小刀戳傷王張氏兩手腕王張氏撒潑撞頭又被王大八戳傷肚腹倒地滾罵王大八又用刀戳傷他右腰眼當時身死小的投保報驗的實是勸阻不及是實據屍兄張奎典供王張氏是胞妹嫁與王大八爲妻道光拾叁年柒月貳拾叁日小的聽聞妹子因竊

龔文敬地內玉秫被妹夫戳傷身死就趕來看
明係驗的小的細細訪查並沒別故是實據究
犯王大八供沭陽縣人年貳拾壹歲父親王上
達年伍拾貳歲母親陳氏年伍拾壹歲兄弟王
小根年貳拾歲小的娶妻張氏素相和好沒生
子女道光拾叁年柒月貳拾貳日妻子攜帶提
斗出外拾草如何在龔文敬地內竊取玉秫被
龔文敬撞見把提斗并所竊玉秫留下小的先
不知道妻子回歸向小的說路過龔文敬地邊
被龔文敬誣竊留下提斗的話小的誤信為實
貳拾叁日早小的帶同妻子到龔文敬地邊說
是龔文敬誣竊要與他評理索還提斗龔文敬

告知前情把提斗同所竊玉秫給看小的方知
妻子行竊是真不能分辯向妻子斥罵妻子不
服頂撞小的順拔身佩小刀戳傷妻子左右手
腕妻子撒潑撞頭小的又用刀戳他肚腹壹下
倒地妻子在地滾罵小的用刀嚇戳適傷他右
腰眼當時身死並非有心故殺也沒起釁別故
及在場幫毆的人兇刀已蒙起案是實各等供
據此將犯收禁餘倶省釋兇刀貯庫錄供通詳
奉批飭審前縣王夢齡未及審解卸事卑職到
任隨提犯證覆訊各供均與前審無異不敘外
該署沭陽縣知縣王之棠審看得民人王大八
戳傷伊妻王張氏身死壹案緣王大八籍隸沭

江蘇巡撫林則徐題本 審明沭陽縣民王大八戳斃伊妻張氏擬絞監候
道光十四年六月初一日

陽縣娶妻張氏素相和好道光拾叁年柒月貳
拾貳日王張氏攜帶提斗出外拾草在龔文敬
地內竊取玉秫被龔文敬撞見將其提斗并所
竊玉秫留下王張氏回歸捏以龔文敬誣竊留
下提斗之言向伊夫王大八告述王大八誤信為實
貳拾叁日早王大八帶同王張氏走至龔文敬
地內聲言龔文敬誣竊欲與評理索還提斗龔
文敬告知前情將提斗及所竊玉秫當衆給看
王大八方知伊妻行竊是真不能分辯當向王
張氏斥罵王張氏不服頂撞王大八順拔身佩
小刀戳傷王張氏左右手腕王張氏撒潑撞頭
王大八又戳傷其肚腹倒地王張氏在地滾罵

王大八復用刀嚇戳適傷其右腰眼當即殞命
報驗訊詳奉批飭審前縣王夢齡未及審解卸
事卑職到任遵復提犯研鞫據供前情不諱詰
非有心欲殺亦無起意謀故及在場幫毆之人
案無遁飾查律載夫毆妻至死者絞監候等語
此案王大八因伊妻王張氏行竊龔文敬玉秫
向斥詈罵用刀戳傷王張氏身死應按律問擬
王大八合依夫毆妻至死者絞律擬絞監候秋
後處決龔文敬被竊玉秫當已取回應無庸議
提斗給還屍屬具領無干省釋屍棺飭屬領埋
兇刀解驗等情由州審解到司該署江蘇按察
使李彥章提犯親審核擬無異解候勘

江蘇巡撫林則徐題本　審明沭陽縣民王大八戳斃伊妻張氏擬絞監候
道光十四年六月初一日

題等情招解到臣提犯親審無異該臣看得沭陽
縣民王大八戳傷伊妻王張氏身死壹案緣王
大八籍隸沭陽縣娶妻張氏素相和好道光拾
叁年柒月貳拾貳日王張氏攜帶提斗出外拾
草在龔文敬地內竊取玉林被龔文敬撞見將
其提斗并所竊玉林留下王張氏回歸捏以龔
文敬誣竊留下提斗之言向王大八告述王大
八誤信爲實貳拾叁日早王大八帶同王張氏
走至龔文敬地內聲言龔文敬誣竊欲與評理
索還提斗龔文敬告知前情將提斗及所竊玉
林當衆給看王大八方知伊妻行竊是真不能
分辯當向王張氏斥罵王張氏不服頂撞王大

八順拔身佩小刀戳傷王張氏左右手腕王張
氏撒潑撞頭王大八又戳傷其肚腹倒地王張
氏在地滾罵王大八復用刀嚇戳適傷其右腰
眼當即殞命報驗訊詳審供不諱詰非有心欲
殺亦無起釁別故及在場幫毆之人案無遁飾
查律載夫毆妻至死者絞監候等語此案王大
八因妻王張氏行竊龔文敬玉秫向斥潑罵用
刀戳傷王張氏身死應按律問擬王大八合依
夫毆妻至死者絞律擬絞監候秋後處決龔文
敬被竊玉秫當已取回應無庸議提斗給還屍
屬具領無干省釋屍棺飭埋兇刀發回貯庫臣
謹具

題伏乞
皇上聖鑒勅下三法司核覆施行再此案審限陸箇
月應以道光拾叁年柒月貳拾肆報官之日起
前縣王夢齡未及審解於玖月貳拾捌日卸事
計歷審兩箇月零肆日該縣王之棠於是日到
任接審前官歷限過半例得扣半加展壹箇半
月又前官剩限貳拾陸日封印壹月自縣由州
解司程限貳拾肆日統應扣至拾肆年伍月初
叁日全限屆滿合並陳明謹題請
旨

江蘇巡撫林則徐題本 審明沭陽縣民王大八戳斃伊妻張氏擬絞監候

道光十四年六月初一日

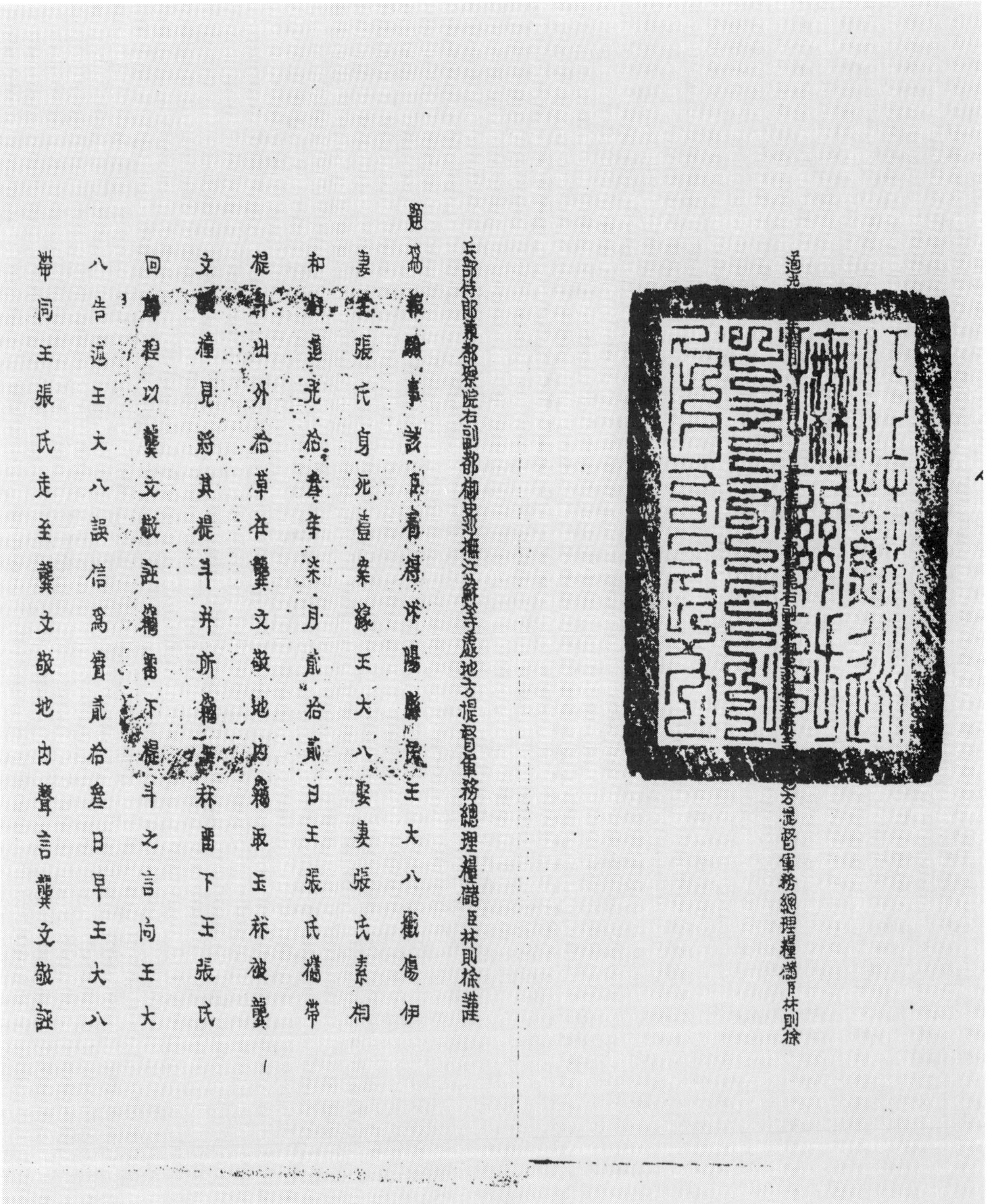

道光……方提督軍務總理糧儲臣林則徐

兵部侍郎兼都察院右副都御史巡撫江蘇等處地方提督軍務總理糧儲臣林則徐謹

題為報明事。該臣看得沭陽縣民王大八戳傷伊

妻王張氏身死壹案。緣王大八娶妻張氏，素相

和睦。道光拾叁年柒月貳拾貳日，王張氏攜帶

提斗出外拾草，在龔文啟地內竊取玉秫，被龔

文啟撞見，將其提斗并所竊玉秫留下，王張氏

回歸，將龔文啟訛竊留下提斗之言向王大

八告述，王大八誤信為實。貳拾叁日早，王大八

帶同王張氏走至龔文啟地內，聲言龔文啟訛

翁欲與評理索還提斗龔文敬告知前情將提
斗及所竊王秫當衆給看王大八方知伊妻行
竊是真不能分辯當向王張氏斥罵王張氏不
服頂撞王大八順拔身佩小刀戳傷其左右手
腕王張氏撒潑撞頭王大八又戳傷其肚腹倒
地王張氏在地滾罵王大八復用刀嚇戳適傷
其右腰眼當即殞命報驗訊詳審供不諱王大
八依夫毆妻至死者絞律擬絞監候秋後處決
謹題請
旨

江蘇巡撫林則徐題本　審明海州州民陳根方勒斃王振華擬絞監候

道光十四年六月初一日

江蘇巡撫林則徐題本　**審明海州州民陳根方勒斃王振華擬絞監候**

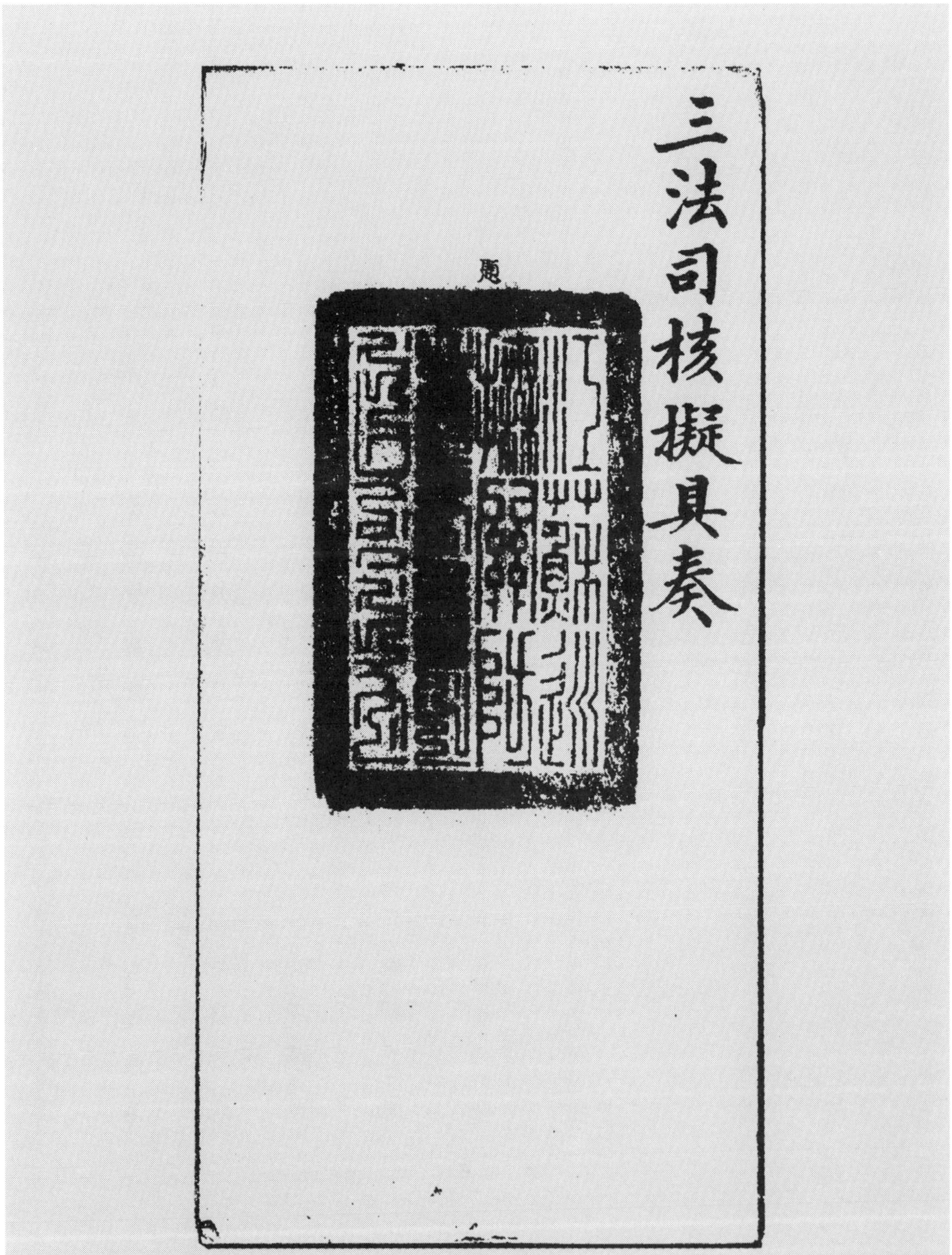
三法司核擬具奏

題

江蘇巡撫林則徐題本 審明海州州民陳根方勒斃王振華擬絞監候 道光十四年六月初一日

兵部侍郎兼都察院右副都御史巡撫江蘇等處地方提督軍務總理糧儲臣林則徐謹

題為報明事據署江蘇按察使李彥章詳准淮海

道文麟移據海州知州王用賓詳稱查接管卷

內道光拾叁年正月初肆日據地保唐景德報

據捻夫趙尚交投稱正月初貳日王振華至陳

根方船上討乞回覆不依陳根方用繂板繩套

住王振華項頸拖拉上岸致將王振華咽喉勒

傷身死等語往查屬實報候驗究等情到州經

前署州劉鈴帶領吏仵前詣屍所如法相驗據

仵作王萬喝報已死王振華問年叁拾伍歲驗

得仰面致命右額顱磕擦傷壹片去油皮參差

不齊難量分寸致命咽喉下繩痕壹道長叁寸

江蘇巡撫林則徐題本　審明海州州民陳根方勒斃王振華擬絞監候
道光十四年六月初一日

寬肆分深貳分青紅色自右至左漸微咽喉渴
合面致命腦後血癊壹片長貳寸許寬貳寸紅
色自右至左漸微不致命項頸左空壹寸無繩
痕血癊餘無故委係被勒受傷身死報畢親驗
無異填格取結屍飭棺殮將犯帶回收禁兇器
縴板繩貯庫前署州劉鈴未及訊辦於貳月拾
貳日卸事卑職王用賓到任接准移交傳集人
證提犯研訊據地保唐景德供與報詞同據趙
尚交供小的充當捻夫看管官捻陳根方撐船
生理道光拾貳年拾月叁拾日王振華因年荒
無度憑劉自忠并昔存今故的田成貴爲媒把
妻子周氏嫁賣與陳根方爲妻小的是知道的

拾叁年正月初貳日小的路過陳根方船邊見王振華到陳根方船上討飯陳根方手拏縴板正要開船拉縴向王振華回覆王振華不依混駡陳根方用縴板繩套住王振華項頸從艙內拉到船頭王振華撒賴滾倒陳根方用力拖拉上岸小的連忙喊勸陳根方當即鬆手不料王振華已被勒傷咽喉身死小的勸阻不及是實

據劉自忠供小的與已故的田成貴均與陳根方素識陳根方因無妻室曾託小的們做媒道光拾貳年拾月叁拾日乞丐王振華因貧無度情願把妻子周氏嫁賣央小的同田成貴說合講明財禮錢陸千文把周氏賣與陳根方爲妻

因大家都不識字並沒寫立婚書拾叁年正月
初貳日王振華如何到陳根方船上討飯陳根
方回覆王振華不依混罵被陳根方用褲帶繩
套住項頸拉上岸去致把王振華咽喉勒傷身
死小的不知道田成貴已於拾貳年拾貳月間
病故是實據周氏供年叁拾壹歲沭陽縣人嫁
與王振華為妻道光拾貳年拾月初間王振華
因年歲荒歉帶同婦人到海州地方求乞後因
不能養活王振華情願把婦人嫁賣婦人也因
貧苦應允王振華就託劉自忠并昔存今故的
田成貴說合講明財禮錢陸千文把婦人賣與
陳根方為妻拾月叁拾日王振華送婦人到陳

根方家成親陳根方交給王振華錢文走去因大家都不識字未立婚書陳根方撐船度日婦人住在家內拾叁年正月初貳日王振華如何到陳根方船上討飯回覆不依陳根方用緯板繩套住王振華項頸拖拉上岸勒傷王振華咽喉身死婦人並沒看見事後查問纔曉得的並沒別故是實據究犯陳根方供海州人年貳拾捌歲父母俱故兄弟陳小五餘沒別屬一向撐船度日與王振華先不認識並沒嫌隙小的因無妻室曾託素識的劉自忠并昔存今故的田成貴做媒道光拾貳年拾月裏劉自忠們向小的說有乞丐王振華因貧難度情願將妻子周

氏嫁賣向小的說合買娶小的應允講明財禮
錢陸千文因大家都不識字沒有寫立婚書叁
拾日王振華把周氏送到小的家成親小的交
給王振華錢文走散拾叁年正月初貳日小的
在鎮攬定生意與船夥王五子喫飯完畢叫王
五子在艄看舵小的拏著縴板正要上岸拉縴
開行見王振華上船走進中艙口稱飢餓向小
的索討飯食小的因飯已喫完回覆王振華斥
責小的吝嗇小的生氣用手推他出艙王振華
泥罵撐拒不依小的因新年初次生意被他阻
撓不利自己走出船頭艙與他對面站立順用縴
板連繩索把他項頸套住拉他出艙王振華掙

扎退後小的力拉上前王振華在船艙門檔擦
傷右額顱王振華走到船頭撒賴滾倒越發叫
罵小的執住縴板一頭轉身上坡連縴很力橫
拖上岸不料縴繩移動勒住王振華咽喉右邊
當有捻夫趙尚交喊勸小的當即鬆手那知王
振華就氣閉身死了並非有心致死也沒起釁
別故王五子現在出外生理他當日在艄看舵
並沒在場幫助是實各等供據此弔取兇器縴
板量長壹尺玖寸寬貳寸縴板兩頭有眼穿紮
麻繩結套寬鬆中可容身飭令陳根方比試情
形核與塡格屍傷相符將犯收禁餘俱省釋錄
供通詳蒙批飭審遵提犯證覆鞫各供均與前

江蘇巡撫林則徐題本 審明海州州民陳根方勒斃王振華擬絞監候 道光十四年六月初一日

審無異不敍外該海州知州王用賓審看得民
人陳根方扯勒致傷王振華身死壹案緣陳根
方籍隸海州駕船度日與沭陽縣人王振華先
不認識並無嫌隙道光拾貳年拾月王振華因
年歲荒歉攜妻周氏至海州求乞餬不能養活
其妻願將周氏嫁賣周氏亦因貧允從央劉自
忠田成貴媒說將周氏賣與陳根方爲妻是月
叁拾日王振華送周氏至陳根方家成親財禮
錢陸千文當時付給而散因彼此均不識字未
經寫立婚書拾叁年正月初貳日陳根方在鎮
攬定生意令船夥王五子在艄看舵自拏縴板
正欲上岸扯縴開行見王振華上船走進中艙

江蘇巡撫林則徐題本　審明海州州民陳根方勒斃王振華擬絞監候
道光十四年六月初一日

向陳根方索討飯食陳根方因飯已喫完向其
回覆王振華斥責陳根方吝嗇陳根方生氣用
手推其出艙王振華混罵撐拒不依陳根方因
新年初次生意被其阻撓不利隨走出頭艙順
用縴板連繩索套住王振華頸項拉其出艙王
振華掙扎退後陳根方力拉向前王振華在船
艙門檔擦傷右額顱王振華走至船頭撒賴滾
倒愈肆叫罵陳根方執定縴板一頭轉身上坡
連繩很力橫拖上岸以致縴繩移動勒住王振
華咽喉右邊經趙尚交喊勸陳根方鬆手詎王
振華業已氣閉殞命報驗訊供通詳奉批飭審
遵復提犯研鞫據供前情不諱詰非有心欲殺

亦無起釁別故案無遁飾查律載鬬毆殺人者
不問手足他物金刃並絞監候又用財買休賣
休因而和同娶人妻者本夫本婦及買休人各
杖壹百婦人離異歸宗媒合人減犯人罪壹等
各等語此案陳根方因王振華赴船討飯回覆
爭詈該犯用繂板繩套住其項頸拖拉上岸因
其掙扎用力向拉致勒傷咽喉斃命已有爭鬬
情形應按律問擬陳根方除用財買休和娶人
妻輕罪不議外合依鬬毆殺人者不問手足他
物金刃並絞律擬絞監候秋後處決周氏被伊
夫王振華賣休應照買休賣休律杖壹百係婦
人照律收贖仍離異歸宗遞回沭陽縣傳屬領

回媒人劉自忠應照律減買休人罪壹等擬杖
玖拾折責發落王振華因貧賣休本干律擬業
已身死應與病故之媒人田成貴均無庸議無
干省釋屍棺飭埋免器緯板繩解驗等情由道
審解到司前司提訊犯供翻異札委吳縣湯魯
光覆審詳請轉飭海州就近訊取船夥王五子
等供詞核辦茲據該州訊取趙尚交等各供稟
覆聲明王五子逃荒外出等情行據吳縣審明
該犯委係畏罪狡展仍照原擬解司正在提審
間道光拾肆年貳月初叁日據寄禁之元和縣
詳報陳根方在監患病飭醫調治詳咨至叁月
初伍日報痊該署江蘇按察使李彥章提犯親

江蘇巡撫林則徐題本　審明海州州民陳根方勒斃王振華擬絞監候
道光十四年六月初一日

審核擬無異解候勘
題等情招解到臣提犯親審無異該臣看得海州
民陳根方拉勒致傷王振華身死壹案緣陳根
方籍隸海州駕船度日與沭陽縣人王振華先
不認識並無嫌隙道光拾貳年拾月王振華因
年歲荒歉攜妻周氏至海州求乞嗣不能養活
其妻願將周氏嫁賣周氏亦因貧允從央劉自
忠田成貴媒說將周氏賣與陳根方為妻是月
叁拾日王振華送周氏至陳根方家成親財禮
錢陸千文當時付給而散因彼此均不識字未
經寫立婚書拾叁年正月初貳日陳根方在鎮
攬定生意令船夥王五子在艄看舵自挈繂板

正欲上岸拉縴開行見王振華上船走進中艙
向陳根方索討飯食陳根方因飯已喫完向其
回覆王振華斥責陳根方吝嗇陳根方生氣用
手推其出艙王振華混罵撐拒不依陳根方因
新年初次生意被其阻撓不利隨即走出頭艙
順用縴板連繩索套住王振華頭項拉其出艙
王振華掙扎退後陳根方力拉向前王振華在
船艙門檔擦傷右額顱王振華走至船頭撒賴
滾倒愈肆叫罵陳根方執定縴板一頭轉身上
坡連繩很力橫拖上岸以致縴繩移動勒住王
振華咽喉右邊經趙尚交喊勸陳根方鬆手詎
王振華業已氣閉殞命報驗訊詳審供不諱詰

江蘇巡撫林則徐題本　審明海州州民陳根方勒斃王振華擬絞監候　道光十四年六月初一日

非有心欲殺亦無起釁別故案無遁飾查律載
鬪毆殺人者不問手足他物金刃並絞監候又
用財買休賣休因而和同娶人妻者本夫本婦
及買休人各杖壹百婦人離異歸宗媒合人減
犯人罪壹等各等語此案陳根方因王振華赴
船討飯回嚷爭詈該犯用籬板繩套住其項頸
拖拉上岸因其掙扎用力向拉致勒傷咽喉斃
命已有爭鬪情形應按律問擬陳根方除用財
買休和娶人妻輕罪不議外合依鬪毆殺人者
不問手足、他物金刃並絞律擬絞監候秋後處
決周氏被伊夫王振華賣休應照買休賣休律
杖壹百係婦人照律收贖仍離異歸宗遞回沭

陽縣傳屬領回媒人劉自忠應照律減買休人
罪壹等擬杖玖拾折責發落王振華因貧賣休
本干律擬業已身死與病故之媒人田成貴均
無庸議無干省釋屍棺飭埋兇器緯板繩發回
案結銷毀臣謹具
題伏乞
皇上聖鑒勅下三法司校覆施行再此案報官係在
封印期內州審分限叁箇月應以道光拾叁年
正月貳拾開印之日起前署州劉鈴未及訊詳
於貳月拾貳日卸事計承審貳拾貳日該州王
用賓是日到任例得按日扣展應扣至伍月拾
貳日滿據於捌月拾壹日審解計遲延兩箇月

零叁拾玖日道限壹月又自州由道解司程限
貳拾壹日於拾月初貳日到司前司提訊犯供
翻異卽於是日札委吳縣確訊又因行查案證
供詞應扣往返遞文程限貳拾壹日又委審限
壹月扣至拾壹月貳拾叁日滿據於拾肆年貳
月初壹日審解內除封印壹月計遲延壹箇月
零捌日所有承審遲延壹月以上職名係海州
知州王用賓委審遲延壹月以上職名係吳縣
知縣湯譽光開報附參至司院分限各壹月應
以貳月初壹委員解司之日起除犯病壹月應
扣至伍月初壹日全限屆滿合並陳明謹題請
旨

江蘇巡撫林則徐題本 審明海州州民陳根方勒斃王振華擬絞監候
道光十四年六月初一日

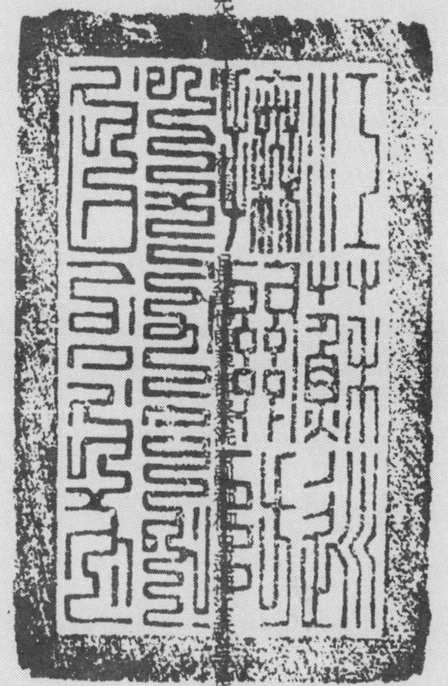

道光…
…處地方提督軍務總理糧儲臣林則徐

兵部侍郎兼都察院右副都御史巡撫江蘇等處地方提督軍務總理糧儲臣林則徐謹
題為報明事該臣看得海州民陳根方拉勒致傷
王振華身死壹案緣陳根方駕船度日與沭陽
縣人王振華先不認識並無嫌隙道光拾貳年
拾月王振華攜妻周氏至海州求乞嗣不能養
活其妻願將周氏嫁賣央劉自忠田成貴媒說
將周氏賣與陳根方為妻是月叁拾日王振華
送周氏至陳根方家成親財禮錢陸千文當時
付給而敢拾叁年正月初貳日陳根方在鎮攬
定生意令船夥王五子在[illegible][illegible]舵自拏繩扳正
欲上岸並繩開行見王振華上船走進中艙向
陳根方索討飯食陳根方因飯已喫完向其回

江蘇巡撫林則徐題本　審明海州州民陳根方勒斃王振華擬絞監候

道光十四年六月初一日

毆王振華斥責陳根方吝嗇陳根方生氣用手
推其出艙王振華混罵推拒不依陳根方因新
年初次生意被其阻撓不利隨即走出頭艙順
用縴板連繩索套住王振華頸項拉其出艙王
振華掙扎退後陳根方力拉向前王振華在船
艙門檔擦傷右額顱王振華走至船頭撒賴滾
到愈肆叫罵陳根方執定縴板一頭轉身上坡
連繩狠力橫拖上岸以致縴繩移動勒住王振
華咽喉右邊經趙尚定喊勸陳根方鬆手詎王
振華業已氣閉殞命報驗訊詳審供不諱陳根
方依鬬毆殺人律擬絞監候秋後處決謹題請
旨

上諭　著陶澍林則徐會同明倫實力整頓淮關稅務

道光十四年六月初二日内閣奉
上諭明倫奏淮關漏課惟青口易於繞越查禁難行
該處並無關口來往稽查不能得力等語關稅為
國用攸關均係久經酌定數目相沿徵解豈容以
今昔情形不同藉詞繞漏病榷課務短絀不思設
法查禁輕議變通舊章上年慶琛以淮關稅課惟
青口繞漏病榷最大奏請試行設口徵收補還漏
課當經户部議駁現在該監督以淮關漏課惟青
口繞越錢糧幾成積重難返之勢雖據稱水荒灾
歉南北商貨滯銷總在該監督體察情形設法整
頓實力稽查將各種弊端逐一剔除總期便民順
商於榷稅自大有裨益並著陶澍林則徐會同明

倫熟商妥辦嚴密稽查以期關税日有起色毋許

藉詞漏課辦理稍有不善致干咎戾凜之慎之欽

此

道光十四年六月初八日奉

旨此案著交林則徐親提人證卷宗秉公嚴審按律

定擬具奏原告安定幗該部照例解往備質欽此

江蘇巡撫林則徐題本　題參陽湖縣知縣范鳳諧等疎防命案限滿兇犯無獲

道光十四年六月十三日

江蘇巡撫林則徐題本　題參陽湖縣知縣范鳳諧等疎防命案限滿兇犯無獲

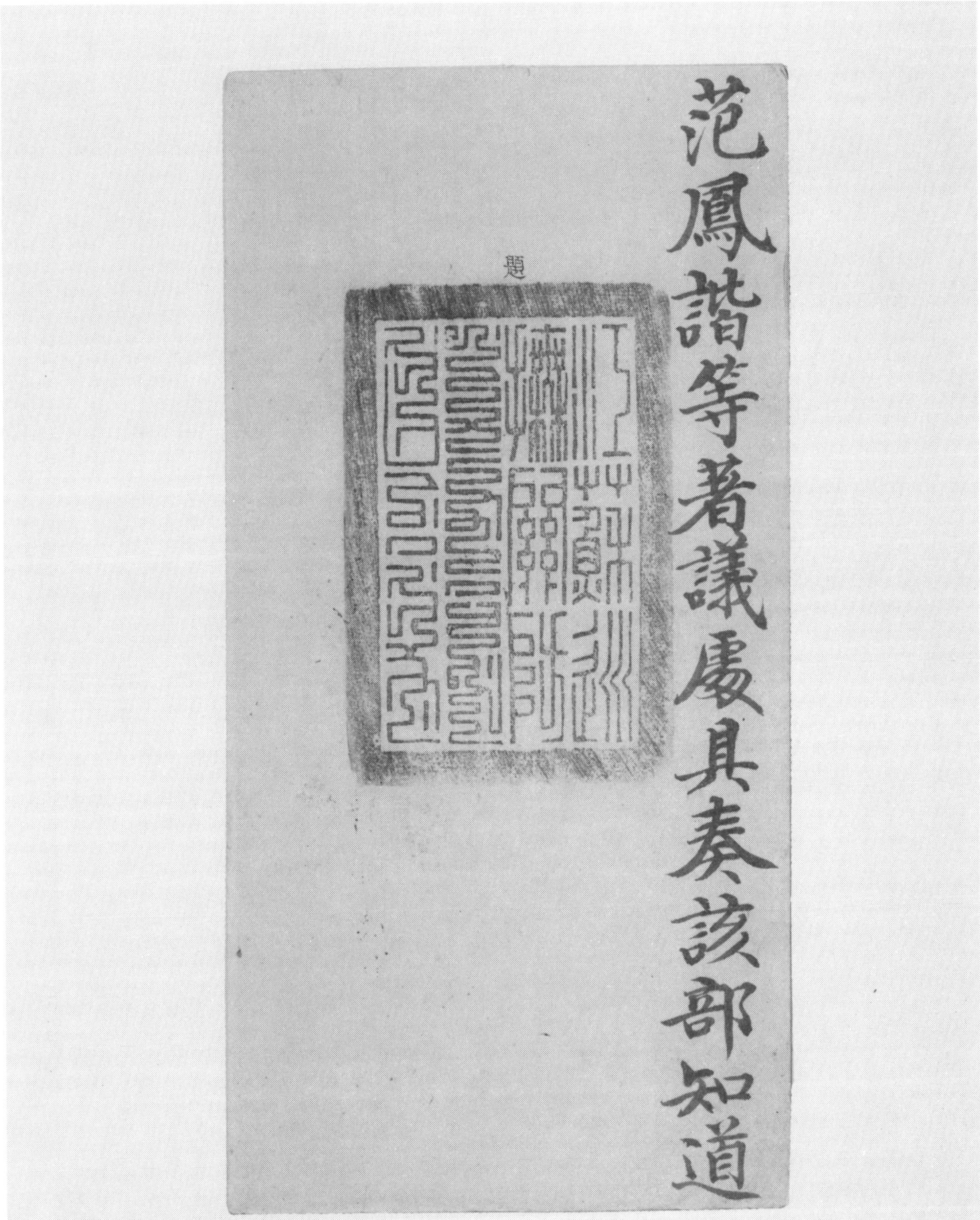
范鳳諧等著議處具奏該部知道

題

江蘇巡撫林則徐題本 題參陽湖縣知縣范鳳諧等疎防命案限滿兇犯無獲

道光十四年六月十三日

兵部侍郎兼都察院右副都御史巡撫江蘇等處地方提督軍務總理糧儲臣林則徐謹

題爲詳參疎防文職事。據署江蘇按察使怡良詳

稱，據常州府知府汪河詳據陽湖縣知縣范鳳

諧詳稱：道光拾叁年拾貳月初柒日據地保陳

川大稟：拾貳月初陸日據民人俞瀧海投稱伊

赴蘆蕩地内樵蘆，見一不識姓名男子死在蕩

内等語。身往查看，該屍頭面有傷，查無屍屬出

認，理合稟候驗緝等情。到縣，隨帶領吏仵前詣

該處勘得北蕩河南岸大路壹條，西通常郡，東

達江陰，四無居鄰，離城貳拾里，離丁堰汛捌里，

附近並無墩鋪防兵。該屍仰臥塘岸下，俞瀧海

蘆蕩地内頭戴紫氈帽，上身無衣，下穿破青布

江蘇巡撫林則徐題本　題参陽湖縣知縣范鳳諧等疎防命案限滿兇犯無獲

道光十四年六月十三日

棉褲內襯舊青布夾褲脚穿白布夾襪青布鞋
屍旁遺有白布小袋壹箇內盛當票壹紙勘畢
飭令將屍移放平地飭仵驗明該屍偏左偏右
顋門額顱左額角右眉左眼胞左腮頰等處均
有刃傷左手背有鐵器傷痕填格取結屍飭棺
殮提訊地保人等供與稟詞無異飭差勒緝兇
犯錄供通詳奉批緝係在案查無名男屍上身
無衣已有失物情形應照盜案開叅疎防現在
例限已屆兇匪無獲合將文職疎防各職名開
報等情由府開列督捕督緝並准巡道開移兼
轄職名前來除飭勒緝兇匪務獲究報外該署
江蘇按察使怡良查得陽湖縣地保陳川大具

報俞龍海蘆蕩地內死一受傷無名男子驗有
失物情形壹案疏防例限肆箇月應以道光拾
叁年拾貳月初陸見屍之日起扣至拾肆年肆
月初陸日滿所有文職疏防職名印官係陽湖
縣知縣范鳳諧捕官係前署陽湖縣典史李慶
麟督捕係同城常州府總捕通判崔夢晉緝係
同城常州府知府汪河兼轄係不同城兼護分
巡常鎮通海道揚州府知府豫益理合開報查
捕官典史李慶麟已於拾叁年拾貳月拾肆
日未經限滿之先卸事不復回任應請議結現
任典史邵肇節於是日到任接緝應俟扣滿年
限再行詳參合并聲明伏候核參等情到臣據

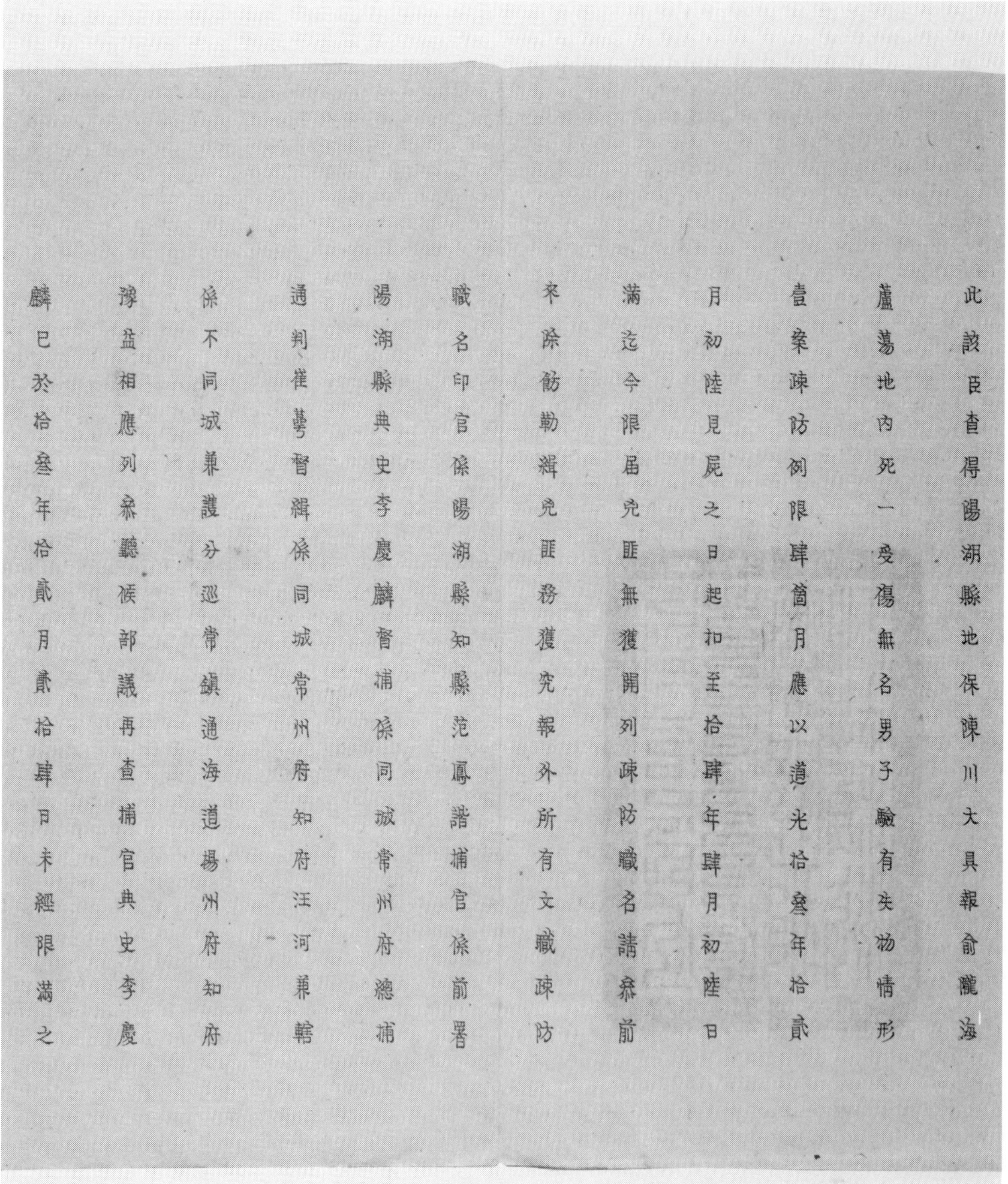
此該臣查得陽湖縣地保陳川大具報俞隴海
蘆蕩地內死一受傷無名男子驗有失物情形
壹案疎防例限肆箇月應以道光拾叁年拾貳
月初陸見屍之日起扣至拾肆年肆月初陸日
滿迄今限屆兇匪無獲開列疎防職名請參前
來除飭勒緝兇匪務獲究報外所有文職疎防
職名印官係陽湖縣知縣范鳳諧捕官係前署
陽湖縣典史李慶麟督捕係同城常州府總捕
通判崔萼督緝係同城常州府知府汪河兼轄
係不同城兼護分巡常鎮通海道揚州府知府
豫益相應列參聽候部議再查捕官典史李慶
麟已於拾叁年拾貳月貳拾肆日未經限滿之

江蘇巡撫林則徐題本　題參陽湖縣知縣范鳳諧等疏防命案限滿兇犯無獲

道光十四年六月十三日

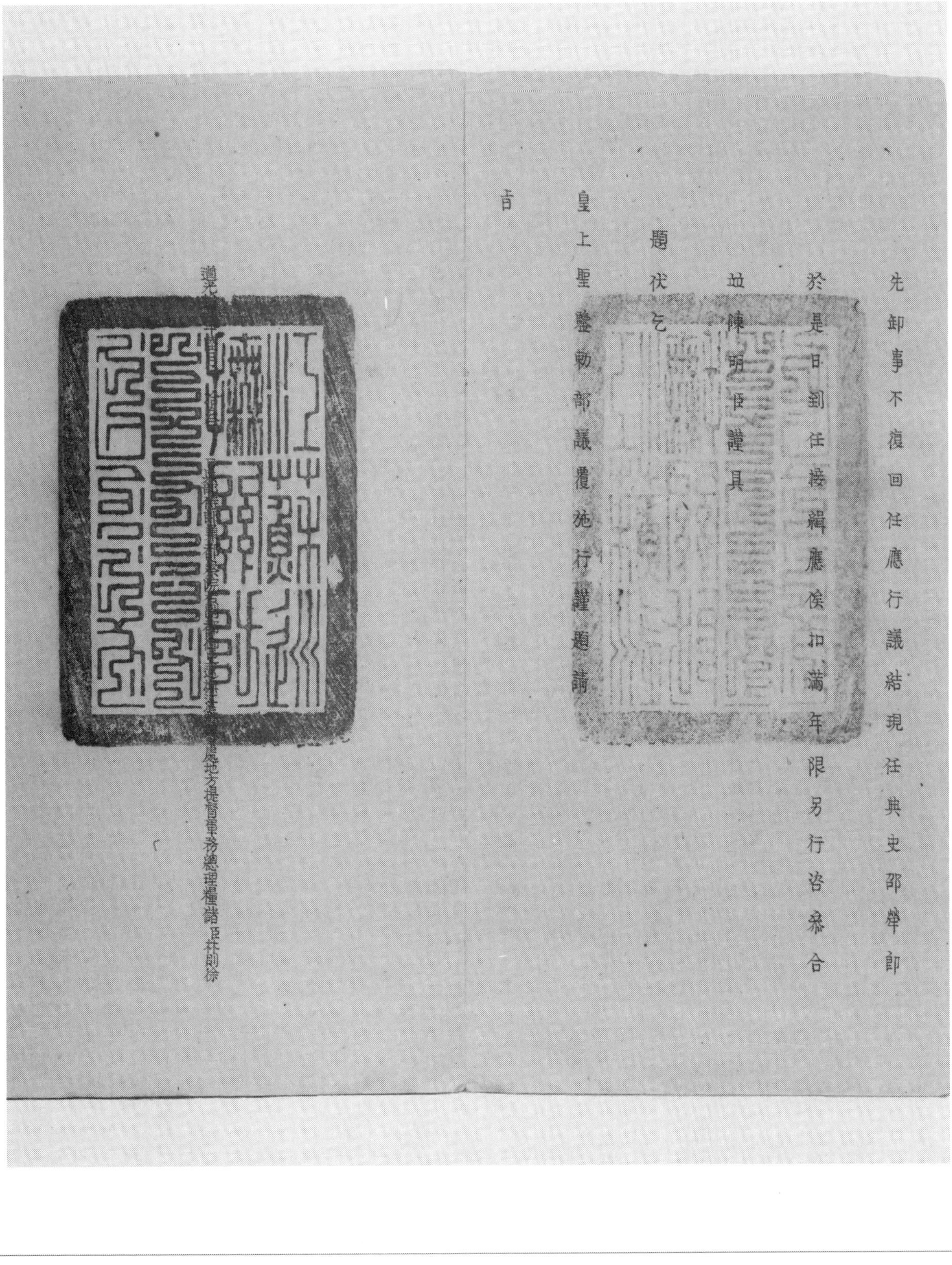

先卸事不復回任應行議結現任典史邵犖郎
於是日到任接緝應俟扣滿年限另行咨參合
並陳明臣謹具
題伏乞
皇上聖鑒勅部議覆施行謹題請
旨

道光十四年六月十三日兵部侍郎兼都察院右副都御史巡撫江蘇等處地方提督軍務總理糧儲臣林則徐

江蘇巡撫林則徐題本 題參陽湖縣知縣范鳳諧等疎防命案限滿兇犯無獲

道光十四年六月十三日

兵部侍郎兼都察院右副都御史巡撫江蘇等處地方提督軍務總理糧儲臣林則徐謹
題
爲詳叅疎防文職事該臣查得陽湖縣地保陳
川大具報俞巃海蘆蕩地內死一受傷無名男
子驗有失物情形壹案疎防例限肆箇月應以
道光拾叁年拾貳月初陸日見屍之日起扣至拾
肆年肆月初陸日滿迄今限屆兇匪無獲開列
疎防職名請叅前來除飭勒緝兇匪務獲究報
外所有文職疎防職名印官係陽湖縣知縣范
鳳諧捕官係前署陽湖縣典史李慶麟督捕係
同城常州府總捕通判崔蕚督緝係同城常州
府知府汪河兼轄係不同城兼護分巡常鎮通
海道揚州府知府豫益相應列叅聽候部議謹
題請
旨

江蘇巡撫林則徐題本

補參高郵州知州王澐等疎防竊案限滿逸犯未獲

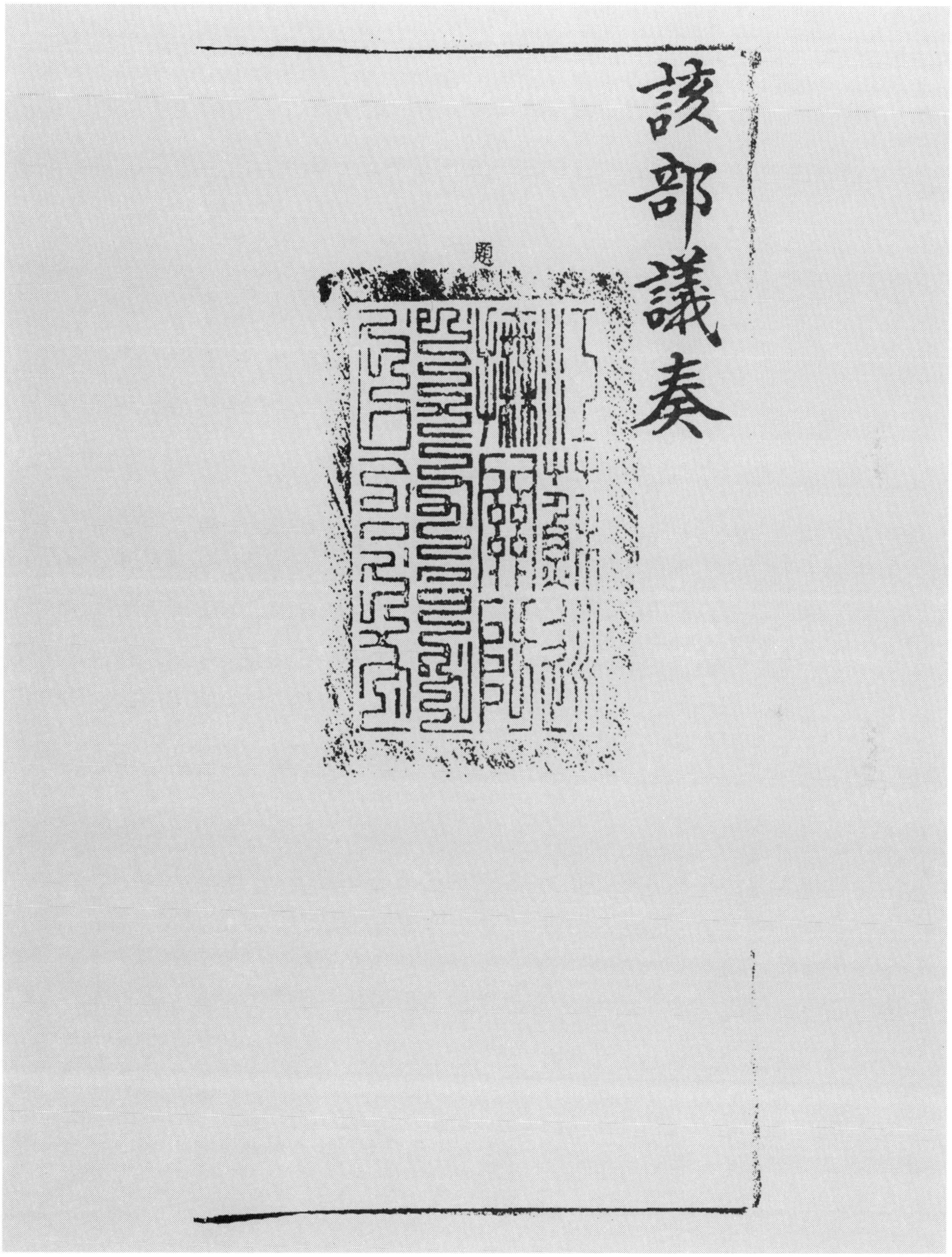
該部議奏
題

江蘇巡撫林則徐題本 補參高郵州知州王澐等疎防竊案限滿逸犯未獲

道光十四年六月十三日

兵部侍郎兼都察院右副都御史巡撫江蘇等處地方提督軍務總理糧儲臣林則徐謹
題爲補叅疎防文職事據署江蘇按察使怡良詳
據揚州府知府恆詳據高郵州知州王澐詳
稱案於道光拾貳年拾壹月貳拾陸日據地保
薛從寬報據民人王允昌投稱拾壹月貳拾壹
夜貳更時分被匪撬門進内行竊伊叔王聿圖
同父王廷璧聞聲起捕均被拒傷伊開門追捕
匪始逃逸等語往查屬實報候驗緝等情到州
據經會營前詣該處勘明門模有撬痕櫃鎖皮
箱各有扭損形跡勘畢飭仵驗得王廷璧左額
角額顱各有鐵器傷壹處均紅紫色王聿圖上
唇吻有抵傷壹處紅腫左腮肚刀劃傷壹處已

結聊演單消巻訊據王聿閣供稱是夜被竊伊
驚醒起捕揪住一賊衣襟賊匪掙不脫身用刀
將伊左腿肚劃傷負痛放手賊匪逃逸脊吻傷
痕係自在門框上磕擦又據王廷璧供稱是夜
伊聞王聿閣喊賊順擕木棍趕追毆打被賊拒
傷左額角額顱等語當即飭醫調治平復估計
失贓值銀貳拾壹兩柒錢伍分飭據差役於道
光拾貳年拾壹月貳拾捌日在高郵天長交界
地方緝獲匪犯蕭老漢壹名就近解赴天長縣
審訊嗣於拾叁年正月初柒日移准天長縣將
犯蕭老漢並起獲原贓銀鐲移解到州將贓傳
主認領訊據蕭老漢供認聽從在逃之丁大六

子起意夥同張二郎張小二子孟四管四王二郎李八同夥陸入行竊事主王允昌家伊與管四王二孟四在外接贓丁大六子張二撬門進內竊出錢物遞交伊等接收先運至僻處等候隨後丁大六子張二追到告知復進行竊被事主驚覺喊捕脫逃不及各將事主拒傷情由分贓各散伊與孟四管四王二均攜贓先行不知拒捕情事等供當將蕭老漢擬以杖刺聲請監候待質嗣經寶應縣拏獲匪犯陸十七孜等謀斃范沅案內究出夥犯王二郎李八又於事主邵露被劫案內獲犯張二郎張小二子訊係是案同夥當經監提蕭老漢移解備質經寶應縣

訊明事主王廷璧係張二圖脫用鐵鞭拒傷事
主王聿圖係逸犯丁大六子被扭掙扎用刀劃
傷其蕭老漢王二貳犯及在逃之孟四管四均
係運贓先行並未幫同拒捕應各科各罪將張
二依竊盜臨時盜所拒捕首犯擬軍例改發邊
遠充軍該犯另有行劫事主鄒露家壹案應擬
斬決從重歸案擬結蕭老漢王二均依竊盜贓
貳拾兩杖捌拾爲從減壹等律擬杖柒拾照例
刺臂王二尚有聽從陸十七致謀殺范沅身死
壹案罪應擬絞亦歸彼案從重擬結蕭老漢照
擬發落遞籍管束無庸監候待質等情詳蒙核
轉在案茲查此案首夥陸名雖經獲犯及半而

拒捕之丁大六子等尚未弋獲仍應開參合將
印捕職名開報等情由府道遞開督捕督緝兼
轄各職名前來除飭勒緝逸犯丁大六子等務
獲究報外該署江蘇按察使怡良查得高郵州
事主王允昌具報被竊拒傷王廷璧等平復壹
案疏防例限肆箇月應以道光拾貳年拾壹月
貳拾壹失事之日起扣至拾叁年叁月貳拾壹
日屆滿所有文職疏防職名印官係高郵州知
州王澐捕官係高郵州界首司巡檢陸世熙督
捕係不同城揚州府總捕同知趙廷熙督緝係
不同城前揚州府知府王青蓮兼轄係不同城
前分巡淮揚道王貽象查督捕同知趙廷熙先

於道光拾貳年拾壹月拾玖日經江藩司檄委
護送琉球國
貢使赴山東交替報明公出於拾貳月拾壹日公
回因公出境在未經失事之先例准免議督緝
知府王青蓮於拾叁年正月拾玖日未經限滿
之先調任江寧府卸事計在任督緝壹箇月零
貳拾捌日不復回任應請議結現任知府豫益
係接督緝之員例無處分相應聲明伏候核參
再失事處所離城壹百叁拾里離水北汛叁拾
里水南汛玖拾里並無墩鋪防兵此案因甫經
審定補參並非無故遲延合并聲明等情到臣
據此該臣查得高郵州事主王允昌具報被竊

犯傷王廷璧等平復壹案首夥陸名雖經獲犯
過半尚有犯補之丁大六子等未獲仍應開參
疏防例限肆箇月應以道光拾貳年拾壹月貳
拾壹失事之日起扣至拾叁年叁月貳拾壹日
屆滿開列疏防職名補參前來除飭勒緝逸犯
丁大六子等務獲究報外所有文職疏防職名
印官係高郵州知州王澐補官係高郵州界首
司巡檢陸世熙督補係不同城揚州府總補同
知趙廷熙督緝係不同城前揚州府知府王青
蓮兼轄係不同城前分巡淮揚道王貽象查督
補同知趙廷熙先於道光拾貳年拾壹月拾玖
日經江蘇司撥委護送琉球國

貢使赴山東交替報明公出於拾貳月拾壹日公
回因公出境在未經失事之先例得免議督緝
知府王青蓮於拾叁年正月拾玖日未經限滿
之先調任江寧府知事計在任督緝壹箇月零
貳拾捌日不復回任應行議結現任知府豫益
係接督緝之員例無處分相應聲明列參再失
事處所離城壹百叁拾里離永北汛叁拾里永
南汛玖拾里並無墩鋪防兵至此案因甫經審
定補參並非無故遲延合並陳明臣謹具
題伏乞
皇上聖鑒敕部議覆施行謹題請
旨

江蘇巡撫林則徐題本 補參高郵州知州王澐等疏防竊案限滿逸犯未獲 道光十四年六月十三日

道光十[illegible]處地方提督軍務總理糧儲臣林則徐

兵部侍郎兼都察院右副都御史巡撫江蘇等處地方提督軍務總理糧儲臣林則徐謹
題爲補參疏防文職事該臣查得高郵州事主王
允昌具報被竊拒傷王廷璧等平復壹案首夥
陸名雖經獲犯過半尚有拒捕之丁大六子等
未獲仍應開參疏防例限肆個月應以道光拾
貳年拾壹月貳拾壹失事之日起扣至拾叁年
叁月貳拾壹日屆滿開列疏防職名補參前來
除飭勒緝逸犯丁大六子等務獲究報外所有
文職疏防職名印官係高郵州知州王澐補官
係高郵州界首司巡檢陸世熙督補係不同城
揚州府總補同知趙廷熙督緝係不同城前揚
州府知府王青蓮兼轄係不同城前分巡淮揚
道王貽象相應列參謹題請
旨

題報前任江寧藩司趙盛奎等任內經手錢糧盤查無虧（首缺）

千伍百壹拾肆石貳斗捌升柒合柒勺参叁石
肆斗肆合本色豆貳萬貳千壹百肆拾壹石叁
斗捌升肆合又折價銀肆千捌百伍拾叁兩肆
分肆釐開除共放過米壹拾伍萬柒千壹拾玖
石貳斗捌升貳合本色豆貳萬壹千叁百壹拾
伍石捌斗肆升又折價銀陸千伍百肆拾伍兩
捌錢肆分陸釐實在存倉米陸千叁百捌拾肆
石伍斗肆升肆勺壹抄参叁石肆斗肆合本色
豆捌百叁拾捌石貳斗陸升肆合又折價銀玖
千捌百伍兩壹錢捌分捌釐陸毫又署任藩司
積拉明阿於道光拾叁年拾壹月拾捌日到任
起至道光拾肆年貳月拾陸日卸事止核計舊

管接收趙盛奎交代實在冊開存庫銀壹百壹拾陸萬叁千肆拾貳兩柒錢肆分餉錢壹萬陸千捌百叁拾陸串捌百捌文新收各項共銀壹拾捌萬陸千叁百柒拾肆兩貳錢玖分陸釐餉錢無以上管收貳項共銀壹百叁拾肆萬玖千肆百壹拾柒兩叁分陸釐餉錢壹萬陸千捌百叁拾陸串捌百捌文開除項下共解放過銀肆拾伍萬叁百玖拾肆兩貳錢叁分餉錢伍千叁百柒拾叁串叁百捌文實在存庫銀捌拾玖萬玖千貳拾柒兩捌錢陸釐餉錢壹萬壹千肆百陸拾叁串伍百文又署任藩司積柱明阿任內經管省倉項下計舊管南屯等米陸千叁百捌

拾肆石伍斗肆升肆勺壹抄參叁石肆斗肆合
本色豆捌百叁拾捌石貳斗陸升肆合又折價
銀玖千捌百伍兩壹錢捌分捌釐陸毫新收共
收米貳萬壹千陸拾壹石玖斗肆升柒合柒勺
本色豆伍千叁拾伍石玖斗叁升陸合又折價
銀玖百叁拾貳兩伍錢陸分玖釐開除共放過
米貳萬叁百貳拾石玖斗伍升捌合叁勺本色
豆伍千捌百肆拾玖石陸斗伍升貳合又折價
銀柒百壹拾肆兩玖錢叁分玖釐實在存倉米
柒千壹百貳拾伍石伍斗貳升玖合捌勺壹抄
參叁石肆斗肆合本色豆貳拾肆石伍斗肆升
捌合又折價銀壹萬貳拾貳兩捌錢壹分捌釐

陸毫均經逐一彈兌盤量并無分釐顆粒虧缺
所有交代案內應盤司庫實存錢糧應請俟本
年奏銷盤查屆期一并造冊詳請總督盤查加
結核辦理合聲造交代銀錢米豆四柱清冊加
具實貯印結詳候具
題再此案交代應自本年貳月拾陸日現任藩司
楊簧到任日起扣限叁箇月該扣至本年伍月
拾伍日正展限滿茲於限內查清結報並未逾
違合並聲明等情據此該臣查得江寧藩司趙
盛奎暨署任藩司穆並明阿兩任內經手司庫
錢糧應請歸於現任藩司楊簧一手盤查結報
業將扣限緣由循例咨部在案今據江寧布政

使楊賛詳稱前任藩司趙盛奎於道光拾壹年
拾壹月拾柒日到任起至道光拾叁年拾壹月
拾捌日卸事止舊管接收前署藩司葆謙交代
實在冊開存庫銀壹百肆拾肆萬伍百叁拾叁
兩零餉錢壹萬柒千伍百捌拾壹串零新收各
項共銀叁百壹拾捌萬伍千玖百壹拾伍兩零
餉錢柒萬玖千串零以上管收貳項共銀肆百
陸拾貳萬陸千肆百肆拾玖兩零餉錢玖萬陸
千伍百捌拾貳串零開除項下共解放過銀叁
百肆拾陸萬叁千肆百陸兩零餉錢柒萬玖千
柒百肆拾伍串零實在存庫銀壹百壹拾陸萬
叁千肆拾貳兩零餉錢壹萬陸千捌百叁拾陸

串零又歷任藩司趙盛奎任內經管省倉項下
計舊管南屯等米捌百捌拾玖石零本色豆壹
拾貳石零又折價銀壹萬壹千肆百玖拾柒兩
零新收共米壹拾陸萬貳千伍百壹拾肆石零
麥叁石零本色豆貳萬貳千壹百肆拾壹石零
又折價銀肆千捌百伍拾叁兩零開除共放過
米壹拾伍萬柒千壹拾玖石零本色豆貳萬壹
千叁百壹拾伍石零又折價銀陸千伍百肆拾
伍兩零實在存倉米陸千叁百捌拾肆石零麥
叁石零本色豆捌百叁拾捌石零又折價銀玖
千捌百伍兩零又署任藩司積拉明阿於道光
拾叁年拾壹月拾捌日到任起至道光拾肆年

貳月拾陸日卸事止核計舊管接收趙盛奎交
代貲庄冊開存庫銀壹百壹拾陸萬叁千肆拾
貳兩零餉錢壹萬陸千捌百叁拾陸串零新收
各項共銀壹拾捌萬陸千叁百柒拾肆兩零餉
錢無以上管收貳項共銀壹百叁拾肆萬玖千
肆百壹拾柒兩零餉錢壹萬陸千捌百叁拾陸
串零開除項下共解放過銀肆拾伍萬叁百玖
拾肆兩零餉錢伍千叁百柒拾叁串零實在存
庫銀捌拾玖萬玖千貳拾貳兩零餉錢壹萬壹
千肆百陸拾叁串零又署任藩司禧並明阿任
內經管省倉項下計舊管南屯等米陸千叁百
捌拾肆石零麥叁石零本色豆捌百叁拾捌石

零又折價銀玖千捌百伍兩零新收共收米貳
萬壹千陸拾壹石零本色豆伍千叁拾伍石零
又折價銀玖百叁拾貳兩零開除共放過米貳
萬叁百貳拾石零本色豆伍千捌百肆拾玖石
零又折價銀柒百壹拾肆兩零實在存倉米柒
千壹百貳拾伍石零麥叁石零本色豆貳拾肆
石零又折價銀壹萬貳拾貳兩零均經逐一彈
兌盤量並無分釐顆粒虧缺所有支代案內應
盤貯存錢糧應請俟本年奏銷盤查屆期一并
造冊詳請總督盤查加結保
題理合轉造支代銀錢米豆四柱清冊加具實貯
印結詳候具

江蘇巡撫林則徐題本　題報前任江寧藩司趙盛奎等任內經手錢糧盤查無虧

道光十四年六月十三日

題并據聲明此案交代應自道光拾肆年貳月拾
陸日現任藩司楊簧到任日起扣限叁箇月該
扣至伍月拾伍日正屆限滿今於限內查清結
報並未逾違等情並准督臣陶澍加結移送前
來臣覆查無異除將冊結分送部科外相應具
題伏乞
皇上聖鑒勅部核覆施行謹題請
旨

江蘇巡撫林則徐題本　題報前任江寧藩司趙盛奎等任內經手錢糧盤查無虧

道光十四年六月十三日

道光[illegible]……地方提督軍務總理糧儲臣林則徐

兵部侍郎兼都察院右副都御史巡撫江蘇等處地方提督軍務總理糧儲臣林則徐謹

題

為飭查司庫交代錢糧事竊照前任江寧藩司
趙盛奎暨署任藩司積拉明阿兩任內經手司
庫錢糧交代應請歸於現任藩司楊簧一手盤
查結報業將扣限緣由循例咨部在案今據江
寧布政使楊簧詳稱前任藩司趙盛奎於道光
拾壹年拾壹月拾柒日到任起至道光拾叁年
拾壹月拾捌日卸事止實在存庫銀壹百壹拾
陸萬叁千肆拾貳兩零飭錢壹萬陸千捌百叁
拾陸串零又經管省倉項下實在存倉米陸千

叁百捌拾肆石零麥叁石零本色豆捌百叁拾
捌石零又折價銀玖千捌百伍兩零又署任藩
司穆址明阿於道光拾叁年拾壹月拾捌日到
任起至道光拾肆年貳月拾陸日卸事止實在
存庫銀捌拾玖萬玖千貳拾貳兩零餉錢壹萬
壹千肆百陸拾叁串零又經管省倉項下實在
存倉米柒千壹百貳拾伍石零麥叁石零本色
豆貳拾肆石零又折價銀壹萬貳拾貳兩零逐
一彈兌盤量並無虧缺造冊加結詳
題前來臣覆查無異除冊結分送部科外謹題請
旨

上諭　著陶澍林則徐等查明金山等地有無邪教飭屬密訪嚴拏

軍機大臣　字寄

兩江總督陶　江蘇巡撫林　浙江巡撫富

道光十四年六月二十一日奉

上諭有人奏風聞江蘇金山縣之洙涇鎮盛行一教有女大不嫁養老終身者浙江平湖縣有大被教燒香集衆夜聚曉散不分男女同被共宿此外恐尚有别項習教名目請飭嚴拏等語奸民習教傳徒聚衆燒香蠱惑鄉愚最為地方之害不可不嚴行查禁著陶澍林則徐富呢揚阿各於所屬查明金山縣之洙涇鎮有無邪教盛行是何名目浙江平湖縣有無傳習大被教聚衆燒香並此外有無别項習教名目務各飭所屬密訪嚴拏如果實有

此等情事即將各教會匪徒從重懲辦務期盡絕
根株毋任遠颺漏網除莠所以安良仍須嚴飭差
役奉公守法不准妄拏無辜藉端擾累將此各諭
令知之欽此遵
旨寄信前來

江蘇巡撫林則徐題本　核銷江淮興武二衛幫起運十三年份漕白支領行月錢糧數目

道光十四年六月二十一日

江蘇巡撫林則徐題本　核銷江淮興武二衛幫起運十三年份漕白支領行月錢糧數目

江蘇巡撫林則徐題本 核銷江淮興武二衛幫起運十三年份漕白支領行月錢糧數目

道光十四年六月二十一日

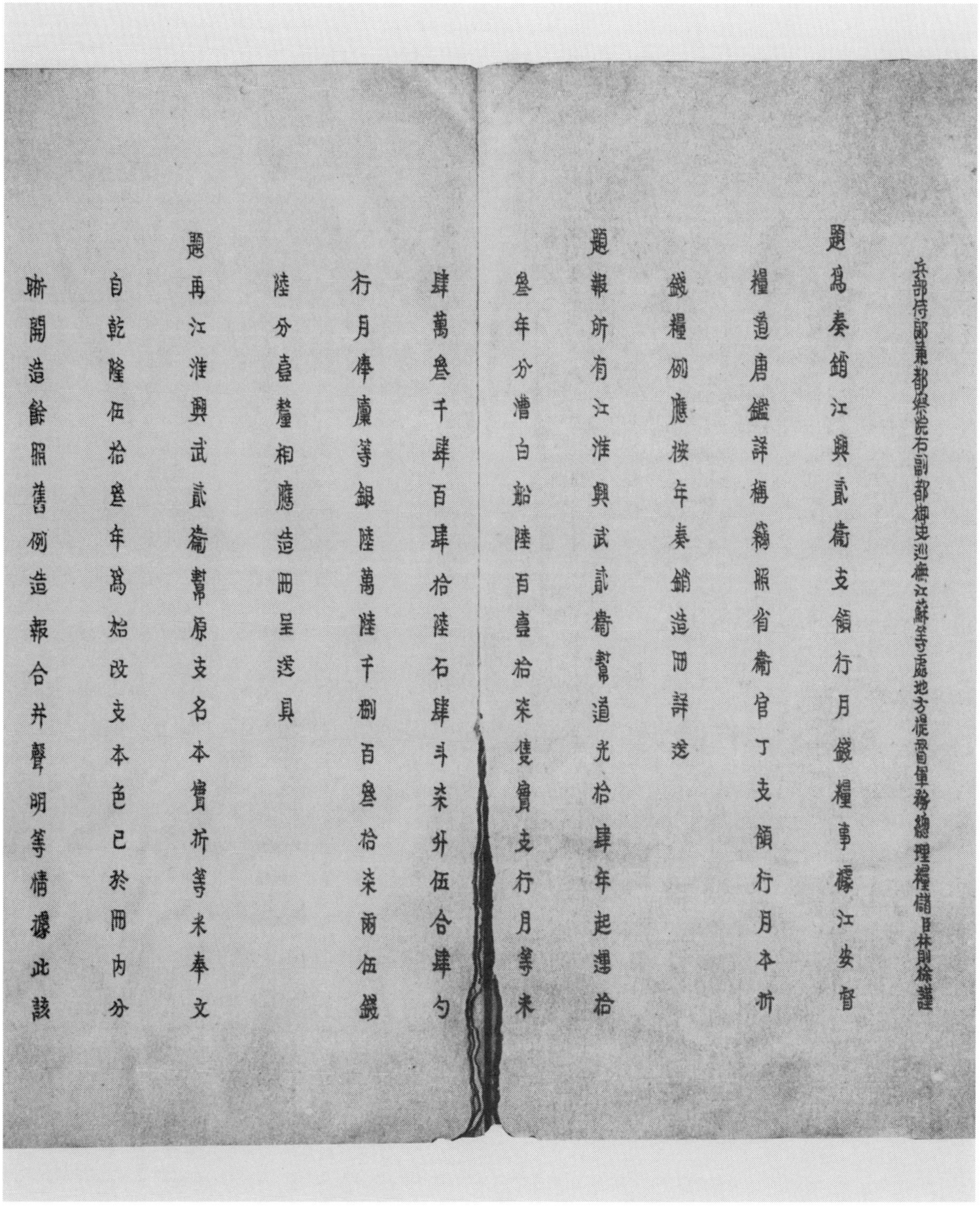

兵部侍郎兼都察院右副都御史巡撫江蘇等處地方提督軍務總理糧儲臣林則徐謹
題爲奏銷江興貳衛支領行月錢糧事據江安督
糧道唐鑑詳稱竊照省衛官丁支領行月本折
錢糧例應按年奏銷造册詳送
題報所有江淮興武貳衛幫道光拾肆年起運拾
叁年分漕白船陸百壹拾柒隻實支行月等米
肆萬叁千肆百肆拾陸石肆斗柒升伍合肆勺
行月俸廪等銀陸萬陸千捌百叁拾柒兩伍錢
陸分壹釐相應造册呈送具
題再江淮興武貳衛幫原支名本實折等米奉文
自乾隆伍拾叁年爲始改支本色已於册內分
晰開造餘照舊例造報合并聲明等情據此該

江蘇巡撫林則徐題本　核銷江淮興武二衛幫起運十三年份漕白支領行月錢糧數目

道光十四年六月二十一日

臣查得省衛官丁支領行月本折錢糧例應按
年
奏銷造冊
題報所有道光拾肆年起運拾叁年分漕白船隻
支領各幫官丁俸工行月本折銀米先經行令
造報奏銷去後今據江安督糧道唐鑑詳稱江
淮興武貳衛幫道光拾肆年起運拾叁年分漕
白船陸百壹拾柒隻實支行月等米肆萬叁千
肆百肆拾陸石零行月俸廩等銀陸萬陸千捌
百叁拾柒兩零造冊呈送并聲明江淮興武貳
衛幫原支名本實折等米奉文自乾隆伍拾叁
年爲始改支本色已於冊內分晰開造餘照舊

例造報等情前來臣覆加察核謹將給放派支
緣由分晰繕造黃冊恭呈
御覽並將清冊咨移部科外相應具
題伏乞
皇上聖鑒勅部查核施行再此案奏銷例應於伍月
內
題報今據該道於限內具詳合並陳明為此具本
專差承差李積江齎捧謹具題
聞
計進
呈文冊壹本

江蘇巡撫林則徐題本　核銷江淮興武二衛幫起運十三年份漕白支領行月錢糧數目

道光十四年六月二十一日

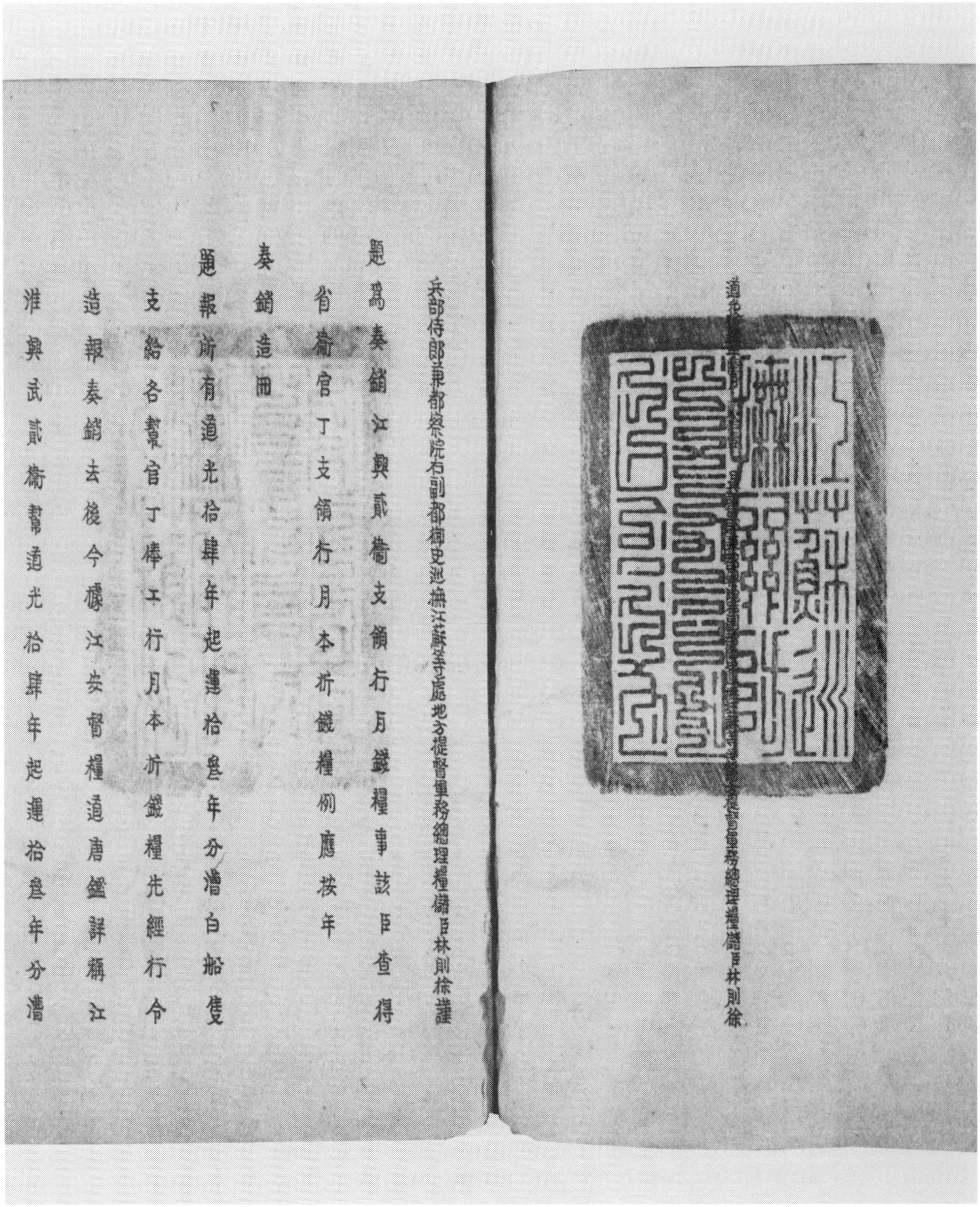

道光[illegible]提督軍務總理糧儲臣林則徐

兵部侍郎兼都察院右副都御史巡撫江蘇等處地方提督軍務總理糧儲臣林則徐謹
題爲奏銷江興貳衛支領行月錢糧事該臣查得
省衛官丁支領行月本折錢糧例應按年
奏銷造冊
題報所有道光拾肆年起運拾叁年分漕白船隻
支給各幫官丁俸工行月本折錢糧先經行令
造報奏銷去後今據江安督糧道唐鑑詳稱江
淮興武貳衛幫道光拾肆年起運拾叁年分漕

白船陸百壹拾柒隻實支行月等米肆萬叁千
肆百肆拾陸石零行月俸廩等銀陸萬陸千捌
百叁拾柒兩零造冊呈送并聲明江淮興武貳
衛幫原支名本實折等米奉文自乾隆伍拾叁
年爲始改支本色已於冊内分晰開造餘照舊
例造報等情前來臣覆加察核謹將給放派支
緣由分晰繕造黃冊恭呈
御覽並將清冊咨移部科外謹具題
聞

江蘇巡撫林則徐題本 **題報江淮等屬歷年地丁等項錢糧完欠數目**（首缺）

完嘉慶貳拾叁貳拾伍等年並道光元貳叁伍
陸柒捌玖拾拾壹等年恤孤米壹千玖百柒拾
貳石零內已完米貳拾壹石零仍未完米壹千
玖百伍拾石零又道光拾壹年隨奏冊報及奏
銷案內未完道光元叁陸拾拾壹等年公費易
豆叁百貳拾壹石零仍未完解又道光拾壹年
隨奏冊報及奏銷案內未完嘉慶貳拾叁肆伍
等年並道光元貳叁肆伍陸柒捌玖拾拾壹等
年南屯米豆貳拾伍萬肆千伍百餘拾壹石零
內已完米叁千陸百貳拾伍石零仍未完米豆
貳拾伍萬捌百玖拾伍石零合將已未完解數
目照例分晰造冊詳送具

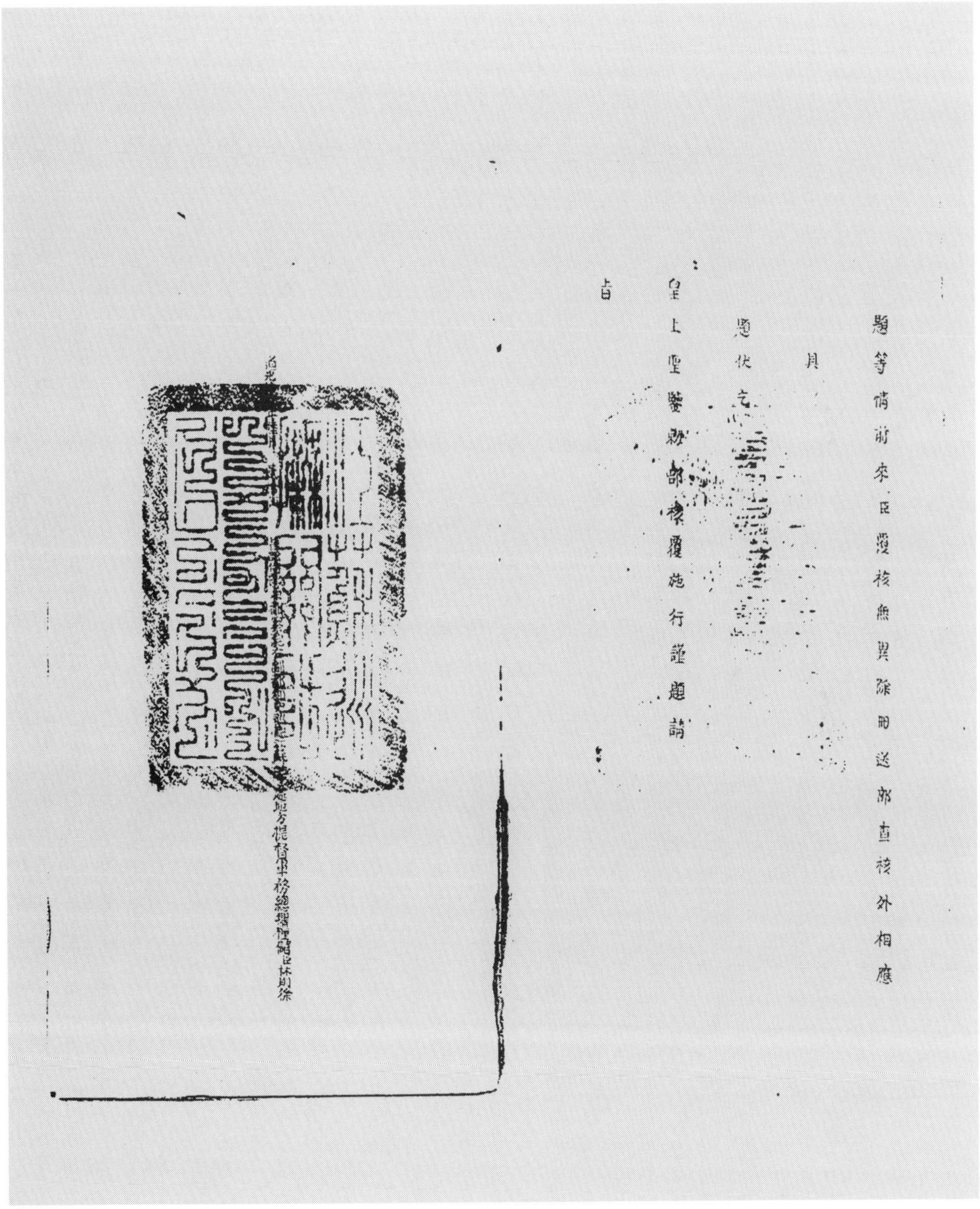

題等情前來臣覆核無異除冊送部查核外相應

具

題伏乞

皇上聖鑒敕部核覆施行謹題請

旨

道光[illegible]地方提督軍務總理糧儲臣林則徐

江蘇巡撫林則徐題本　題報江淮等屬歷年地丁等項錢糧完欠數目
道光十四年六月二十五日

兵部侍郎兼都察院右副都御史巡撫江蘇等處地方提督軍務總理糧儲臣林則徐謹
題為請定奏銷成例以昭畫一事該臣查得奏銷
現年錢糧之時例應將歷年未完項下續完仍
欠動存各數分別造冊另繕
題本隨本年奏銷一并具
題今據江寧布政使楊簧詳稱江淮等屬道光拾
叁年地丁等項錢糧奏銷業經造冊詳
題所有嘉慶拾叁肆伍等年並道光元貳叁肆
伍陸柒捌玖拾等年未完民屯地丁並溧撥杠
脚學租漕價雜稅公費地畝空缺節省等款又
道光拾壹年奏銷隨奏冊報未完各款銀米豆
石已未完解數目照例分晰造冊詳
題前來臣覆核無異除冊送部外謹題請
旨

江蘇巡撫林則徐題本　審明鹽城縣民婦王夏氏商同姦夫勒斃本夫王廣遇分別定擬

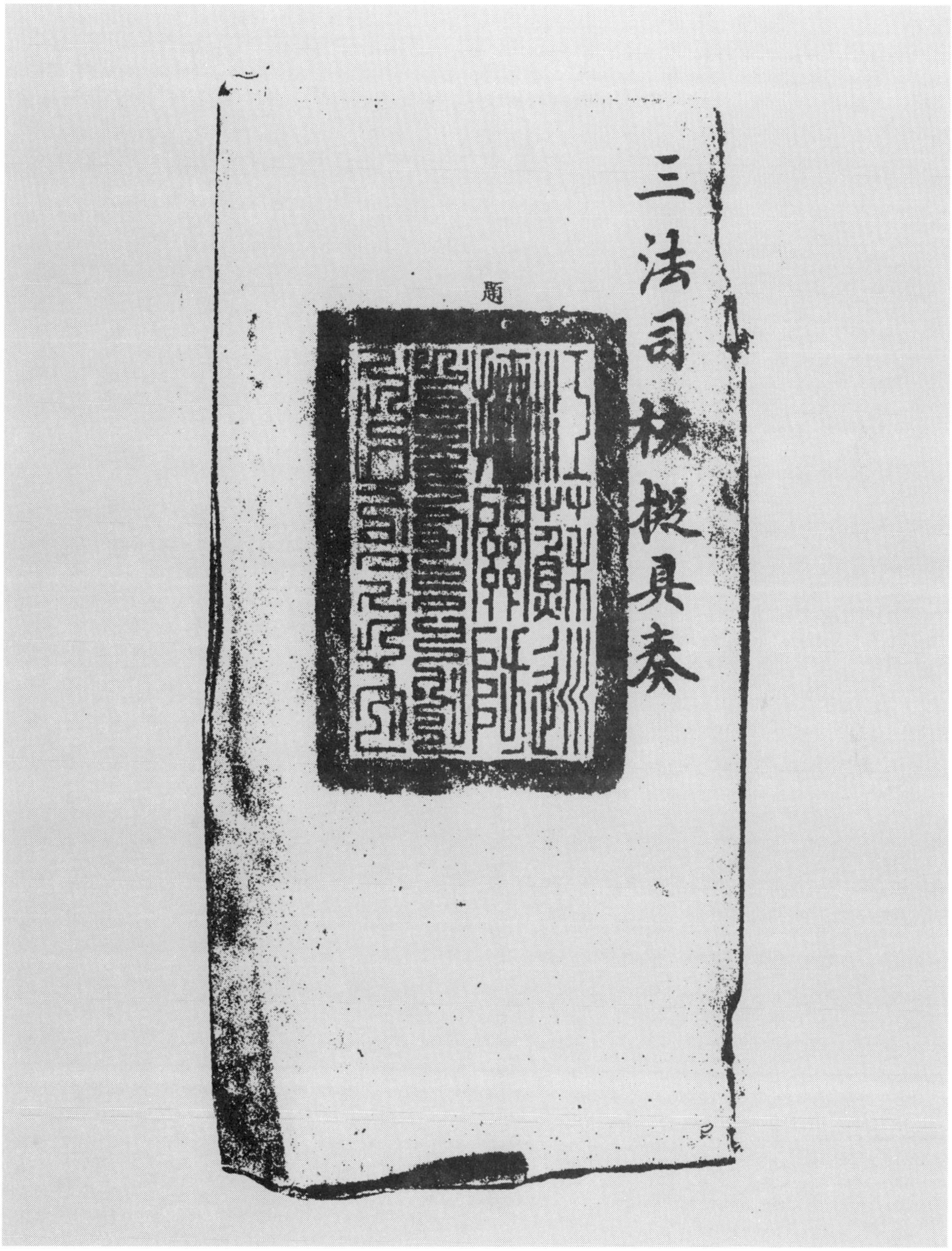

江蘇巡撫林則徐題本　審明鹽城縣民婦王夏氏商同姦夫勒斃本夫王廣遇分別定擬
道光十四年六月二十五日

江蘇巡撫林則徐題本 審明鹽城縣民婦王夏氏商同姦夫勒斃本夫王廣遇分別定擬

道光十四年六月二十五日

兵部侍郎兼都察院右副都御史巡撫江蘇等處地方提督軍務總理糧儲臣林則徐謹
題爲報驗事據署江蘇按察使怡良詳據淮安府
知府周燾詳據阜寧縣知縣邊象曾鹽城縣知
縣孟廣沅詳稱道光拾叁年伍月貳拾日據鹽
城縣鄉約孫貫祖報稱莊民王廣遇於伍月拾
伍日夜身死拾陸日查知往看屍身項有勒痕
隨向屍妻王夏氏查問言語支吾時有馬冲芸
在旁形跡可疑一并獲住信知屍弟王廣太趕
至盤問始知王廣遇先經縱容伊妻王夏氏與
馬冲芸通姦嗣因無錢拒絕被王夏氏商同馬
冲芸勒斃當同王廣太坐船赴縣報驗因風阻
耽延至本日午刻始行赴案王夏氏等業已看

江蘇巡撫林則徐題本　審明鹽城縣民婦王夏氏商同姦夫勒斃本夫王廣遇分別定擬
道光十四年六月二十五日

守在彼理合報驗等情並據屍弟王廣太報同
前由到縣查該處離城壹百貳拾里前縣王會
圖於次日親詣該處因屍已腐爛無憑相驗飭
令將屍棺殮封交該鄉約看守取具收管並令
屍弟王廣太出具屍身服色切結附卷訊據王
夏氏等供認該氏與馬冲芸通姦本夫王廣遇
貪利縱容嗣因無錢拒絕該氏起意商同馬冲
芸乘王廣遇睡熟即用王廣遇髮辮纏繞其項
頸拉勒致斃並究出馬冲芸船夥孫萇潰在場
並未加功隨將王夏氏等帶回收禁差獲孫萇
潰到案訊供無異詳請委員會檢奉府札委甲
職邃麥曾會同檢辦因陰雨連綿不能依期啓

江蘇巡撫林則徐題本　審明鹽城縣民婦王夏氏商同姦夫勒斃本夫王廣遇分別定擬

道光十四年六月二十五日

檢旋於捌月初貳日天氣晴明經卑職邊象曾
會同前縣王會圖帶領吏仵傳集屍親人等押
犯前詣該處飭將屍棺移至平明地面眼同啓
棺驗明服色督仵將骨殖逐一檢出挨次排列
查點並無短少惟左右肋骨僅止貳拾貳條據
仵作回稱係生成骨相之異如法烝檢據阜寧
縣仵作李玻鹽城縣仵作吳佩喝報王廣遇髑
髏骨壹具問生年叁拾柒歲髮辮量長叁尺肆
寸檢得仰面致命顋門骨淡紅色有暈浮出腦
殼骨縫之外少許額顱骨撞傷壹處圓圍壹寸
叁分微青色有暈不致命上下齒叁拾貳生前
舊落壹齒現存叁拾壹齒致命額喉結喉骨脫

江蘇巡撫林則徐題本　審明鹽城縣民婦王夏氏商同姦夫勒斃本夫王廣遇分別定擬

道光十四年六月二十五日

爛無存合面致命項頸骨第壹節連不致命第
貳節有痕壹道寬叁分横長壹寸叁分淡紅色
有暈不致命左肋骨第陸條跪傷壹處圓圓壹
寸壹分微青色有暈餘無故委係被勒身死報
畢親驗無異塡格取結骨殖髮辮一并封貯木
桶帶回貯庫隨會同提集犯證逐一研訊據鄉
約孫賈租供道光拾叁年伍月拾陸日小的查
知王廣遇於拾伍日夜身死前往查看見屍身
項有勒痕當向他女人王夏氏查問言語支吾
時有馬冲芸在旁形跡可疑隨一并獲住信知
屍弟王廣太趕來看明盤出王夏氏與馬冲芸
因姦致死情由就一同坐船赴縣稟報不料風

阻耽延直至貳拾日午刻到縣報蒙詣驗屍身
腐爛無憑相驗今蒙檢明王廣遇實係被勒身
死小的查明委因王廣遇縱容他女人王夏氏
與馬冲芸通姦後因無錢拒絕被王夏氏起意
商同馬冲芸勒死的願具結是實據鄰佑貢生
夏又超夏幹寧同供馬冲芸時常到王廣遇家
走動他妻子王夏氏見面不避風聞王夏氏與
馬冲芸有姦王廣遇知情貪利縱容道光拾叁
年伍月初肆日王廣遇向馬冲芸要錢爭鬧貢
生們也聽聞的因事不干已沒有過問至王夏
氏如何商同馬冲芸把王廣遇勒死貢生們實
在不知細底是實據屍弟王廣太供王廣遇是

胞兄王夏氏是嫂子分居各住相隔伍拾多里
馬冲芸與嫂子通姦小的先不知道道光拾叁
年正月小的到哥子家探望見馬冲芸同嫂子
說笑毫無顧忌小的疑心當向哥子詢問哥子
說家裏日子難過常得馬冲芸資助只好由他
的話纔知哥子知情縱容只得隱忍走回後來
哥子怎樣因馬冲芸沒錢幫助把他拒絕小的
並不曉得伍月拾陸日鄉約孫貫祖信知哥子
於拾伍日夜身死小的趕往查看哥子項有勒
痕當向嫂子查問言語支吾再三盤詰始據說
出與馬冲芸有姦因哥子向馬冲芸要錢不遂
拒絕往來起意商同馬冲芸把哥子勒死的小

的諮與孫貫祖坐船赴案稟報不料風阻耽延
奄至貳拾日午刻到縣報蒙詣驗屍身腐爛無
憑相驗今蒙檢明哥子實係被勒身死委因哥
子縱容嫂子與馬冲芸通姦後經拒絕嫂子起
意商同馬冲芸們把哥子勒死小的細查並沒
別故只求究抵願具結是實據屍子王大閙子
供年捌歲王二閙子供年陸歲又據同供王廣
遇是父親王夏氏是母親馬冲芸時常來家走
動本年伍月拾伍日夜母親怎樣同馬冲芸們
把父親勒死我們都在地鋪上睡熟並不曉得
第貳日早起來母親説父親病故的話別的事
不知道是實據從犯孫萇潰即孫二供鹽城縣

人年肆拾肆歲父親孫忝柱已故母親周氏現
年柒拾玖歲並沒弟兄妻子小的在馬冲芸船
上幫工馬冲芸與王夏氏通姦本夫王廣遇知
情貪利縱容道光拾叁年伍月初肆日王廣遇
向馬冲芸要錢馬冲芸無錢回覆王廣遇不依
把馬冲芸趕出不許進門小的知道的拾伍日
叁更時分小的已經在船睡熟被馬冲芸叫起
見王夏氏在船據說因被文夫拒絕不能往來
起意商同馬冲芸要把王廣遇勒死央懇小的
同去相幫并許酬謝錢文小的畏懼不允馬冲
芸嚇說若不允從將來事發定要扳作同謀小
的無奈應允就與馬冲芸們同去見王廣遇側

臥鋪上未醒他兩箇幼子都在地鋪上睡熟王
夏氏先叫小的動手小的害怕不敢上前馬冲
芸上鋪壓住王廣遇身子兩手王廣遇驚醒掙
喊王夏氏就提起王廣遇的髮辮從項頸繞過
咽喉左手揢嘴右手拉住辮稍用力收勒王廣
遇登時氣絕身死小的害怕乘空逃跑被獲解
案的實因王夏氏與馬冲芸通姦王廣遇知情
縱容後因無錢拒絕王夏氏起意商同馬冲芸
把王廣遇謀勒致死小的被逼同行委沒動手
加功的事是實據姦夫馬冲芸即馬五供鹽城
縣人年叁拾玖歲父母俱故並沒弟兄妻子撑
船度日雇孫甚潰在船幫工小的與王廣遇素

識往來他妻子王夏氏見面不避道光拾貳年
叁月不記日期小的到王廣遇家探望適王廣
遇外出就與王夏氏調戲成姦被王廣遇回家
撞見小的向他懇求情願幇貼錢文王廣遇貪
利應允以後小的常去姦宿陸續資助錢米不
記確數拾叁年伍月初肆日王廣遇向小的要
錢貳千文小的無錢回覆王廣遇不依把小的
趕出不許進門拾伍日叁更時分孫蓑潰已經
在船睡熟王夏氏來船悄向小的說他丈夫因
無錢拒絕他與小的戀姦情熱起意把他丈夫
勒死好到船上與小的做長久夫妻小的應允
因孫蓑潰同在一船不能隱瞞把他叫起告知

情由央他相幫許給酬謝孫長潰不允小的嚇
説若不允從將來事發定要扳作同謀孫長潰
無奈應允就同到王夏氏家見王廣遇側臥鋪
上夲睡他兩箇幼子都在地鋪上睡熟王夏氏
先叫孫長潰動手孫長潰害怕不敢上前小的
上鋪壓住王廣遇身子兩手以致膝蓋跪傷他
左後肋王廣遇驚醒掙喊在牆上碰傷額顱王
夏氏就提起王廣遇髮辮從項頸繞過咽喉纏
繞兩道左手揢嘴右手拉住辮稍用力收勒王
廣遇登時氣絶身死孫長潰乘空逃跑王夏氏
與小的把王廣遇衣帽穿戴揑作病故不料被
鄉約孫貫祖走來看出傷痕把小的與王夏氏

獲住信知王廣遇的胞弟王廣太一同赴縣報
驗因屍身腐爛無從查驗今蒙檢訊實因王夏
氏與小的通姦本夫王廣遇知情縱容後因小
的無錢拒絕王夏氏起意商同小的把王廣遇
謀勒致死孫萇清被逼同行委沒動手也沒另
有同謀加功的人是實據姦婦王夏氏供鹽城
縣人年叁拾捌歲王廣遇是丈夫生有兩子年
俱幼小丈夫向來幫工度日與馬冲芸認識往
來婦人見面不避道光拾貳年叁月不記日期
馬冲芸來婦人家探望適丈夫外出就與婦人
調戲成姦被丈夫回歸撞見馬冲芸當向懇求
情願幫貼錢文丈夫貪利應允以後馬冲芸常

來姦宿陸續資助錢米不記確數拾叁年伍月
初肆日丈夫向馬冲芸要錢貳千文馬冲芸無
錢回覆丈夫不依把馬冲芸趕出不許進門婦
人在旁勸解也被丈夫打罵婦人因與馬冲芸
戀姦情熱起意把丈夫勒死好到馬冲芸船上
與他做長久夫妻拾伍日叁更時分乘丈夫兒
子們睡熟走到馬冲芸船上相商馬冲芸應允
喊醒在船幫工的孫萇潰告知情由央他幫助
許給酬謝孫萇潰不允馬冲芸說若不允從將
來事發定要扳作同謀孫萇潰無奈應允就同
到婦人家裏那時丈夫側臥鋪上未醒婦人先
叫孫萇潰動手孫萇潰害怕不敢上前馬冲芸

江蘇巡撫林則徐題本　審明鹽城縣民婦王夏氏商同姦夫勒斃本夫王廣遇分別定擬　道光十四年六月二十五日

上鋪壓住丈夫身子兩手致膝蓋跪傷丈夫左
後肋丈夫驚醒掙喊在牆上撞傷額顱婦人就
提起丈夫髮辮從項頸繞過咽喉纏繞兩道左
手摀嘴右手拉住辮稍用力收勒丈夫登時氣
絕身死孫長濆乘空逃跑婦人與馬冲芸把丈
夫衣帽穿戴捏作病故不料被鄉約孫貫祖走
來看出傷痕把婦人與馬冲芸獲住信知夫弟
王廣太一同赴縣報驗因屍身腐爛無從查驗
今蒙檢訊婦人實因與馬冲芸通姦丈夫知情
縱容後因馬冲芸無錢拒絕婦人戀姦情熱起
意商同馬冲芸把丈夫勒死孫長濆委止被逼
同行並沒動手此外也沒另有同謀加功的人

江蘇巡撫林則徐題本　審明鹽城縣民婦王夏氏商同姦夫勒斃本夫王廣遇分別定擬

道光十四年六月二十五日

見證各等供據此將犯還禁餘俱省釋錄供通詳奉批飭審捌月貳拾陸日據禁卒稟報犯婦王夏氏在監患病醫治詳咨於玖月貳拾捌日報痊前縣王會圖未及審解卸事甲職孟廣沅到任會同甲職邊象會提集覆訊各供均與前審無異不敘外該阜寧縣知縣邊象會鹽城縣知縣孟廣沅會審看得鹽城縣民婦王夏氏起意商同姦夫馬冲芸謀殺縱姦本夫王廣遇壹案緣王夏氏馬冲芸孫長潰均籍隸鹽城王夏氏之夫王廣遇與馬冲芸素識往來王夏氏見面不避馬冲芸駕船營生雇孫長潰在船幫工道光拾貳年叁月馬冲芸至王廣遇家探望適

王廣遇外出即與王夏氏調戲成姦經王廣遇回歸撞見馬冲芸向其懇求應許幇貼錢文王廣遇貪利應允迨後馬冲芸常往續舊陸續資助錢米不記確數拾叁年伍月初肆日王廣遇向馬冲芸索錢貳千文馬冲芸無錢回覆王廣遇不依將其逐出不許往來王夏氏戀姦情熱起意將王廣遇勒斃可與馬冲芸聚爲夫婦拾伍日叁更時分王夏氏乘王廣遇睡熟潛至馬冲芸船上與馬冲芸商允馬冲芸因孫萇潰同在一船不能隱瞞其時孫萇潰睡熟馬冲芸將其喚醒告知實情央令幇助並許酬謝孫萇潰不允馬冲芸聲言若不允從日後事發定要扳

作同謀孫長潰被逼勉從同至王夏氏家見王
廣遇側臥鋪上未醒王夏氏先令孫長潰動手
孫長潰畏怯不敢上前馬冲芸上鋪壓住王廣
遇身體兩手致膝蓋跪傷其左後肋王廣遇驚
醒掙喊在牆上撞傷額顱王夏氏即提起王廣
遇髮辮從項頸繞過咽喉纏繞兩道左手摟住
其口右手拉住辮梢用力收勒王廣遇立時氣
絕殞命孫長潰乘間逃逸王夏氏同馬冲芸節
爲王廣遇穿戴衣帽捏作病故經鄉約孫貫租
看出傷痕信知屍弟王廣太往看向王夏氏等
盤出致死情由與孫貫租乘船赴縣因風阻耽
延報經前縣王會圖詣驗屍身業已腐爛當經

江蘇巡撫林則徐題本　審明鹽城縣民婦王夏氏商同姦夫勒斃本夫王廣遇分別定擬

道光十四年六月二十五日

訊供詳請委員會同開檢奉府札委卑職邊象
會會同、前縣王會圖檢訊通詳奉批飭審王會
圖未及審解卸事卑職孟廣沅到任遵即會同
提犯研鞫據供認前情不諱究明孫襄濱實係
被逼同行並未加功此外亦無同謀加功之人
案無遁飾查例載本夫縱容妻妾與人通姦審
有確據人所共知者或被妻妾起意謀殺或姦
夫起意係知情同謀姦婦皆擬斬立決姦夫擬
斬監候又律載謀殺人從而不加功者杖壹百
流叁千里各等語此案王夏氏與馬冲芸通姦
本夫王廣遇貪利縱容已據屍親人等供證確
鑿王廣遇因馬冲芸無錢資助將其拒絕王夏

氏起意商同馬冲芸將王廣遇謀勒致斃實屬
淫兇應按例問擬王夏氏合依本夫縱容妻妾
與人通姦審有確據人所共知者被妻起意謀
殺姦婦擬斬立決例擬斬立決馬冲芸聽從加
功合依姦夫知情同謀擬斬監候例擬斬監候
秋後處決照例刺字孫長貴合依謀殺人從而
不加功者杖壹百流叁千里律杖壹百流叁千
里蔣供母老丁單是否屬實應再確查照例訊
取供結另行詳辦王廣遇縱妻與人通姦本干
律擬業已身死應無庸議鄉約孫貫扭屍弟王
廣太具報遲延訊因風阻所致亦無庸議王廣
遇得受馬冲芸錢米訊無確數且已身死應免

著追無干省釋骨桶案結飭埋等情解府該府
恐案情未確行提鄉約屍親人等來郡札委山
陽縣知縣張用熙訊無別故仍照原擬由府審
解到司提訊犯供翻異札委蘇州府知府沈兆
澐訊係畏罪狡展照擬解司該署江蘇按察使
怡良提犯親審核擬無異解候勘
題等情招解到臣提犯親審無異該臣看得鹽城
縣民婦王夏氏起意商同姦夫馬沖芸謀殺縱
姦本夫王廣遇壹案緣王夏氏馬沖芸孫長潰
均籍隸鹽城王夏氏之夫王廣遇與馬沖芸素
識往來王夏氏見面不避馬沖芸駕船營生雇
孫長潰在船幫工道光拾貳年叁月馬沖芸至

江蘇巡撫林則徐題本　審明鹽城縣民婦王夏氏商同姦夫勒斃本夫王廣遇分別定擬

道光十四年六月二十五日

王廣遇家探望適王廣遇外出即與王夏氏調
戲成姦經王廣遇回歸撞見馬冲芸向其懇求
隱許酌貼錢文王廣遇貪利應允迨後馬冲芸
常往續舊陸續資助錢米不記確數拾叁年伍
月初肆日王廣遇向馬冲芸索錢貳千文馬冲
芸無錢回覆王廣遇不依將其逐出不許往來
王夏氏戀姦情熱起意將王廣遇勒斃可與馬
冲芸聚爲夫婦拾伍日叁更時分王夏氏乘王
廣遇睡熟潛至馬冲芸船上與馬冲芸商允馬
冲芸因孫長潰同在一船不能隱瞞其時孫長
潰睡熟馬冲芸將其喚醒告知實情央令幫助
並許酬謝孫長潰不允馬冲芸聲言若不允從

江蘇巡撫林則徐題本　審明鹽城縣民婦王夏氏商同姦夫勒斃本夫王廣遇分別定擬

道光十四年六月二十五日

日後事發定要扳作同謀孫萇潰被逼勉從同
至王夏氏家見王廣遇側臥舖上未醒王夏氏
先令孫萇潰動手孫萇潰畏怯不敢上前馬冲
芸上舖壓住王廣遇身體兩手致膝蓋跪傷其
左後肋王廣遇驚醒掙喊在牆上撞傷額顱王
夏氏即提起王廣遇髮辮從項頸繞過咽喉纏
繞兩道左手撳住其口右手拉住辮梢用力收
勒王廣遇立時氣絕殞命孫萇潰乘間逃逸王
夏氏同馬冲芸即爲王廣遇穿戴衣帽揑作病
故經鄉約孫貫租看出傷痕信知屍弟王廣太
往看向王夏氏等盤出致死情由與孫貫租乘
船赴縣因風阻就近報經該前縣王會圖詣驗

江蘇巡撫林則徐題本　審明鹽城縣民婦王夏氏商同姦夫勒斃本夫王廣遇分別定擬

道光十四年六月二十五日

屍身業已腐爛當經訊供詳請委員會同開檢
該府札委阜寧縣邊象曾會同王會圖檢驗訊
詳王會圖未及審解卸事該縣孟廣沅到任會
同研審據各供認前情不諱究明孫長潰實係
被逼同行並未加功此外亦無同謀加功之人
案無遁飾查例載本夫縱容妻妾與人通姦審
有確據人所共知者或被妻妾起意謀殺或姦
夫起意係知情同謀姦婦皆擬斬立決姦夫擬
斬監候又律載謀殺人從而不加功者杖壹百
流叁千里各等語此案王夏氏與馬沖芸通姦
本夫王廣遇貪利縱容已據屍親人等供證確
鑿王廣遇因馬沖芸無錢資助將其拒絕王夏

氏起意商同馬冲芸將王廣遇謀勒致斃實屬
淫兇應按例問擬王夏氏合依本夫縱容妻妾
與人通姦審有確據人所共知者被妻起意謀
殺姦婦擬斬立決例擬斬立決馬冲芸聽從謀
勒合依姦夫知情同謀擬斬監候例擬斬監候
秋後處決照例刺字孫長漬合依謀殺人從而
不加功者杖壹百流叁千里律杖壹百流叁千
里據供母老丁單是否屬實飭縣確查照例訊
取供結另行辦理王廣遇縱妻與人通姦本干
律擬業已身死應無庸議鄉約孫貫祖晁弟王
廣太具報遲延訊因風阻所致亦無庸議王廣
遇得受馬冲芸錢米訊無確數且已身死免其

著追無干省釋補案結飭理臣謹具
題伏乞
皇上聖鑒勅下三法司核覆施行再此案縣審分限
壹個月應以道光拾叁年捌月初貳閱驗之日
起除犯病壹月加至拾月初貳日滿前署鹽城
縣知縣王會圖未及會審招解於拾月初拾日
卸事計遲延捌日該縣孟廣沅於是日到任前
官歷審已逾分限例得加半加展拾伍日加至
拾月貳拾伍日滿嗣於拾壹月初伍日審解計
遲延拾日除自縣解府程限陸日於拾壹月拾
壹日到府該府恐案情未確於拾貳日行提鄉
約屍親人等札委山陽縣知縣張用熙確審據

於拾肆年叁月初肆日提集解府發審詳提解
兩限計拾日往返程限拾貳日又封印壹月計
遲延壹箇月零貳拾叁日所有承審遲延不及
拾日卸事職名係前署鹽城縣知縣王會圖會
審遲延不及壹月職名係阜寧縣知縣邊象曾
接審遲延不及壹月及提解遲延壹月以上各
職名均係現任鹽城縣知縣孟廣沅調報附參
至府司院分限各拾日應以叁月初肆日入詳解
郡發審之日起除由府委審限壹月并自府解
司程限拾伍日又由司委審限壹月統應扣至
陸月拾玖日全限屆滿合併陳明謹題請
旨

江蘇巡撫林則徐題本　審明鹽城縣民婦王夏氏商同姦夫勒斃本夫王廣遇分别定擬

道光十四年六月二十五日

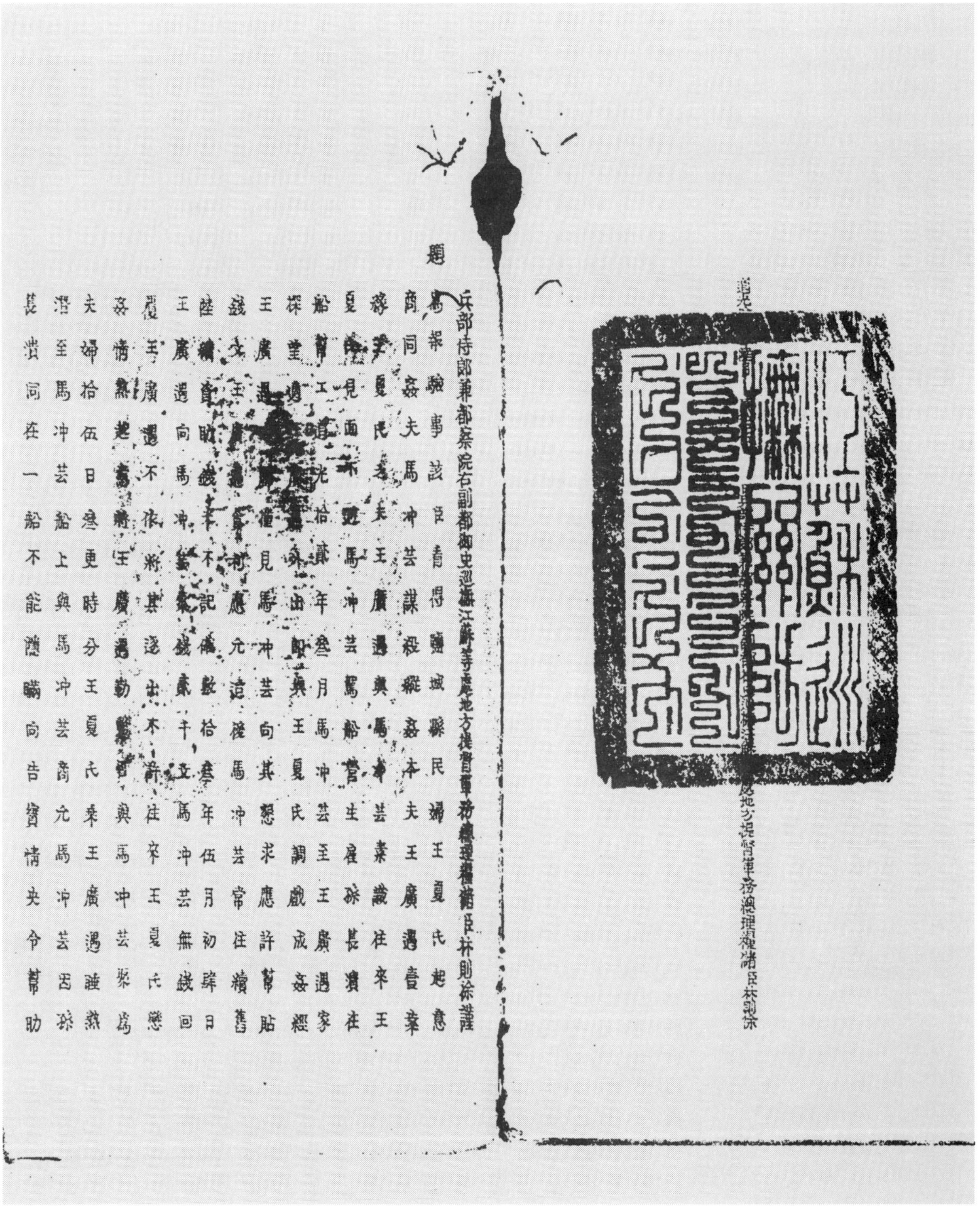
道光[illegible]處地方提督軍務總理糧儲臣林則徐

兵部侍郎兼都察院右副都御史巡撫江蘇等處地方提督軍務總理糧儲臣林則徐謹
題
爲報驗事。該臣看得鹽城縣民婦王夏氏起意
商同姦夫馬冲芸謀殺縱姦本夫王廣遇一案。
緣王夏氏與王廣遇與馬冲芸素識，往來王
夏氏[illegible]見面不避。馬冲芸駕船營生，雇孫長濟往
船幫工。道光拾貳年叁月馬冲芸至王廣遇家
探望，適[illegible]外出，即與王夏氏調戲成姦，經
王廣遇[illegible]見，馬冲芸向其懇求應許，幫貼
錢文，王[illegible]應允。迨後馬冲芸常往續舊，
[illegible]錢不記備數。拾叁年伍月初肆日
王廣遇向馬冲芸索錢千文，馬冲芸無錢回
覆，王廣遇不依，將其逐出，不許往來。王夏氏戀
姦情熱，起意[illegible]王廣遇[illegible]與馬冲芸聚爲
夫婦。拾伍日叁更時分，王夏氏乘王廣遇睡熟
潛至馬冲芸船上，與馬冲芸商允，馬冲芸因孫
長濟同在一船，不能隱瞞，向告實情，央令幫助

旨

血許酬謝孫茂潰先未應允被馬冲芸嚇逼勉
從同至王夏氏家見王廣遇側臥鋪上未醒王
夏氏先令孫茂貴動手孫茂貴畏怯不敢上前
馬冲芸上鋪壓住王廣遇身體兩手致膝蓋跪
傷其左右肋王廣遇驚醒掙喊在牆上碰傷額
顱王夏氏即提起王廣遇髮辮從項頸繞過咽
喉纏繞兩道左手按住其口右手拉住辮梢用
力收勒王廣遇立時氣絕殞命經鄉約孫貫祖
告出屍親報縣詣驗屍身業已腐爛詳府委員
會驗訊詳審供不諱王夏氏依本夫縱容妻妾
與人通姦審有確據入所共知者殺妻起意謀
殺姦婦擬斬立決例擬斬立決馬冲芸依姦夫
知情同謀擬斬監候例擬斬監候秋後處決孫
茂貴依謀殺人從而不加功者杖流律杖壹百
流叁千里謹題請

大學士管理户部事務長齡等題本　林則徐奏報常鎮二府漕糧完欠數目並未完職名請分別處分

大學士管理户部事務長齡等題本　林則徐奏報常鎮二府漕糧完欠數目並未完職名請分別處分

道光十四年七月初六日

户部等部　御前大臣太傅大學士管理户部事務臣長齡等謹
題為恭錄事據江蘇巡撫林則徐將蘇松常州鎮
江二府屬道光拾貳等年應徵嘉慶貳拾伍年
分緩漕米石查明遞展應徵完欠各數造報十
二次年限考成一案於道光拾叁年拾貳月貳
拾柒日咨文到部
該臣等會議得江蘇巡撫林則徐咨稱據蘇松
督糧道陶廷杰詳稱查常州鎮江二府屬嘉慶
貳拾伍年分緩漕十一次年限備核冊報武進
丹徒丹陽金壇等縣應於道光拾貳拾叁拾肆
拾陸等年秋成後帶徵漕糧正耗米貳千捌百

大學士管理户部事務長齡等題本　林則徐奏報常鎮二府漕糧完欠數目並未完職名請分别處分

道光十四年七月初六日

捌拾柒石捌斗柒合伍勺内除武進縣續因道
光拾貳年復又被歉遞展正耗米壹千陸百叁
拾伍石叁斗捌升應展至道光拾肆年秋成後
帶徵又丹陽縣道光拾貳年復又被歉遞展正
耗米叁拾肆石柒斗貳升肆合伍勺應於道光
拾叁年秋成後帶徵又丹徒縣道光拾貳年復
又被歉遞展正耗米壹千貳拾石叁斗捌合玖
勺應於道光拾伍年秋成後帶徵又金壇縣道
光拾貳年復又被歉遞展正耗米伍拾伍石玖
斗陸合伍勺應於道光拾柒年秋成後帶徵均
俟屆限啟徵查明完欠另報外仍該丹陽縣道
光拾貳年秋成後應徵原展正耗米壹百肆拾

壹石肆斗捌升柒合陸勺當經本道自道光拾
貳年拾月初壹日開徵起飭催趕徵未據完報
相應查明造具十二次年限考成清冊呈送伏
候咨部按冊核議等情相應咨達等因前來
查蘇松常州鎮江二府屬武進丹徒丹陽金
壇等縣未完嘉慶貳拾伍年分緩漕正耗米共
貳千捌百捌拾柒石捌斗柒合伍勺前據江蘇
巡撫於造報十一次年限案內聲明應於道光
拾貳拾叁拾肆拾陸等年秋成後帶徵在案今
據江蘇巡撫咨稱續因道光拾貳年復又被歉
遞展內除武進縣遞展正耗米壹千陸百叁拾
伍石叁斗捌升應展至道光拾肆年秋成後帶

徵又丹陽縣遞展正耗米叁拾肆石柒斗貳升
肆合伍勺應於拾叁年秋成後帶徵又丹徒縣
遞展正耗米壹千貳拾石叁斗捌合玖勺應於
拾伍年秋成後帶徵又金壇縣遞展正耗米伍
拾伍石玖斗陸合伍勺應於拾柒年秋成後帶
徵均俟屆限啟徵查明完欠另報外仍該丹陽
縣道光拾貳年秋成後應徵原展正耗米壹百
肆拾壹石肆斗捌升柒合陸勺自拾貳年拾月
初壹日開徵起飭催趕徵未據完報造具十二
次年限考成清冊咨部按冊核議等語查前項
原報未完緩漕米石除復歉遞展外所有應徵
未完米石户部核與應叅數目相符吏部查定

例漕項未完照地丁錢糧例議處又定例地丁
錢糧經徵州縣官欠不及一分者停其陞轉罰
俸一年戴罪徵收經管錢糧道員欠不及一分
者停其陞轉罰俸六個月戴罪督催等語除前
任鎮江府知府黄在厚已經病故毋庸議外應
將經徵未完不及一分之丹陽縣知縣朱清耀
照例停其陞轉罰俸一年戴罪徵收督催未完
不及一分之蘇松督糧道陶廷杰照例停其陞
轉罰俸六個月戴罪督催應令該撫將前項應
徵未完米石速即嚴飭徵收完報遞展米石亦
即按限徵收仍於展徵限滿之日查明完欠造
報考成此本係户部主稿容文於道光拾叁年

大學士管理户部事務長齡等題本 林則徐奏報常鎮二府漕糧完欠數目並未完職名請分別處分

道光十四年七月初六日

拾貳月貳拾柒日到部吏部於拾肆年伍月貳
拾叁日議結送回茲於柒月初陸日辦理具
題合併聲明臣等未敢擅便謹
題請
旨

道光拾肆年柒月初陸日 經筵講官太傅御前大臣領侍衛內大臣文華殿大學士管理户部事務正紅旗滿洲都統二等威勇公臣長齡
經筵日講起居注官太子少保內廷南書房行走文淵閣提舉閣事户部尚書翰林院掌院學士鑲白旗滿洲都統兼管國子監算學教習庶吉士總理工程處臣穆彰阿
經筵講官太子少保管理刑部事務户部尚書臣王鼎

大學士管理户部事務長齡等題本 林則徐奏報常鎮二府漕糧完欠數目並未完職名請分别處分

道光十四年七月初六日

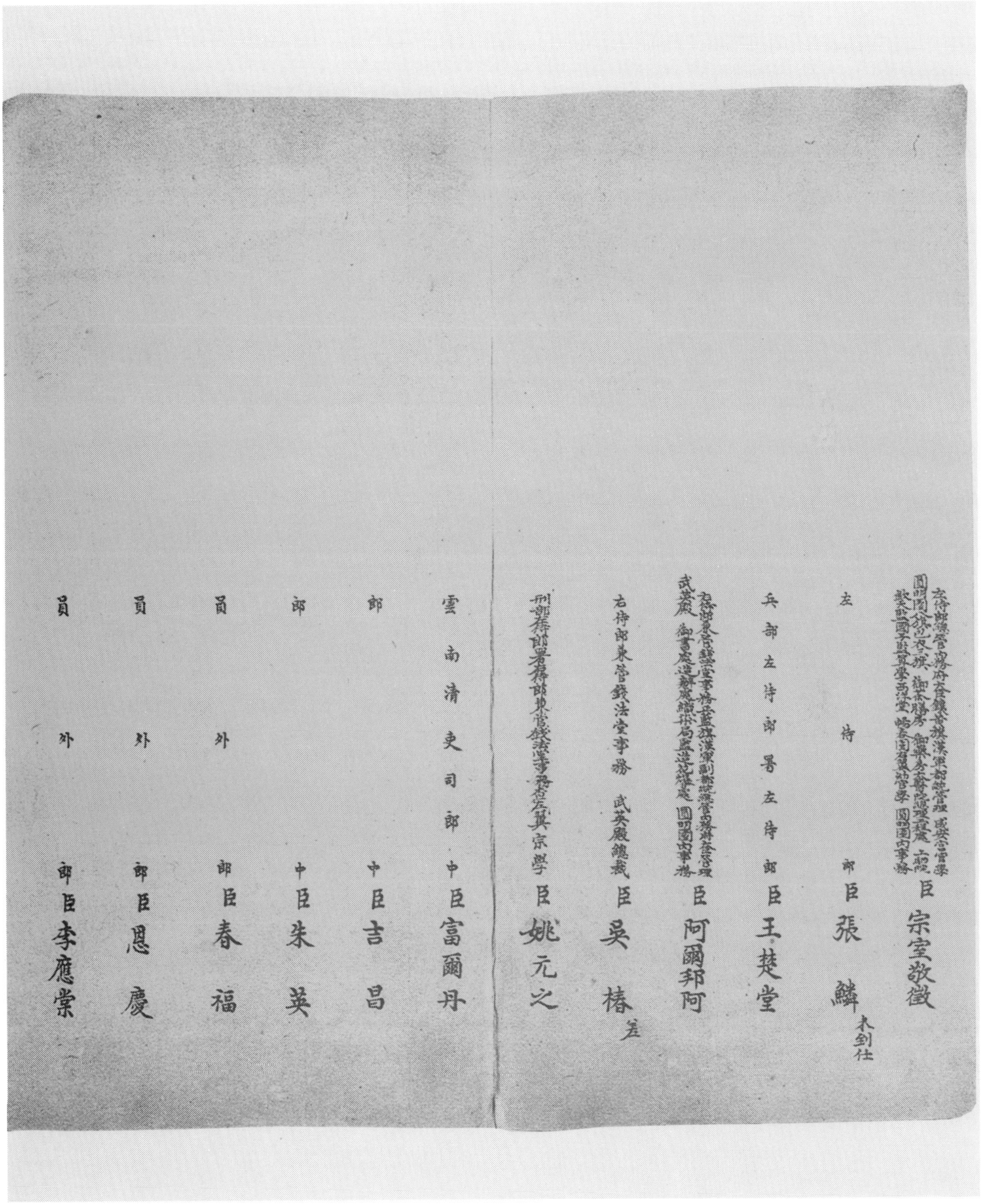
左侍郎兼管内務府大臣鑲黄旗漢軍都統管理咸安宫官學 圓明園八旗包衣三旗 御茶膳房 御藥房武備院造辦處 兼管 欽天監國子監算學西洋堂 暢春園奉宸苑官學 圓明園內事務 臣宗室敬徵

左侍郎臣張鱗 未到任

兵部左侍郎署左侍郎臣王楚堂

右侍郎兼管錢法堂事務鑲藍旗漢軍副都統總管内務府大臣管理武英殿御書處造辦處織染局咸安宫官學 圓明園內事務 臣阿爾邦阿

右侍郎兼管錢法堂事務 武英殿總裁 臣吳椿 差

刑部右侍郎署右侍郎兼管錢法堂事務右翼宗學 臣姚元之

雲南清吏司郎中臣富爾丹

郎中臣吉昌

郎中臣朱英

員外郎臣春福

員外郎臣恩慶

員外郎臣李應棠

大學士管理户部事務長齡等題本　林則徐奏報常鎮二府漕糧完欠數目並未完職名請分別處分
道光十四年七月初六日

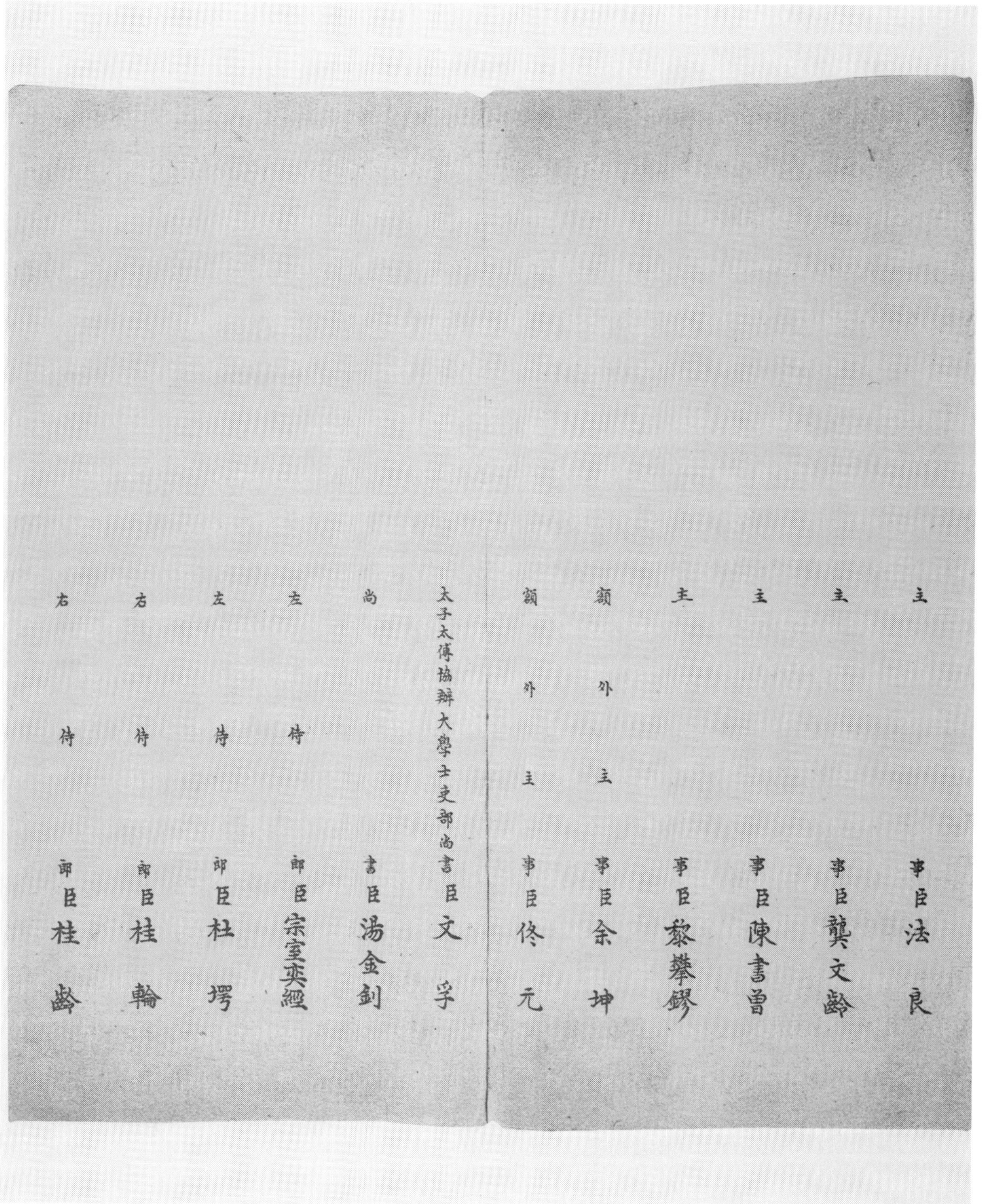
主事臣法良
主事臣龔文齡
主事臣陳書曾
主事臣黎攀鏐
額外主事臣余坤
額外主事臣佟元
太子太傅協辦大學士吏部尚書臣文孚
尚書臣湯金釗
左侍郎臣宗室奕經
左侍郎臣杜堮
右侍郎臣桂輪
右侍郎臣桂齡

大學士管理户部事務長齡等題本　林則徐奏報常鎮二府漕糧完欠數目並未完職名請分別處分

道光十四年七月初六日

考功清吏司員外郎臣宗室德珩

主事臣夏恒

上諭 著林則徐委員於蘇州洞庭採辦條石解交浙江塘工

軍機大臣 字寄
江蘇巡撫林 道光十四年七月初十日奉
上諭據趙盛奎等奏浙江塘工應用條石為數甚多除已派工員承辦趕速運工外衆計其數仍有不敷援照乾隆四十五及四十八等年由江蘇採辦協濟所用銀兩即由江蘇報銷成案等語著林則徐即派委妥員於蘇州洞庭一帶採辦寬一尺二寸厚一尺長四五尺六面見方之條石四萬丈務於來春全數解往（交）浙江工次以資應用此項條石尺寸係照（定）例辦理如辦有不足著驗收之員即行駁回承辦者不准挜交驗收之員亦不准任意刁難如違著即嚴叅懲辦總期採辦迅速無誤工需

是為至要將此諭令知之欽此遵

旨寄信前來

上諭　林則徐所奏詳文筆誤之江蘇藩司楊簧著交部察議

道光十四年七月十四日内閣奉

上諭林則徐奏藩司詳文筆誤檢舉更正並請察議等語上年江蘇寶應縣南鄉大官莊請緩舊欠錢糧藩司詳文誤寫為小官莊字樣實屬筆誤著即更正該藩司雖經自行查出檢舉究屬疏忽楊簧著交部察議欽此

兩江總督陶澍江蘇巡撫林則徐奏摺

奏報豐碭兩縣挑辦堤河橋座工長丈尺銀數

道光十四年七月十九日

兩江總督陶澍江蘇巡撫林則徐奏摺 奏報豐碭兩縣挑辦堤河橋座工長丈尺銀數

道光十四年七月十九日

兩江總督臣陶澍
江蘇巡撫臣林則徐 跪

奏為豐碭二縣挑辦堤河橋座工長丈尺銀數開
具清單恭呈
御覽仰祈
聖鑒事竊照豐縣境內護城堤河及四城門外券橋
均因年久淤鈌坍倒前據徐州府委據署沛縣
知縣朱榮桂親往確勘估需土方銀一萬三千
二百九十四兩八錢三分二釐又碭山縣境內
減水河道與上游河南永城夏邑虞城三縣犬
牙相錯為河南江蘇兩省洩水要道因申公堤
口沖鈌河身淤墊據該府查勘估需土方銀六
千五百七十二兩七錢四分四釐共估需銀一

萬九千八百六十七兩五錢七分六釐上年二
月內經陞任江寧藩司趙盛奎詳請
奏准於司庫蘆課款內分別動給興挑嗣據豐縣
具報堤河工程於三月二十七日開工八月二
十九日完竣橋座工程於八月十六日興工九
月十五日修竣又碭山縣減水河道據報於四
月初三日開工六月初八日挑穵完竣隨經臣
陶澍飭委署銅沛同知崔志元逐一查驗悉與
原估相符並無偷減草率情事據該管道府遞
加印結將做過工長丈尺銀數由江寧布政使
楊簧開單詳請具
奏前來臣等覆查豐碭二縣河堤橋座等工前據

挑辦完竣即經委員查驗悉係照估如式並無
偷減草率情事所有需用工費銀兩除豐縣護
城堤河橋座飭取估計冊結另行辦理外其碭
山縣減水河道工程前經
奏准借項挑辦聲請免其造冊報銷欽奉
諭旨允准業經取造攤徵細冊專案咨部在案應請
毋庸造銷所有豐碭二縣挑辦堤河等工完竣
緣由謹會同署江南河道總督臣麟慶循例開
單合詞恭摺具
奏伏乞
皇上聖鑒勅部查照施行謹
奏

一〇

兩江總督陶澍江蘇巡撫林則徐奏摺　奏報豐碭兩縣挑辦堤河橋座工長丈尺銀數

道光十四年七月十九日

工部知道單併發

道光十四年七月十九日

江蘇巡撫林則徐題本　上元縣淳化司巡檢胡振業俸滿保薦
道光十四年七月十九日

該部議奏
題

江蘇巡撫林則徐題本　**上元縣淳化司巡檢胡振業俸滿保薦**

江蘇巡撫林則徐題本 上元縣淳化司巡檢胡振業俸滿保薦
道光十四年七月十九日

兵部侍郎兼都察院右副都御史巡撫江蘇等處地方提督軍務總理糧儲臣林則徐謹
題爲俸滿人員詳請保
題事。據江寧布政使楊簧會同署江蘇按察使怡
良詳稱：據江寧府知府善慶詳據署上元縣知
縣馮思澄詳據淳化司巡檢胡振業呈稱：竊振
業現年肆拾陸歲，係順天大興縣人，原籍浙江
會稽縣。由太常寺則例館供事議敘從玖品，續
增武陟常例加足叁成，分發江蘇，咨署上元縣
淳化司巡檢。道光柒年叁月貳拾貳日到任，試
署期滿，詳咨實授，復經請銷試俸在案。今自到
任之日起，連閏扣至道光拾貳年拾貳月貳拾
貳日，初次陸年俸滿，理合備具親供，送縣驗看

轉詳等情到縣該署上元縣知縣馮思澄查得
胡振業自到任以來每逢朔望隨同官講
聖諭化導愚民督率弓兵晝夜巡緝宵小潛匿黎民安
堵額徵魚租如數徵納並無虧短恪遵
功令不敢擅受民詞該員辦事實心緝捕勤能堪
膺保薦理合造冊結文詳送驗轉等情到府該
江寧府知府善慶查驗得胡振業勤於緝捕辦
事認真堪以保薦相應將送到供冊轉詳核驗
等情到司該江寧布政使楊簧會同署江蘇按
察使怡良查得上元縣淳化司巡檢胡振業自
道光柒年叁月貳拾貳日到任之日起連閏扣
至拾貳年拾貳月貳拾貳日初次陸年俸滿茲

據該府縣備造供冊遞行出考保薦前來覆驗
得該員年力強壯緝捕認真堪以保薦相應詳
候驗看會
題再江寧鹽巡道考語尚未准移到俟移到另呈
補咨合並聲明等情到臣據此該臣查得上元
縣淳化司巡檢胡振業自道光柒年叁月貳拾
貳日到任之日起連閏扣至拾貳年拾貳月貳
拾貳日初次陸年俸滿例應驗看甄別茲據江
寧布政使楊簧等會詳該員自到任以來每逢
朔望隨同宣講
聖諭化導愚民督率弓兵晝夜巡緝宵小潛匿黎民安
堵額徵魚租如數徵納並無虧短恪遵

功令不敢擅受民詞覆查該員年力強壯緝捕認
眞堪以保薦詳候驗看會
題前來臣查驗得胡振業樸實勤儉捕務認眞堪
以保薦除將冊結送部查核外謹會同兩江總
督臣陶澍合詞具
題伏乞
皇上聖鑒勅部議覆施行謹題請
旨

江蘇巡撫林則徐題本 上元縣淳化司巡檢胡振業俸滿保薦

道光十四年七月十九日

道光拾肆年柒月拾玖日

兵部侍郎兼都察院右副都御史巡撫江蘇等處地方提督軍務總理糧儲臣林則徐

兵部侍郎兼都察院右副都御史巡撫江蘇等處地方提督軍務總理糧儲臣林則徐謹

題爲俸滿人員詳請保

題事該臣查得上元縣淳化司巡檢胡振業自道

光拾年叁月貳拾貳日到任之日起連閏扣至

拾貳年拾貳月貳拾貳日初次陸年俸滿例應

驗看既據署江寧布政使楊簧等會詳該員

年力強壯緝捕認眞堪以保薦詳候驗看會

題前來臣查驗得胡振業樸實勤儉捕務認眞堪

以保薦除將冊結送部外謹會題請

旨

江蘇巡撫林則徐題本　**題參署吳江縣知縣張心淵等疎防盜案限滿贓犯無獲**

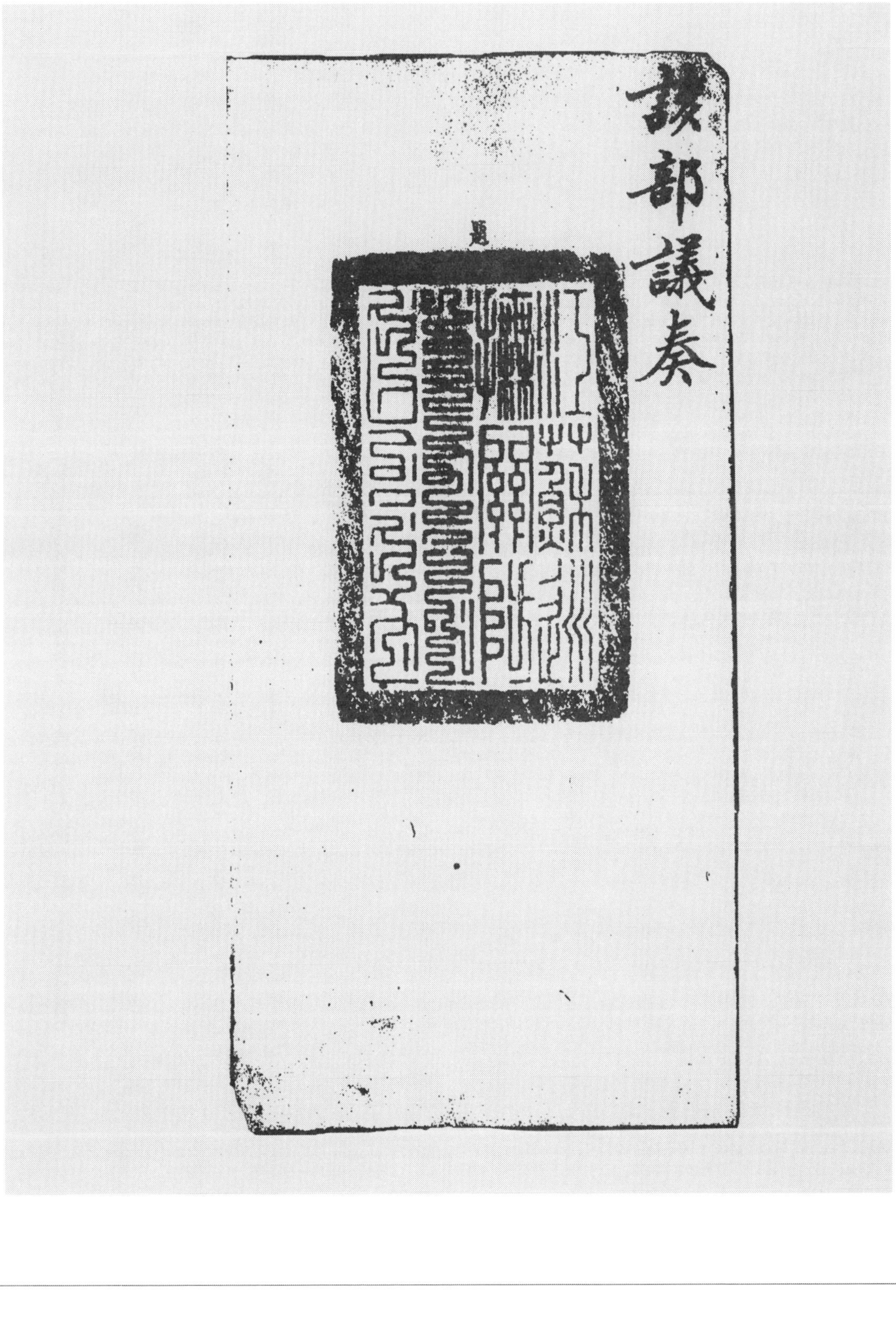

該部議奏

題

兵部侍郎兼都察院右副都御史巡撫江蘇等處地方提督軍務兼理糧餉臣林則徐謹

題爲詳參疏防文職事據署江蘇按察使怡良詳

稱據蘇州府知府沈兆澐詳據吴江縣知縣時

功梅詳稱道光拾叁年拾貳月貳拾日據事主

徐藝蘭抱屬華慶臯稱拾貳月拾玖日伊隨家

主徐藝蘭從蘇州雇船搖至南柳胥圩停泊過

宿貳更時分被匪多人砍開頭門進艙將衣物

鋪蓋搶劫而逸開單報候勘緝等情並據地保

翁誦芬報同前由到縣據經前署縣張心淵會

營前詣該處勘得南柳胥圩有東西官河直通

東通蘇州西達太湖離城陸里離汛柒里該處

並無墩鋪防兵該事主坐船停泊北岸艙門有

刀砍形跡繫船麻繩亦被砍斷劫單據訴事主
人等供與報詞相同估贓值銀叁拾叁兩肆錢
肆分造冊通詳奉批飭緝兹張心淵旋即卸事畢
職時功梅回任照案催緝迄今疏防限屆犯無
弋獲合將疏防印捕職名開報請參等情由府
通開列督捕督緝兼轄各職名詳參到司據此
除批飭勒緝贓匪務獲究報外該署江蘇按察
使怡良查得吳江縣事主徐藝蘭停舟被匪搶
劫查案疏防例限肆箇月應以道光拾叁年拾
貳月拾玖失事之日起扣至拾肆年肆月拾玖
日滿所有文職疏防職名印官係署吳江縣知
縣張心淵捕官係吳江縣典史朱溥督捕係不

同城蘇州府總捕同知榮琨督緝係不同城蘇
州府知府沈兆澐兼轄係不同城分巡蘇松太
道吳其泰理合開報查印官張心淵已於拾肆
年肆月初捌日未經限滿之先丁憂卸事不復
回任應請議結該縣時功栫是日到任接緝應
俟扣滿年限再行詳參合並聲明伏候核參等
情到臣據此該臣查得吳江縣事主徐藝蘭停
舟被匪搶劫臺案疎防例限肆箇月應以道光
拾叁年拾貳月拾玖失事之日起扣至拾肆年
肆月拾玖日滿迄今限屆贓匪無獲除飭勒緝
贓匪務獲究報外所有文職疎防職名印官係
署吳江縣知縣張心淵捕官係吳江縣典史朱

瀏督補係不同城蘇州府總捕同知汞匯督緝

係不同城蘇州府知府沈兆澐兼轄係不同城

分巡蘇松太道吳其泰相應列參聽候部議再

印官張心淵已於拾肆年肆月初捌日未經限

滿之先丁憂卸事不復回任應行議結該縣時

功務是日到任接緝應俟扣滿年限另行咨參

合並陳明臣謹具

題伏乞

皇上聖鑒敕部議覆施行謹題請

旨

江蘇巡撫林則徐題本 題參署吳江縣知縣張心淵等疎防盜案限滿贓犯無獲 道光十四年七月十九日

道光[illegible]方提督軍務總理糧儲臣林則徐

兵部侍郎兼都察院右副都御史巡撫江蘇等處地方提督軍務總理糧儲臣林則徐謹
題為詳參疎防文職事該臣查得吳江縣事主徐
藝蘭停舟被匪搶劫查藝蘭疎防例限肆箇月應
以道光拾叁年拾貳月拾玖失事之日起扣至
拾肆年肆月拾玖日滿迄今限屆贓匪無獲除
飭緝贓匪務獲究報外所有文職疎防職名
印官係署吳江縣知縣張心淵補官係吳江縣
典史朱灣督捕係不同城蘇州府總捕同知榮
陞督緝係不同城蘇州府知府沈兆澐兼轄係
不同城分巡蘇松太道吳其泰相應列參聽候
部議謹題請
旨

江蘇巡撫林則徐題本

題參署元和縣知縣姚瑩等疎防劫案限滿贓犯無獲

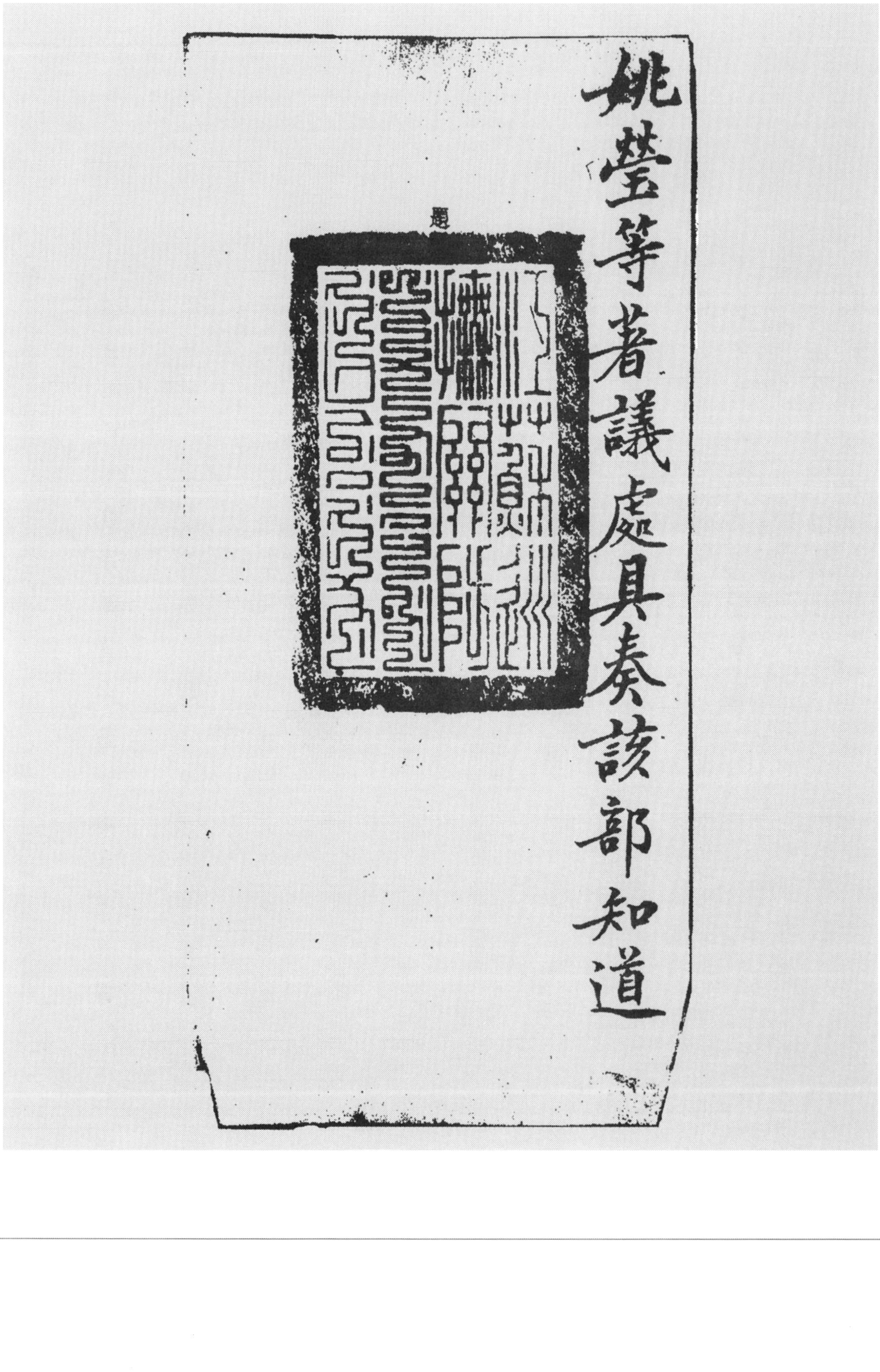
題
姚瑩等著議處具奏該部知道

兵部侍郎兼都察院右副都御史巡撫江蘇等處地方提督軍務總理糧儲臣林則徐謹
題為詳參疏防文職事據署江蘇按察使怡良詳
稱據蘇州府知府沈兆澐詳據署元和縣知縣
姚瑩詳稱道光拾肆年正月初拾日據事主黃
泰稟稱正月初柒日更餘時分伊姪黃和尚同
胡阿大在外收取租錢回歸行至野鴨漕地方
被匪叁人搶去洋錢衣服黃和尚等追捕各獲
壹匪扭住髮辮均被匪用刀割辮劃傷逃逸報
候勘稱等情到縣當經會營前詣失事處所勘
得野鴨塘地方係屬曠野四無居民離城汛各
拾里並無墩鋪防兵提訊事主黃和尚等供與
報詞無異驗得黃和尚項心連偏左刀劃傷壹

處左額角右手背各有刃帶傷壹處兩眼胞各
有跌磕傷壹處又胡阿大頂心右手虎口各有
刃劃傷壹處上脣吻刃帶傷壹處塡單飭詈估
贓值銀拾貳兩貳錢造冊通詳奉批飭叅茲查
此案疎防例限已屆贓匪無獲飭查事主黃和
尚等傷痕均已平復合將疎防職名開報請叅
等情由府開列督捕督緝職名詳叅前來除飭
勒緝贓匪務獲究報並移取巡道兼轄職名另
詳請叅外設署江蘇按察使怡良查得元和縣
事主黃和尚等被匪搶奪拒傷平復壹案疎防
例限肆個月應以道光拾肆年正月初陸失事
之日起扣至伍月初陸日滿所有文職疎防職

名印官係署元和縣事金壇縣知縣姚瑩捕官
係元和縣典史夏廷松督捕係同城蘇州府總
捕同知榮匯督緝係同城蘇州府知府沈兆澐
理合開報伏候核參等情到臣據此該臣查得
元和縣事主黄和尚等被匪搶奪拒傷平復疊
案疎防例限肆箇月應以道光拾肆年正月初
陸失事之日起扣至伍月初陸日滿賊匪無獲
開列疎防職名請參并飭勒緝賊匪務獲
究報並飭取巡道兼轄職名另行咨參外所有
文職疎防職名印官係署元和縣事金壇縣知
縣姚瑩捕官係元和縣典史夏廷松督捕係同
城蘇州府總捕同知榮匯督緝係同城蘇州府

知府沈兆澐相應列參聽候部議再此案失事
處所離城離汛各拾里並無舖防兵合並陳
明
題伏乞
皇上聖鑒勅部議覆施行謹題請
旨

道光十四年七月十九日……提督軍務總理糧儲臣林則徐

江蘇巡撫林則徐題本　題參署元和縣知縣姚瑩等疏防劫案限滿贓犯無獲

道光十四年七月十九日

兵部侍郎兼都察院右副都御史巡撫江蘇等處地方提督軍務總理糧儲臣林則徐謹
題爲詳參疏防文職事該臣查得元和縣事主黃
和尚等被匪搶去拒傷平復壹案疏防例限肆
箇月應以道光拾肆年正月初陸失事之日起
扣至伍月初陸日滿贓匪無獲開列疏防職名
請參前來除飭勒緝贓匪務獲究報並飭取巡
道兼轄職名另行咨參外所有文職疏防職名
印官係署元和縣事金壇縣知縣姚瑩捕官係
元和縣典史夏廷松督捕係同城蘇州府總捕
同知榮匯督緝係同城蘇州府知府沈兆澐相
應列參聽候部議謹題請

江蘇巡撫林則徐題本 審明荊溪縣民邱宣大毆斃邱景瑞擬絞監候

道光十四年七月十九日

江蘇巡撫林則徐題本 **審明荊溪縣民邱宣大毆斃邱景瑞擬絞監候**

三法司核擬具奏

江蘇巡撫林則徐題本 審明荆溪縣民邱宣大毆斃邱景瑞擬絞監候

道光十四年七月十九日

兵部侍郎兼都察院右副都御史巡撫江蘇等處地方提督軍務總理糧儲臣林則徐謹

題爲報驗事據署江蘇按察使怡良詳據常州府
知府汪河詳據荆溪縣知縣陳增稔詳稱道光
拾叁年玖月初伍日據地保陸望瀧報據民婦
邱任氏投稱伊夫邱景瑞曾將公祠祭田捌畝
零盜賣狄順孖執業經族長邱錦文等查知清
理將田退回伊夫欠少狄順孖田價未還玖月
初貳日夜狄順孖糾同狄堯年等在祠田割稻
更夫陳赤溪等看見趕向邱錦文等告知往看
見田稻被割伊夫死在田内咽喉左腿有傷等
語往看屬實查係邱景瑞將田稻抵還狄順孖
田價邱宣大邱倫昌邀同邱景瑞往阻割稻邱

宣大與邱景瑞口角爭毆用手叉傷邱景瑞咽
喉氣閉身死邱宣大等已經逃避報候驗緝等
情到縣隨帶吏仵前詣屍所勘得邱姓公祠田
內稻穀割去叁畝餘已死邱景瑞仰臥田內勘
畢如法相驗據仵作管音喝報已死邱景瑞問
年陸拾玖歲驗得仰面致命咽喉有手叉傷壹
處斜長貳寸伍分闊伍分紅色不致命左腿[illegible]
[illegible]戳傷壹處圍圓柒分深貳分皮破血污餘無
故委係叉傷咽喉氣閉身死報畢親驗無異填
格取結屍飭棺殮提訊屍親地保人等均與報
詞無異飭差勒緝邱宣大等去後旋於拾月貳
拾玖日據差稟獲前來隨提集人證逐一研訊

據地保陸望灘供與報詞同據屍妻邱任氏供已死邱景瑞是婦人丈夫邱宣大是無服族侄與丈夫同村居住素好無嫌道光拾壹年柒月丈夫把公祠祭田捌畝零私賣與狄順籽執業得價洋錢壹百拾陸圓拾肆年伍月經族長邱錦文們查知清理狄順籽把田退回丈夫先還狄順籽田價洋錢叁拾圓餘少捌拾陸圓屢討沒還婦人是知道的拾叁年玖月初貳夜狄順籽怎樣因丈夫少欠田價叫他割稻作抵他糾同狄麓年們在祠田割稻被更夫陳赤溪們看見通知邱宣大邱倫舊邀同丈夫往阻狄順籽們先已回歸邱宣大向丈夫斥罵爭毆用手叉

們文夫咽喉身死婦人先與兒子邱物仁出外
幫工當沒知道是第貳日邱錦文們通知婦人
們起去看明投保報驗并事後細細訪查纔曉
得的並沒起釁別故現蒙把邱宣大拏獲只求
究抵據屍子邱物仁供已死邱景瑞是父親餘
供與伊母邱任氏供同據應訊邱錦文邱望太
邱夢林邱中元同供邱景瑞是邱宣大無服族
伯道光拾壹年柒月邱景瑞把公祠祭田捌畝
零該賣與狄順孖執業得價洋錢壹百拾陸圓
拾貳年伍月小的們查知清理狄順孖就把田
畝退回祠內邱景瑞當還狄順孖田價洋錢叁
拾圓餘少捌拾陸圓狄順孖屢討沒給拾叁年

玖月初貳夜有更夫陳亦溪們去向小的們說
狄順仔們在祠田內割稻小的們趕去查看見
田稻割去拾多石狄順仔們都已回去邱景瑞
死在田內咽喉左腿有傷第貳日就去通知他
妻子邱任氏們一同看明投保報驗至邱景瑞
怎樣把田稻抵還狄順仔田價與邱宣大口角
爭毆被邱宣大用手叉傷咽喉身死小的們先
沒知道事後訪查纔曉得的並沒起釁別故現
蒙拏獲邱宣大只求究辦是實據陳亦溪潘雙
生同供小的們受雇與邱錦文們巡更看守田
稻道光拾叁年玖月初貳夜小的們巡到邱姓
祠田看見狄順仔們在田割稻一同趕回報信

在村上遇見邱宣大邱倫葛告知情由又到邱
錦文們家通知往看小的們就到別處打更後
來邱宣大怎樣與邱景瑞往田查看爭吵把邱
景瑞又傷咽喉身死小的們沒有眼見事後纔
知道的並沒别故是實據應訊狀順籽供道光
拾壹年柒月邱景瑞有田捌畝零賣給小的執
業當付契價洋錢壹百拾陸圓後有邱姓族長
邱錦文們說是公祠祭田被邱景瑞盜賣小的
當把田畝退還邱景瑞先給還小的田價洋錢
叁拾圓餘少捌拾陸圓屢討沒還拾叁年捌月
貳拾壹日小的又向索討邱景瑞說他無力歸
還現在祠田稻穀成熟願聽小的割稻作抵知

邱姓族人田當有他理直的話小的因田價沒
有著落當就應允玖月初貳日夜小的邀同哥
子狄堯年兄弟狄保仔堂弟狄中叔鄰人潘義
培各帶繩棍赴邱姓祠田割稻拾多石被更夫
沛亦溪們巡見喝阻小的就同狄堯年們挑稻
走回後來邱宣大怎樣同邱景瑞往田查看爭
吵邱宣大用手叉傷邱景瑞咽喉身死小的不
知道狄中叔現在外出是實據應訊狄堯年狄
保仔潘義培同供與狄順仔供同據邱倫喜供
荊溪縣人年貳拾伍歲已死邱景瑞是無服族
伯道光拾壹年柒月邱景瑞把公祠祭田劃畝
零盜賣狄順仔執業契價洋錢壹百拾陸圓拾

江蘇巡撫林則徐題本　審明荊溪縣民邱宣大毆斃邱景瑞擬絞監候
道光十四年七月十九日

貳年伍月經邱錦文們查知清理狄順孖把田
退回邱景瑞先還狄順孖田價洋錢叁拾圓餘
少洋拾陸圓屢討沒給拾叁年玖月初貳夜小
的與堂兄邱宣大赴田看守禾稻路遇更夫陳
亦溪們說狄順孖同狄蕘年們在小的們祠田
内割稻的話小的就同邱宣大走到邱景瑞家
告知情由要他同去理阻邱景瑞不肯被小的
們催逼不過一同走到田頭查看見稻穀被割
拾多石狄順孖們先已回歸邱宣大村斥邱景
瑞盜賣祠田致稻被割邱景瑞不服詈罵邱宣
大回罵邱景瑞奪過邱宣大稻叉自把左腿戳
傷邱景瑞用叉向邱宣大毆戳小的上前奪叉

丢棄邱景瑞兩手扭住邱宣大胸衣撞頭拚命
邱宣大用手又往邱景瑞咽喉推抵因雨後地
滑邱景瑞站立不穩仰跌倒地邱宣大被扭帶
跌撲壓邱景瑞身上收手不及以致又傷邱景
瑞咽喉邱宣大爬起邱景瑞已不能言語小的
忙同邱宣大把他扶起拍救那知邱景瑞年老
氣弱已經氣閉身死小的與邱宣大害怕逃回
並別故小的委沒幫毆的事是實求兌犯邱宣
是邱景瑞的妻子邱任氏投保報驗的並沒起
大供荊溪縣人年叁拾叁歲父親已故母親談
氏年陸拾伍歲兄弟邱宣二年叁拾歲小的娶
妻王氏生有壹子已死邱景瑞是小的無服族

江蘇巡撫林則徐題本 審明荆溪縣民邱宣大毆斃邱景瑞擬絞監候
道光十四年七月十九日

伯同村居住素好無嫌道光拾壹年柒月邱景瑞把公祠祭田劃畝零盜賣與狄順存執業得價洋錢壹百拾陸圓拾貳年伍月族長邱錦文們查知清理狄順存把田退還邱景瑞先還狄順存田價洋錢叁拾圓餘少捌拾陸圓屢討沒還拾叁年玖月初貳夜小的攜帶稻叉同堂弟邱倫菖赴田看守田稻路遇更夫陳亦溪們說狄順存同狄蕘年們在小的們祠田內割稻的話小的就與邱倫菖往邀邱景瑞同去理阻邱景瑞不肯被小的們催逼不過一同走到田頭查看見稻穀被割拾多石狄順存們先已回去小的就村斥邱景瑞不該盜賣祠田致被割稻

邱景瑞不依詈罵小的回罵邱景瑞向小的奪
取稻叉小的揑住叉柄不放邱景瑞用力奪去
自把左腿戳傷邱景瑞用叉向小的戳來邱倫
舊上前把叉奪過撩棄邱景瑞兩手扭住小的
胸衣撞頭拚命小的掙不脫身一時情急用右
手叉住邱景瑞咽喉推抵想他鬆放因雨後地
滑邱景瑞站立不穩仰跌倒地小的被扭帶跌
撲壓邱景瑞身上收手不及以致叉傷邱景瑞
咽喉邱景瑞鬆手小的連忙爬起見邱景瑞不
能言語忙同邱倫舊把他扶起拍救那知邱景
瑞年老氣弱已經氣閉身死小的害怕當與邱
倫舊逃回小的聽聞差拏逃往各處躲避今被

後解的並非有心致死也沒起釁別故及逃後
知情容留人家兇器稻叉據稟無存邱倫留委
沒幫同毆打是實各等供據此將犯收禁錄供
通詳奉批飭審道光拾肆年正月貳拾貳日據
禁卒稟報邱宣大在監患病醫治詳咨於貳月
貳拾叁日報痊隨提覆訊除各供均與前審無
異不敘外該荊溪縣知縣陳培棪審看得邱宣
大又傷無服族伯邱景瑞身死壹案緣邱宣大
籍隸荊溪縣與無服族伯邱景瑞鄰居無嫌道
光拾壹年柒月邱景瑞將公祠祭田捌畝零盜
賣與狄順孖執業得價洋錢壹百拾陸圓拾貳
年伍月經族長邱錦文等查知清理狄順孖將

田退回邱景瑞當還狄順犳田價洋錢叁拾圓
除價屢索無償拾叁年捌月貳拾壹日狄順犳
復向催討邱景瑞聲稱無從設措現在田稻成
熟任令割稻作抵如族人向阻有伊理直玖月
初貳夜狄順犳央同伊兄狄羲年等赴邱姓祠
田割稻拾餘石更夫陳亦溪等瞥見喝阻狄順
犳等將稻挑回適邱宣大攜帶稻叉與邱倫菖
赴田看守路遇陳亦溪等告知情由邱宣大等
即往堅邀邱景瑞到田理阻狄順犳等業已先
回邱宣大村斥邱景瑞不應盜賣祠田致稻被
割邱景瑞不服詈罵邱宣大回罵邱景瑞奪其
手內稻叉邱宣大趕住叉柄不放邱景瑞用力

奪過自將左腿戳傷邱景瑞卽用叉向戳邱倫
萬上前奪叉據稟邱景瑞兩手扭住邱宣大胸
衣擰頭拚命邱宣大掙不脫身一時情急用右
手叉住邱景瑞咽喉推抵冀其鬆放因雨後地
滑邱景瑞站立不穩仰跌倒地邱宣大被扭帶
跌撲壓邱景瑞身上收手不及以致叉傷邱景
瑞咽喉邱景瑞鬆手邱宣大急忙爬起見邱景
瑞不能言語隨與邱倫萬將其扶起拍救詎邱
景瑞年老氣弱業已氣閉殞命邱宣大等逃散
嗣邱錦文等亦聞田稻被割往見屍身信知屍
妻邱任氏投保報驗獲犯訊供通詳奉批飭審
遵復提犯研鞫據供前情不諱究非有心致死

亦無起釁別故及逃後知情容留之人案無遺
飾查律載同姓服盡親屬相毆至死以凡論又
鬬毆殺人者不問手足他物金刃並絞監候各
等語此案邱宣大因邱景瑞盜賣祠田稻被割
去向斥爭毆被邱景瑞扭住胷衣撞頭拚命該
犯用手推抵一同跌地致手指又傷其咽喉氣
閉身死查邱景瑞係邱宣大無服族伯應按律
問擬邱宣大合依同姓服盡親屬相毆至死以
凡論鬬殺者絞律擬絞監候秋後處決邱倫萬
雖訊非共毆第於邱景瑞等爭鬬並不善為勸
阻輒向奪叉究屬不合邱倫萬應照不應重律
杖捌拾狄順孖先係誤買祭田追退回後已明

江蘇巡撫林則徐題本 審明荊溪縣民邱宣大毆斃邱景瑞擬絞監候
道光十四年七月十九日

知公產因邱景瑞稱願將稻抵價率行糾割致
釀人命亦應照不應重律杖捌拾狄堯年狄保
孖潘義培聽糾同往應各照爲從減壹等律杖
柒拾均折責發落所割稻穀在狄順孖名下照
數追出給邱姓族長收領邱景瑞盜賣祭產本
干例議業已身死亦無庸議欠少狄順孖田價
洋錢照律身死勿徵無干省釋屍棺飭埋稻叉
供棄免追等情由府審解到司詳署江蘇按察
使怡良提犯親審核擬無異解候勘
題等情招解到臣提犯親審無異該臣看得荊溪
縣民邱宣大又傷無服族伯邱景瑞身死壹案
緣邱宣大籍隸荊溪縣與無服族伯邱景瑞鄰

房無嫌道光拾壹年柒月邱景瑞將公祠祭田捌畝零盜賣與狄順孖執業得價洋錢壹百拾陸圓拾貳年伍月經族長邱錦文等查知清理狄順孖將田退回邱景瑞當還狄順孖田價洋錢叁拾圓餘價應索無償拾叁年捌月貳拾壹日狄順孖復向催討邱景瑞聲稱無從設措現在田稻成熟任令割稻作抵如族人向阻有伊理直玖月初貳夜狄順孖央同伊兄狄蒐年等赴邱姓祠田割稻拾餘石更夫陳亦溪等會見喝阻狄順孖等將稻挑回適邱宣大攜帶稻叉與邱倫菖赴田看守路遇陳亦溪等告知情由邱宣大等即往堅邀邱景瑞到田理阻狄順孖

等業已先回邱宣大村斥邱景瑞不應盜賣祠田致捎被割邱景瑞不服詈罵邱宣大回罵邱景瑞奪其手內稻叉邱宣大揑住叉柄不放邱景瑞用力奪過自將左腿戳傷邱景瑞即用叉向戳邱倫舊上前奪叉撩棄邱景瑞兩手扭住邱宣大胷衣撞頭拚命邱宣大掙不脫身一時情急用右手叉住邱景瑞咽喉推抵冀其鬆放因雨後地滑邱景瑞站立不穩仰跌倒地邱宣大被扭帶跌撲壓邱景瑞身上收手不及以致又傷邱景瑞咽喉邱景瑞鬆手邱宣大急忙爬起見邱景瑞不能言語隨與邱倫舊將其扶起治救詎邱景瑞年老氣弱業已氣閉殞命邱宣

江蘇巡撫林則徐題本 審明荆溪縣民邱宣大毆斃邱景瑞擬絞監候 道光十四年七月十九日

大等逃散嗣邱錦文等亦聞田稻被割往見屍
身信知屍妻邱任氏投保報驗獲犯訊詳審供
不諱究非有心致死亦無起釁別故及逃後知
情容留之人案無遁飾查律載同姓服盡親屬
相毆至死以凡論又鬬毆殺人者不問手足他
物金刃並絞監候各等語此案邱宣大因邱景
瑞盜賣祠田稻被割去向斥爭毆被邱景瑞扭
住胸衣撞頭拚命該犯用手推抵一同跌地致
手指又傷其咽喉氣閉身死查邱景瑞係邱宣
大無服族伯應按律問擬邱宣大合依同姓服
盡親屬相毆至死以凡論鬬殺者絞律擬絞監
候秋後處決邱倫昌雖訊非共毆第於邱景瑞

等爭鬭並不善爲勸阻輒向奪又究屬不合邱
渝旨應照不應重律杖捌拾狄順孖先係誤買
祭田追退回後已明知公產因邱景瑞稱願將
稻梳借率行糾割致釀人命狄順孖亦應照不
應重律杖捌拾狄義年狄保孖潘義培聽糾同
往應各照爲從減壹等律杖柒拾均折責發落
所割稻穀在狄順孖名下照數追出給邱姓族
長收領邱景瑞盜賣祭產本干例擬業已身死
亦無庸議欠少狄順孖田價洋錢照律身死勿
徵無干省釋屍棺飭埋稻叉供棄免追目謹具
題伏乞
皇上聖鑒勅下三法司核覆施行再此案審限應以

江蘇巡撫林則徐題本 審明荆溪縣民邱宣大毆斃邱景瑞擬絞監候
道光十四年七月十九日

道光拾叁年拾月貳拾玖獲犯之日起除封印
犯病各壹月又自縣由府解司程限陸日統
扣至道光拾肆年柒月初伍日全限届滿合並陳明
謹題請
旨

道光[illegible]提督軍務總理糧儲臣林則徐

江蘇巡撫林則徐題本 審明荆溪縣民邱宣大毆斃邱景瑞擬絞監候

道光十四年七月十九日

兵部侍郎兼都察院右副都御史巡撫江蘇等處地方提督軍務總理糧儲臣林則徐謹
題
為報驗事該臣看得荆溪縣民邱宣大毆傷無
服族伯邱景瑞身死壹案緣邱宣大與邱景瑞
鄰居無嫌道光拾壹年柒月邱景瑞將公祠祭
田盜賣與狄順孖執業旋經族長邱錦文等查
知清理狄順孖將田退回邱景瑞欠少狄順孖
田價屢索無償拾叁年捌月貳拾壹日狄順孖
復向催討邱景瑞聲稱無從設措現在田稻成
熟任令割稻作抵玖月初貳夜狄順孖央同伊
兄狄羹年等赴邱姓祠田割稻拾餘石更夫陳
亦溪等瞥見喝阻狄順孖等將稻挑回適邱宣
大攜帶稻叉與邱倫昌赴田管稻路遇陳亦溪
等告知情由邱宣大等即往邀邱景瑞赴田理
阻狄順孖等業已先回邱宣大村斥邱景瑞不
應盜賣祠田致稻被割邱景瑞不服詈罵邱宣
大回罵邱景瑞奪其手內稻叉邱宣大揑住叉
柄不放邱景瑞用力奪過自將左腿戳傷邱景
瑞即用叉向戳邱倫昌上前奪叉擲棄邱景瑞
兩手扭住邱宣大胸衣撞頭拼命邱宣大掙不
脫身一時情急用右手叉住邱景瑞咽喉推抵
冀其鬆放因雨後地滑邱景瑞站立不穩仰跌
倒地邱宣大被扭帶跌撲壓邱景瑞身上收手
不及以致叉傷邱景瑞咽喉邱宣大急忙爬起
與邱倫昌將其扶起拍救詎邱景瑞年老氣弱
業已氣閉殞命投保報驗獲犯訊詳審供不諱
查邱景瑞係邱宣大無服族伯邱宣大依同姓
服盡親屬相毆至死以凡論鬪殺者絞律擬絞
監候秋後處決謹題請
旨

江蘇巡撫林則徐題本　審明鎮洋縣民周雙毆斃伊妻戴氏擬絞監候

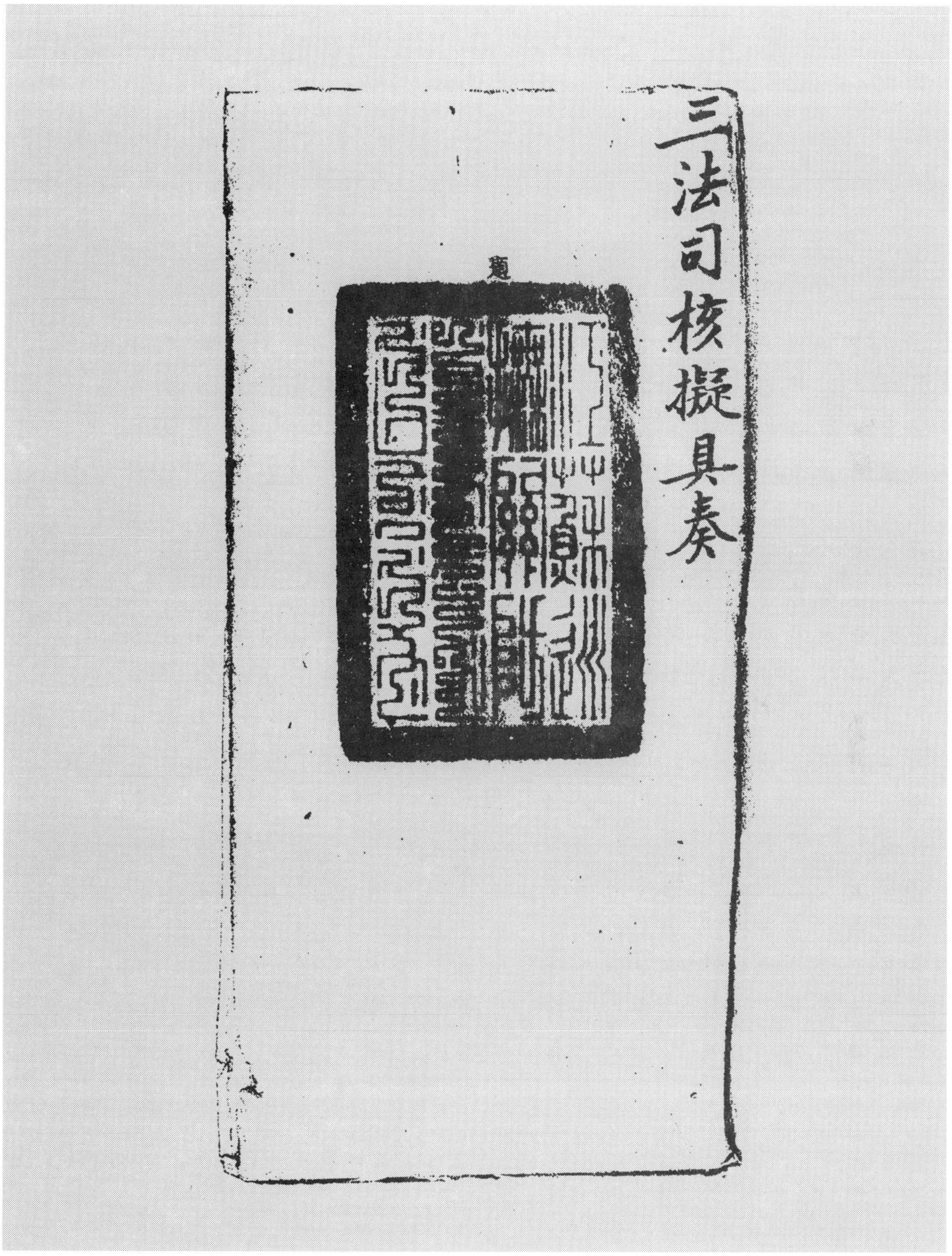
三法司核擬具奏

題

兵部侍郎兼都察院右副都御史巡撫江蘇等處地方提督軍務總理糧儲臣林則徐謹
題為報驗事據署江蘇按察使怡良詳據署太倉
州知州周岱齡詳據署鎮洋縣知縣曾承顯詳
稱道光拾叁年拾壹月初陸日據地保陳安稟
拾壹月初伍日早有圖民張銀投稱伊有割下
稻穀在田曬晾初肆日夜被鄰人周雙之妻周
戴氏竊去貳拾束當時查獲將穀攜回等語身
往查詢見周戴氏已被伊夫周雙毆傷身死理
合報驗等情到縣齎帶吏件前詣屍所如法相
驗據仵作龔正喝報已死周戴氏問年叁拾捌
歲驗得仰面致命額門甎傷壹處斜長壹寸寬
伍分皮破骨損又甎傷壹處斜長柒分寬肆分

皮破俱血污係無故委係受傷身死報畢親驗
無異查起兇器輙塊比對屍傷相符填格取結
屍飭棺殮訊據地保陳安供與報詞同據鄰佑
孫大蔣六觀同供周雙的妻子周戴氏素性貪
小時常偷竊人家田內菜蔬周雙屢訓不改小
的們曉得的道光拾叁年拾壹月初肆日夜周
戴氏竊取張銀田內已割稻束被張銀當時查
獲把稻攜回那時小的們已睡後聞周雙家吵
鬧起來查看見周戴氏已被周雙毆傷在地問
據周雙說因周戴氏偷竊張銀稻束不服管教
用輙塊毆傷的話不料周戴氏傷重隔不多時
就身死了小的們實是勸阻不及是實據應訊

張敘供道光拾叁年拾壹月初肆日小的把割
下稻穀放在田邊曬晾叁更時候小的沒有睡
着聽得田裏聲響起身攜燈出看見稻穀已被
竊去約貳拾束因地上有零落稻穀跟尋至周
雙門首那時周雙屋內點有燈亮小的從門縫
內窺見他女人周戴氏在內將穀就推門進內
因周雙已睡當時叫醒告知情由把稻穀挐回
周雙怎樣把周戴氏毆打小的先不知道初伍
日早小的訴知地保陳安走去查問不料周戴
氏已被周雙毆傷身死委沒別故是實據周銀
沅供周雙是胞弟周正沅供周雙是胞兄又據
同供小的們弟兄叁人周雙居二娶妻戴氏小

的們兩人都沒要妻戴氏素性貪小時常偷竊
人家菜蔬周雙屢訓不改道光拾叁年拾壹月
初肆日夜戴氏怎樣偷取張銀田内割賸稻束
被張銀當時查獲把稻攜回那夜小的周正沅
外出沒有在家小的周銀沅已經睡熟後聞周
雙家吵鬧走去查看見戴氏已被周雙毆傷倒
地詢據周雙說因戴氏偷竊張銀稻束不服管
教用頓桅毆傷的話不料戴氏傷重隔不多時
就身死了委沒別故小的周銀沅勸阻不及是
實據周法沅供周雙是堂弟餘與周銀沅等供
同據兇犯周雙供鎮洋縣人年肆拾壹歲父母
俱故弟兄叁人小的居次哥子周銀沅兄弟周

正沅都沒娶妻小的娶妻戴氏生有壹女年纔
叁歲並沒兒子妻子素性貪小時常偷竊人家
菜蔬小的屢訓不改道光拾叁年拾壹月初肆
日夜小的已經睡熟妻子怎樣出去偷竊鄰人
張銀田內割晾稻束拏回家內在燈下捋穀小
的先不知道後被張銀查知推門進內叫醒小
的告知情由把稻束拏回小的起來向妻子管
教妻子不服混罵小的生氣順拾地上甎塊向
妻子頭上打了兩下致傷他顱門倒地那時哥
子周銀沅鄰人孫安們聞鬧過來查問小的告
知情由不料妻子傷重隔不多時就身死了並
非有心欲殺也沒起釁別故妻子是崑山縣人

他家並沒親屬是實各等供據此將犯收禁錄
供通詳奉批飭審並據該地保陳安具報犯兄
周梁沅犯弟周正沅因酒後口角於拾壹月初
捌日夜一同自縊身死又經分案驗報在案隨
提集犯證覆訊各供均與前審無異不敘外該
署鎮洋縣知縣曾承顯審看得民人周雙毆傷
伊妻戴氏身死壹案緣周雙籍隸鎮洋縣娶妻
戴氏平日和睦並未生子戴氏素性貪小時常
竊人菜蔬經周雙屢訓不悛道光拾叁年拾壹
月初肆日夜周雙業已睡熟戴氏潛赴鄰人張
銀田內竊取割賸稻束攜回家內張銀因聞田
內聲響攜燈出看見稻束被竊地上遺有零落

稻穀跟尋至周雙門首由門縫窺見戴氏在燈
下將穀即推門進內喚醒周雙告知情由將稻
束攜回周雙起向戴氏管教戴氏不服混罵周
雙氣忿順拾地上甎塊向毆適傷戴氏顖門倒
地殞命報縣驗訊通詳奉批飭審遵復提
犯研鞫據供前情不諱究非有心欲殺亦無起
釁別故案無遁飾查律載夫毆妻至死者絞監
候等語此案周雙因妻戴氏行竊不服管教毆
傷身死應按律問擬周雙合依夫毆妻至死者
絞律擬絞監候秋後處決周戴氏行竊田稻本
干律擬業已被毆身死鄰人孫大等勸阻不及
均無庸議無干省釋屍棺飭埋兇器甎塊解驗

再該犯周雙並無子嗣伊兄周銀沅伊弟周正
沅均未婚娶現因酒後口角一同縊死業經驗
詳有案是該犯家無次丁例應承祀應俟秋審
時查明取結詳辦等情由州審解到司提訊犯
供翻異發委蘇州府知府沈兆澐審明實係畏
罪狡展仍照原擬解司該署江蘇按察使怡良
提犯親訊核擬無異解候勘
題等情招解到臣提犯親審無異該臣看得鎮洋
縣民周雙毆傷伊妻戴氏身死壹案緣周雙籍
隸鎮洋娶妻戴氏平日和睦並未生子戴氏素
性貪小時常竊人菜蔬經周雙屢訓不悛道光
拾叁年拾壹月初肆日夜周雙業已睡熟戴氏

潜赴鄰人張銀田内竊取割晾稻束攜回家内
張銀因聞田内聲響攜燈出看見稻束被竊地
上遺有零落稻穀跟尋至周雙門首由門縫窺
見戴氏在燈下將穀即推門進内喚醒周雙告
知情由將稻束攜回周雙起向戴氏管教戴氏
不服混罵周雙氣忿順拾地上轆𬌗向毆適傷
戴氏額門倒地旋即殞命報驗訊詳審供不諱
究非有心欲殺亦無起釁别故案無遁飾查律
載夫毆妻至死者絞監候等語此案周雙因妻
戴氏行竊不服管教毆傷身死應按律問擬周
雙合依夫毆妻至死者絞律擬絞監候秋後處
決周戴氏行竊田稻本干律擬業已被毆身死

鄰人徐大等勸阻不及均無庸議無干省釋屍
棺飭埋兇器軌塊發回銷毀再該犯周雙並無
子嗣伊兄周銀沅伊弟周正沅均未婚娶現因
酒後口角一同縊死業據該縣驗詳有案是該
犯家無次丁例應承祀應俟秋審時查明取結
辦理臣謹具
題伏乞
皇上聖鑒勅下三法司核覆施行再此案審限陸箇
月應以道光拾叁年拾壹月初陸報驗之日起
除封印委審各壹月又自縣由州至司程限叁
日統應扣至柒月初玖日全限屆滿合並陳明
謹題請

江蘇巡撫林則徐題本 審明鎮洋縣民周雙毆斃伊妻戴氏擬絞監候
道光十四年七月十九日

兵部侍郎兼都察院右副都御史巡撫江蘇等處地方提督軍務總理糧儲臣林則徐謹
題
為報驗事該臣看得鎮洋縣民周雙毆傷伊妻
戴氏身死壹案緣周雙娶妻戴氏平日和睦戴
氏時常竊人菜蔬經周雙屢訓不悛道光拾叁
年拾壹月初肆日夜周雙業已睡熟戴氏潛赴
鄰人張銀田內竊取割賸稻束攜回張銀因聞
出內聲響攜燈出看見稻束被竊地上遺有零
落稻穀跟尋至周雙門首由門縫窺見戴氏在
燈下捋穀即推門進內喚醒周雙告知情由將
稻束攜回周雙起向戴氏管教戴氏不服混罵
周雙氣忿順拾地上甎塊向毆適傷戴氏顖門
倒地旋即殞命報驗訊詳審供不諱周雙依夫
毆妻至死者絞律擬絞監候秋後處決謹題請
旨

江蘇巡撫林則徐題本

審明海州客民顧三姦拐滕龔氏傷斃陳林豐案分別定擬（首缺）

三至滕龔氏家閒談適滕龔氏之夫滕懷珠同母滕狄氏擺船外出顧三即與滕龔氏調戲成姦滕龔氏道及貧難顧三起意誘拐商令滕龔氏同往他處過度滕龔氏被誘允從是夜顧三攜帶滕龔氏逃至大伊山地方捏作夫婦在周大玉莊上搭棚居住周大玉誤信容留至伍月拾貳日滕狄氏訪知下落因伊子滕懷珠外出央同鄉人陳林豐周三前往將滕龔氏尋獲帶歸時顧三在外幫工聞信趕回捏稱伊妻龔氏被陳林豐等拐逃央懇周大玉幫同追捕周大玉信以爲實當即應允顧三又邀允素識在逃之丁玉丁三聾子同往一共肆人顧三帶刀周

大三丁玉各帶木棍丁三聾子帶木扁擔追至
吳家莊地方見滕龔氏等在路旁坐歇顧三趕
上欲將滕龔氏奪回陳林豐攔阻顧三用刀戳
傷陳林豐左肐肘陳林豐舉手奪刀顧三又用
刀背毆傷其左手腕丁三聾子用木扁擔毆傷
其額顱丁玉用木棍毆傷其左腿肚陳林豐混
罵并向顧三撲毆顧三又用刀連戳其左肐膊
陳林豐喊救顧三復用刀背毆傷其左肐膊倒
地滕狄氏攔護亦被周大玉用木棍毆傷左腿
顧三等見陳林豐傷重俱各逃散滕狄氏當同
周三雇船將陳林豐并滕龔氏送回詎陳林豐
傷重旋即殞命通知屍子陳錦紹報州前署州

鍾承露因感冒稟假移委州判龔照琪代驗鍾
承露未及訊詳卸事接署州伍家榕到任緝獲
周大玉提同滕龔氏等訊供通詳懸緝亦即交
卸周大玉因病取保病故驗訊詳報代理州晏
曙東署州劉鈴均未審解卸事王用賓到任勒
緝顧三等無獲審將滕龔氏擬徒解道提訊犯
供狡翻飭提滕狀氏等解審維時顧三潛回探
信被屍子陳錦超等拏獲欲行投保稟解顧三
淨扎欲逃陳錦超慮被掙脫即用石灰將其兩
目揉瞎交差解州稟經淮海道將滕龔氏發回
并案訊詳審供不諱究非有心欲殺亦無起釁
别故及另有在場幫助之人案無遁飾查律載

犯罪拒捕殺所捕人者斬監候又例載和誘知
情為首發極邊足四千里充軍被誘之人減等
滿徒又律載他物毆人成傷者笞四十各等語
此案顧三與滕龔氏通姦誘逃經氏姑滕狄氏
邀同鄰人陳林豐等將滕龔氏尋獲帶回該犯
起意糾約周大玉等追奪與丁玉丁三聾子共
毆陳林豐身死查陳林豐身受各傷惟該犯最
後用刀背所毆左胳膊骨碎壹傷為重該犯本
係姦拐罪人陳林豐既為滕龔氏之姑滕狄氏
糾往即有應捕之責該犯拒毆致斃自應以罪
人拒捕殺人科斷顧三除和誘知情為首擬軍
輕罪不議外合依犯罪拒捕殺所捕人者斬監

俟律擬斬監候秋後處決照例刺字滕龔氏被
誘同逃合依和誘知情被誘之人減等滿徒例
擬杖壹百徒叁年係犯姦之婦杖決徒贖給伊
夫滕懷珠領回聽其去留周大玉訊非知情容
留其聽糾追奪亦由誤信顧三謊言伊妻被拐
所致該犯用木棍將滕狄氏毆傷應依凡鬬問
擬周大玉合依他物毆人成傷笞肆拾律擬笞
肆拾已於取供後交保病故應無庸議屍子陳
錦紹用石灰揉傷顧三兩目係擅傷應死罪人
應免置議滕懷珠等訊非知情縱姦滕狄氏傷
已平復周大玉因病取保身故看役人等訊無
凌虐情弊顧三逃後亦無另犯不法并知情容

當之人均無庸議屍棺飭埋無干省釋兇刀木
棍供棄免追逸犯丁五等飭緝獲日另結合謹
具
題伏乞
皇上聖鑒勅下三法司核覆施行再此案州審分限
應以道光拾貳年伍月拾肆日姦婦滕龔氏到案
之日起前署州鍾承露未及訊詳於陸月初叁
日卸事接署州伍家榕是日到任前官歷審未
及壹月例准另起審限應以陸月初叁日到任之
日起該署州於捌月貳拾陸日會同安東縣勘
災公出於玖月初叁日公回又於玖月貳拾日
赴沭陽縣勘災公出於閏玖月初陸日公回計

先後公出貳拾伍日未及審解於拾壹月拾貳
日卸事連閏計遲延兩箇月零拾肆日代理州
晏煜東是日到任即於拾捌日卸事接署州劉
錡於拾壹月拾捌日到任前官審限已逾例得
扣半加限壹箇半月又封印壹月扣至拾叁年
貳月初叁日滿亦未審解即於拾叁年貳月初
叁日卸事並未逾違前州王用賓是日到任仍
照接審官例展限壹箇半月扣至叁月拾捌日
滿該州於叁月貳拾伍日審解到道除自州解
道程限柒日並未逾違淮海道提訊滕龔氏供
詞狡飾即於叁月貳拾陸日行提要證滕狄氏
等質訊據於伍月貳拾日解道除提解例限貳

拾日往返行文遞解程限拾壹日計提解遲延貳拾叁日將兇犯顧三即於伍月貳拾壹日獲案臬道將滕龔氏等發回并案審辦查獲犯已在限外應照承審事件遇有續獲人犯在州縣分限以外另行加限肆箇月審結之例辦理州限兩箇月加至柒月貳拾壹日滿該前州王用賓未及審解於拾月拾貳日卸事除該州於柒月初陸日赴沭陽縣勘收沭河堤工公出於拾伍日公回又於捌月拾玖日赴州境勘災公出於貳拾肆日公回又於玖月初貳日赴贛榆縣勘災公出於拾壹日公回先後公出貳拾陸日外計遲延壹箇月零貳拾伍日現署州王夢齡

於拾月拾贰日到任例得展限壹月扣於拾肆
年贰月拾陆日审解到道除犯病封印各壹月
又自州解道程限柒日计迟延贰拾柒日道限
贰拾日淮海道先於贰月初捌日赴桃中山海
安阜各厅查勘工埽工程公出於贰拾叁日公
回应以贰月贰拾叁公回之日起扣至叁月拾
叁日满於叁月叁拾日解司除自道解司程限
拾柒日并未逾违臬司恐案情未确即於是日
发委苏州府审办委审限壹月扣至肆月贰拾
玖日满扣於伍月贰拾柒日审解计迟延贰拾
捌日所有该审迟延壹月以上职名系前署海
州知州伍家棓提解迟延不及壹月职名系前

任海州知州王用賓續獲顧三承審遲延壹月
以上職名亦係前任海州知州王用賓接審遲
延不及壹月職名係現署海州知州王夢齡委
審遲延不及壹月職名係蘇州府知府沈兆澐
關解到案至司院分限各貳拾日應以伍月貳
拾柒蘇州府審解之日起扣至柒月初柒日全
限屆滿合并陳明謹題請
旨

江蘇巡撫林則徐題本 審明海州客民顧三姦拐滕龔氏傷斃陳林豐案分別定擬
道光十四年七月十九日

道光[illegible]

[illegible]方提督軍務總理糧儲臣林則徐

兵部侍郎兼都察院右副都御史巡撫江蘇等處地方提督軍務總理糧儲臣林則徐謹

題爲報驗事。該臣看得海州客民顧三姦拐滕龔氏，被獲起意糾夥拒傷陳林豐身死壹案。緣顧三與滕龔氏同莊素識，見面不避。陳林豐係滕龔氏鄰居[illegible]無嫌隙。道光拾貳年叁月拾貳日，顧三至滕龔氏家閒談，適滕龔氏之夫滕懷瑋同母滕狄氏搖船外出，顧三與滕龔氏調戲成姦。滕龔氏[illegible]及貧難，[illegible]三起意誘拐，商令滕龔氏同逃。滕龔氏允[illegible]夜顧三攜帶滕龔氏逃至大伊山地方，捏作夫婦，在周大玉莊上搭棚居住。周大玉誤信容留。至伍月拾貳日

滕狄氏訪知下落用伊子滕懷珠外出央同鄉
人陳林豐周三前往將滕龔氏尋獲帶歸時顧
三在外幫工聞信趕回捏稱伊妻龔氏被陳林
豐等拐逃央懇周大玉幫同追捕周大玉信以
爲實顧三又邀允在逃之丁玉丁三聾子同往
追至吳家莊地方見滕龔氏等在路旁坐歇顧
三趕上欲將滕龔氏奪回陳林豐攔阻顧三用
刀戳傷陳林豐左肐肘陳林豐舉手奪刀顧三
又用刀背毆傷其左手腕丁三聾子用木扁擔
毆傷其額顱丁玉用木棍毆傷其左腿肚陳林
豐混駡并向顧三撲毆顧三又用刀連戳其左
肐膊陳林豐喊救顧三復用刀背毆傷其左肐
膊倒地滕狄氏瞧見亦被周大玉用木棍毆傷
左腿顧三等見陳林豐傷重均各逃散詎陳林
豐傷重旋即殞命報州驗訊緝獲周大玉提同
滕龔氏等訊詳恭緝周大玉取保病故將滕龔
氏擬徒解道提訊犯供狡翻飭提滕狄氏等解
質維時顧三潛回探信被屍子陳錦韶拏獲交
差解州稟道將滕龔氏發回并案訊詳審供不
諱顧三依犯罪拒捕殺所捕人者斬監候律擬
斬監候秋後處決謹題請
旨

上諭　陳治堂展洪猷所告案著交林則徐秉公嚴審

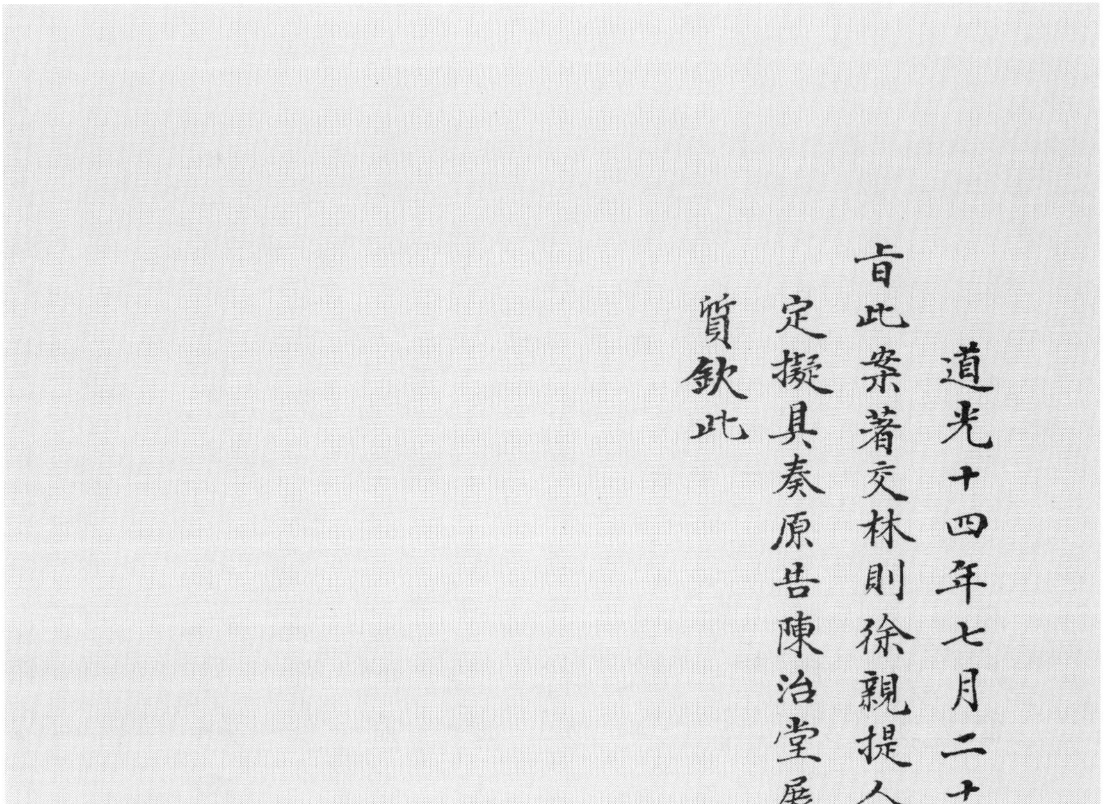
道光十四年七月二十八日奉
旨此案著交林則徐親提人證卷宗秉公嚴審按律
定擬具奏原告陳治堂展洪猷該部照例解往備
質欽此

上諭 林則徐委員接解之粵海關餉銀到京失鞘銀兩著鄧廷楨催繳解庫

道光十四年八月初四日内閣奉
上諭御史曾望顏奏賠墊失鞘銀兩請旨飭催解庫
一摺廣東委員顧檝前在安徽宿州地方失去粵
海關餉銀一鞘當經鄧廷楨參奏飭取所失銀兩
先行賠墊並咨會林則徐就近委員接解茲據該
御史赴庫稽查劈收江蘇委員龔章接解粵海關
之鞘銀止有七萬二千八十兩覈查粵海關原批
係七萬三千八十兩是此項應行賠墊之銀尚未
全行解庫實屬延宕著鄧廷楨飭催該員等迅即如
數賠繳批解到庫以重帑項欽此

江蘇巡撫林則徐題本 **題明蘇州府知府沈兆澐親母在署病故例應丁憂**

吏部知道

題

江蘇巡撫林則徐題本　題明蘇州府知府沈兆澐親母在署病故例應丁憂
道光十四年八月初五日

兵部侍郎兼都察院右副都御史巡撫江蘇等處地方提督軍務總理糧儲臣林則徐謹
題爲報明丁憂事道光拾肆年柒月拾壹日據蘇
州布政使陳鑾詳稱柒月初捌日據署長洲縣
知縣陳玉成申據家屬馮琨稟稱竊家長沈兆
澐現任蘇州府知府係直隸天津縣人由丁丑
科進士授翰林院編修歷充
國史館纂修提調
文淵閣校理
日講起居注官
京察壹等引
見記名以道府用補授松江府知府調補今職道光
拾叁年拾壹月拾捌日到任有親母曹氏迎養

江蘇巡撫林則徐題本 題明蘇州府知府沈兆澐親母在署病故例應丁憂

道光十四年八月初五日

在署於道光拾肆年柒月初柒日病故家長係
屬親子並無過繼例應丁憂呈報轉詳等情到
縣申司據此除飭取供結另詳補咨外所有蘇
州府知府沈兆澐丁母憂日期相應詳候具
題等情到臣據此該臣查得蘇州府知府沈兆澐
有親母曹氏迎養在署於道光拾肆年柒月初
柒日病故沈兆澐係親子並無過繼例應丁憂
據蘇州布政使陳鑾詳報前來除另行遴員
奏委接署查蘇州府知府係省會肆全最要之缺
謹遵例請
旨簡員補放並揭移部科暨直隸督臣外臣謹恭疏
具

題伏乞

皇上聖鑒勅部查照施行謹具題

聞

道光 [illegible]

提督軍務巡撫兼理糧餉臣林則徐

江蘇巡撫林則徐題本 題明蘇州府知府沈兆澐親母在署病故例應丁憂

道光十四年八月初五日

江蘇巡撫林則徐題本 題明蘇州府知府沈兆澐親母在署病故例應丁憂

道光十四年八月初五日

兵部侍郎兼都察院右副都御史巡撫江蘇等處地方提督軍務總理糧儲臣林則徐謹

題爲報明丁憂事該臣查得蘇州府知府沈兆澐

有親母曹氏迎養在署於道光拾肆年柒月初

柒日病故沈兆澐係親子並無過繼例應丁憂

據蘇州布政使陳鑾詳報前來謹具題

聞

江蘇巡撫林則徐題本

題參前署如皋縣知縣李蕚等疏防竊案限滿贓犯無獲

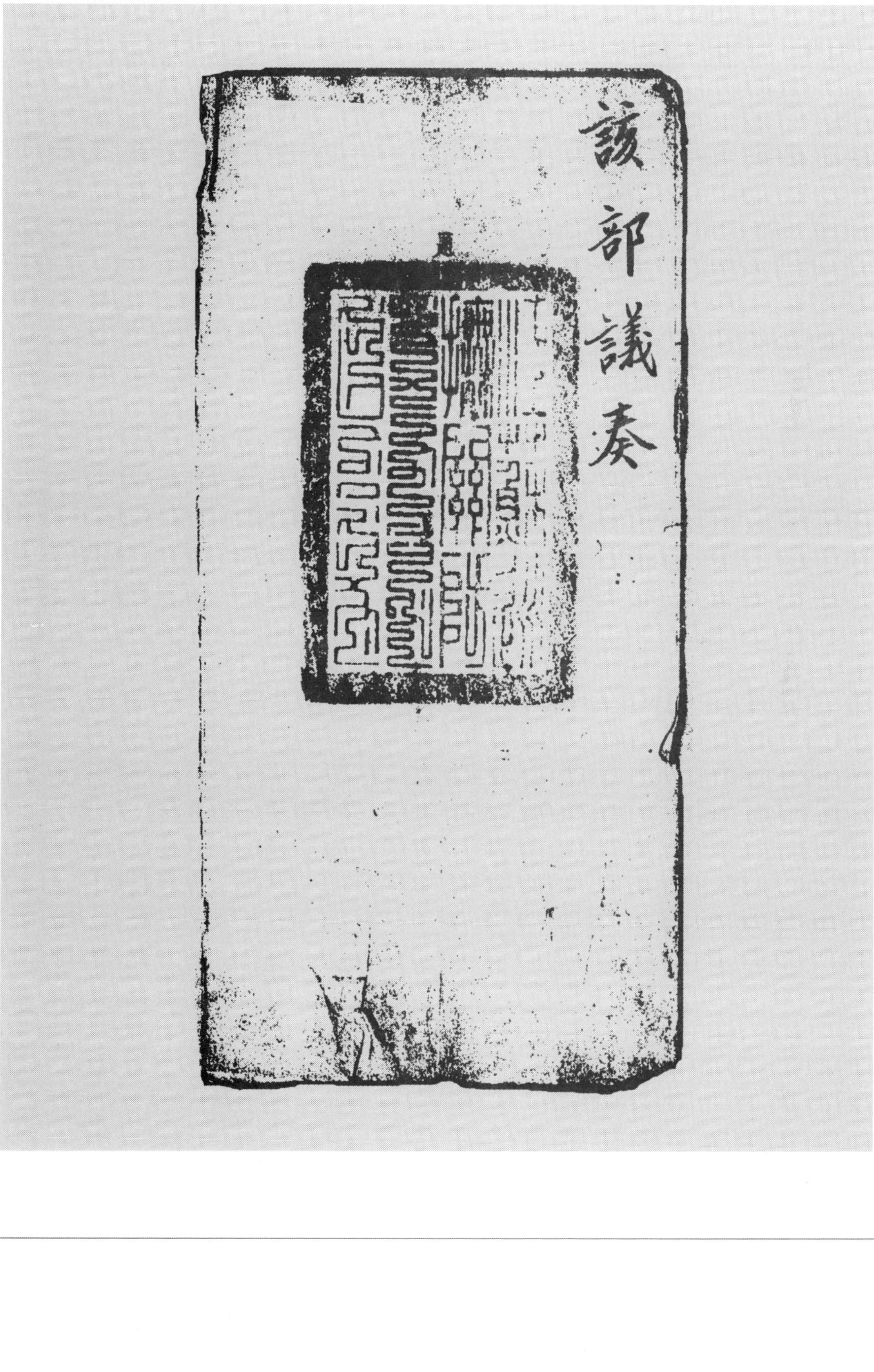
該部議奏

江蘇巡撫林則徐題本　題參前署如皋縣知縣李蕚等疏防竊案限滿贓犯無獲

道光十四年八月初五日

兵部侍郎兼都察院右副都御史巡撫江蘇等處地方提督軍務總理糧儲臣林則徐謹
題爲詳參疏防文職事據署江蘇按察使怡良詳
稱據通州知州保先烈詳據如皋縣知縣范仕
義詳稱道光拾叁年拾貳月初伍日據民人范
用軒具報於拾貳月初叁夜被賊挖洞入室竊
去衣米伊兄范用瑞驚覺追趕將一匪扭獲
匪因脫用刀拒傷頭顱報候驗緝等情到縣經
前署縣李蕚會營勘訊估計失贓值銀壹兩玖
錢飭仵驗得范用瑞頭顱有刃傷兩處皮破填
單附卷提訊事主保鄰人等供與報詞相同錄
供通詳蒙批緝參在案茲查疏防限屆贓賊無
獲合將印捕職名開報等情由州遞開會稿會

江蘇巡撫林則徐題本 題參前署如皋縣知縣李蕚等疏防竊案限滿贓犯無獲 道光十四年八月初五日

緝職名詳司並准巡道開移兼轄職名前來除
飭勒緝贓賊務獲究報外該署江蘇按察使怡
良查得如皋縣事主范用謂被竊拒傷壹案疏
防例限肆箇月應以道光拾叁年拾貳月初叁
失事之日起扣至拾肆年肆月初叁日屆滿贓
賊無獲所有文職疏防職名印官係前署如皋
縣知縣李蕚補官係前署如皋縣西場司巡檢
羅德元督捕係通州州同鄧夢經督緝係不同
城署通州事上元縣知縣保先烈兼轄係兼護
常鎮通海道事揚州府知府豫益查補官羅德
元已於拾叁年拾貳月拾捌日未經限滿之先
卸事印官李蕚亦於拾肆年貳月貳拾捌日未

江蘇巡撫林則徐題本 題參前署如皋縣知縣李蕚等疎防竊案限滿贓犯無獲 道光十四年八月初五日

經限滿之先卸事俱係署事人員不復回任應
請議結現任巡檢沈思梅即於拾叁年拾貳月
拾捌日到任現任知縣范仕義即於拾肆年貳
月貳拾捌日回任均應俟接緝限滿無獲再行
詳參理合聲明開報詳候核參再此案失事處
所離城貳拾陸里離汛伍里舖並無安舖防兵
至事主傷痕曾否平復未據聲明現飭查明另
詳合并聲明等情到臣據此該臣查得如皋縣
事主范用曙被竊拒傷壹案疏防例限肆箇月
應以道光拾叁年拾貳月初叁失事之日起扣
至拾肆年肆月初叁日屆滿賊贓無獲開列疏
防職名詳參前來除飭勒緝賊贓務獲究報外

所有文職疎防職名印官係前署如皋縣知縣
李蕚補官係前署如皋縣西場司巡檢羅德元
督捕係通州州同鄧夢鯉督緝係不同城署通
州事上元縣知縣保先烈兼轄係兼護常鎮通
海道事揚州府知府滁益查補官羅德元已於
拾叁年拾貳月拾捌日未經限滿之先卸事印
官李蕚亦於拾肆年貳月貳拾捌日未經限滿
之先卸事俱係署事人員不復回任應行議結
現任巡檢沈思梅即於拾叁年拾貳月拾捌日
到任現任知縣范仕義即於拾肆年貳月貳拾
捌日回任均應俟接緝限滿無獲另行咨參相
應聲明列參再此案失事處所離城貳拾陸里

江蘇巡撫林則徐題本 題參前署如皋縣知縣李蕁等疎防竊案限滿贓犯無獲

道光十四年八月初五日

雖汛伍里餘並無墩鋪防兵至事主傷痕曾否平復現飭查明另咨合並陳明臣謹具

題伏乞

皇上聖鑒勅部議覆施行謹題請

旨

道光[illegible]地方提督軍務兼理糧餉臣林則徐

江蘇巡撫林則徐題本　題參前署如皋縣知縣李蕁等疏防竊案限滿贓犯無獲

道光十四年八月初五日

兵部侍郎兼都察院右副都御史巡撫江蘇等處地方提督軍務總理糧儲臣林則徐謹
題為詳參疏防文職事。該臣查得如皋縣事主范
用渭被竊拒傷壹案，疏防例限肆箇月，應以道
光拾叁年拾貳月初叁失事之日起，扣至拾肆
年肆月初叁日屆滿，贓賊無獲，開列疏防職名
詳參前來。除飭勒緝贓賊務獲究報外，所有文
職疏防職名：守官係前署如皋縣知縣李蕁，補
官係前署如皋縣西場司巡檢羅德元，督捕係
通州州同鄧夢鰲，督緝係不同城署通州事上
元縣知縣保先烈，兼轄係兼護常鎮通海道事
揚州府知府豫益。相應列參，謹題請
旨。

江蘇巡撫林則徐題本

題參無錫縣知縣曾錫齡等疎防命案限滿兇犯無獲

曾錫齡等著議處具奏該部
知道

江蘇巡撫林則徐題本　題參無錫縣知縣曾錫齡等疏防命案限滿兇犯無獲

道光十四年八月初五日

兵部侍郎兼都察院右副都御史巡撫江蘇等處地方提督軍務總理糧儲臣林則徐謹

題爲詳參疏防文職事據署江蘇按察使怡良詳稱據常州府知府汪河詳據無錫縣知縣曾錫齡詳稱道光拾叁年玖月拾伍日據地保臧龍太稟據圖民賈二觀投稱玖月拾叁日伊見田旁河下浮有不識姓名男屍等語往看該屍頭上有傷將屍扦住報候驗緝等情到縣據經詣驗該屍赤身無衣委係受傷身死棄屍河內提訊地保田主人等供與報詞相同填格錄供通詳奉批緝參在案迄今疏防限屆兇犯無獲合將印捕職名開報等情由府開列督捕督緝職名到司除飭勒緝兇犯務獲究報並移取兼轄

職名另行詳叅外該署江蘇按察使怡良查得
無錫縣地保臧隴太具報貫二觀田旁河內浮
一不識姓名受傷男屍驗有失物情形查案疎
防例限肆箇月應以道光拾叁年玖月拾伍報
驗之日起扣至拾肆年正月拾伍日滿所有文
職疎防職名印官係無錫縣知縣曾錫齡捕官
係無錫縣高橋司巡檢金聘儒督捕係不同城
常州府總捕通判崔篤賚續係不同城常州府
知府汪河相應開報詳候核叅再此案浮屍處
所離城肆拾里離黃埠墩汛肆拾里離伍牧汛
拾里並無墩鋪防兵合幷聲明等情到臣據此
該臣查得無錫縣地保臧隴太具報貫二觀田

旁河内浮一不識姓名受傷男屍驗有失物情形疊案疎防例限肆個月應以道光拾叁年玖月拾伍報驗之日起扣至拾肆年正月拾伍日滿兇犯無獲閱列疎防職名請參前來除飭勒緝兇犯務獲究報並飭取兼轄職名另參外所有文職疎防職名印官係無錫縣知縣曾錫齡捕官係無錫縣高橋司巡檢金聘儒督捕係不同城常州府總捕通判崔募督緝係不同城常州府知府汪河相應列參聽候部議再此案浮屍處所離城肆拾里離黃埠墩汎肆拾里離伍牧汎拾里並無墩鋪防兵合並陳明臣謹具

題伏乞

江蘇巡撫林則徐題本 題参無錫縣知縣曾錫齡等疏防命案限滿兇犯無獲

道光十四年八月初五日

皇上聖鑒勅部議覆施行謹題請
旨

道光[illegible]臣林則徐

江蘇巡撫林則徐題本　題參無錫縣知縣曾錫齡等疎防命案限滿兇犯無獲

道光十四年八月初五日

兵部侍郎兼都察院右副都御史巡撫江蘇等處地方提督軍務總理糧儲臣林則徐謹
題
題為詳參疎防文職事該臣查得無錫縣地保臧
隴太具報賈二觀田旁河內浮一不識姓名受
傷男屍驗有失物情形壹案疎防例限肆箇月
應以道光拾叁年玖月拾伍報驗之日起扣至
拾肆年正月拾伍日滿兇犯無獲開列疎防職
名請參前來除飭勒緝兇犯務獲究報並飭取
兼轄職名另參外所有文職疎防職名印官係
無錫縣知縣曾錫齡捕官係無錫縣高橋司巡
檢金聘儒督捕係不同城常州府總捕通判崔
專督緝係不同城常州府知府汪河相應列參
聽候部議謹題請
旨

江蘇巡撫林則徐題本　題報江寧等六府州道光四年份常平倉穀管收除在各數

該部察核具奏

江蘇巡撫林則徐題本　題報江寧等六府州道光四年份常平倉穀管收除在各數

道光十四年八月初五日

兵部侍郎兼都察院右副都御史巡撫江蘇等處地方提督軍務總理糧儲臣林則徐謹
題為彙銷常平倉穀事據江寧布政使楊簧詳稱
竊照常平倉積貯倉糧率奉
奏明分別大中小叁等州縣定額收貯至每年動
用買補及貯各穀例應按年造冊詳
題報銷除嘉慶貳拾肆年以前歷年動存穀數俱
經按年造報在案所有嘉慶貳拾伍年江淮等
屬常平倉穀奏銷先因辦理叁次清查詳請咨
明展限奉部覆准嗣於清查事竣通飭各屬將
道光元貳叁等叁年報銷詳
題在案所有道光肆年冊籍應行接辦今准據各
屬陸續造送前來伏查江寧淮安揚州徐州海

州通州等陸府州屬上元等叁拾伍州縣常平
倉項下按照大縣額貯穀叁萬石中縣額貯穀
貳萬石小縣額貯穀壹萬陸千石又海州贛榆
貳州縣各添貯穀伍千石又分設東臺縣議請
泰州改貯穀貳萬石東臺縣照中縣額貯穀貳
萬石共貯穀捌拾萬捌千石舊管道光叁年倉
穀報銷冊報存倉穀壹拾貳萬捌百叁拾伍石
壹斗柒升捌合陸勺壹抄新收共穀壹萬柒百
叁拾石壹升捌合陸勺開除共穀捌千伍百貳
拾叁石玖斗伍升叁合陸勺實在截至道光肆
年年底止存倉穀壹拾貳萬叁千肆拾壹石貳
斗肆升叁合陸勺壹抄又各屬歷年借撥省道

各倉並出易平糶搭放賑濟以及報入虧叁次
清查並係案折價追補同豁免註銷等項應買
應徵應還共穀陸拾壹萬伍千陸百叁拾陸石
陸斗肆升陸合貳勺玖抄內有桃源蕭縣碭山
贛榆等肆縣溢穀叁萬伍拾玖石壹斗捌升玖
合柒勺實計上元等叁拾壹州縣動缺額貯穀
玖萬玖千叁百捌拾壹石貳斗玖升玖合捌勺
除歷年支給已遣軍流人犯口糧之用又銅山
蕭縣睢寧海州贛榆等州縣撥存乾隆伍拾年
豆麥借給口糧漕米改徵小麥歸入常平倉額
外存貯該穀壹萬肆千伍拾貳石壹斗捌升玖
合內除銅山縣嘉慶陸年協撥蕭縣搭放展賑

應貯麥穀肆千壹百叁拾陸石捌斗陸升藉
係海州贛榆縣沭陽縣報入前叁次清查虧缺折
價追補並豐完買文穀色註銷應買六穀柒千
玖百叁拾伍石玖升陸合睢寧縣詳明道光肆
年出易小麥穀壹千玖百捌拾石貳斗叁升
叁合相應分晰轉造四柱清冊並遵新例將節
奉部文裁截冊首詳候具
題並聲明各屬解存買補盈餘以及減存行月糧
價盈餘銀兩留備添補買補不敷之用每年另
造一兩詳入倉穀奏銷案內
題報今將道光肆年收貯實存各數分晰造冊附
呈之查歷年出借倉穀未完年限職名案經前

任藩司詳請咨明隨同倉穀奏銷送部核議除
嘉慶貳拾貳年以前各年出易民欠倉穀已於
嘉慶貳拾叁年拾貳月拾貳日欽奉
恩旨豁免歲欠案內請豁業於上屆年限冊內聲結無
庸再行開報外今查道光肆年出借倉穀並道
光貳叁兩年及嘉慶貳拾肆伍兩年出易倉穀
查明完欠應徵應緩年限職名開造清冊一并
附呈送部再此案穀銷清查辦竣即應彙案詳
題因歷造未齊旋值司署科房失慎冊卷被焚飭
令補造又因開報未協駁轉行查以致稍稽遲
延有因由請豁免查案合并聲明等情據此該
臣查得常平倉穀例應按年造冊

題報除嘉慶貳拾肆年以前歷年動存穀數俱經
按年造報其嘉慶貳拾伍年報銷先因辦理各
次清查當經前撫臣咨明展限歸於清查事竣
即飭藩司通飭各屬查造將道光元貳叁等各
年報銷詳
題在案所有道光肆年用穀應行造辦今據江寧
布政使楊簧詳稱江寧淮安揚州徐州海州通
州等陸府州屬上元等叁拾伍州縣常平倉項
下額貯穀捌拾萬捌千石舊管道光叁年報銷
冊報存倉穀壹拾貳萬捌百叁拾伍石零新收
穀壹萬柒百叁拾石零照除穀捌千伍百貳拾
叁石零實在存倉穀壹拾貳萬叁千肆拾壹石

零又各屬歷年借撥沿道各官並出易平糶谷
玖石溧水六合縣、清查並未參案請撥追補同路
免詳銷等項應買應徵應還共穀陸拾壹萬伍
千陸百叁拾陸石零內有桃源蕭縣碭山贛榆
等肆縣沿撥叁萬伍拾玖石零實計上元等叁
拾壹州縣動缺額貯穀玖萬玖千叁百捌拾壹
石零係歷年支給因遞軍流人犯口糧之用又
銅山蕭縣睢寧海州贛榆等州縣咸存乾隆伍
拾年夏災借給口糧漕米改徵小麥歸入常平
倉額外存貯米穀壹萬肆千伍拾貳石零內除
銅山縣嘉慶陸年協撥蕭縣借放展賑應買麥
米穀肆千壹百叁拾陸石零蕭縣海州贛榆叁

州縣報入節奉文清查虧缺所借追補並登完
民欠緩免註銷應買共穀柒千玖百叁拾伍石
零睢寧縣詳明道光肆年出易小麥抵穀壹千
玖百貳拾石等分撥轉造四柱款冊並遵新例
將節年部文叢載冊首詳請具
題并聲明各屬餘存買補運餘以及減存行月糧
價銀兩留備添補買補不敷之用造冊附呈送
部再此案報銷清查辦竣即應彙案詳
題旋因司署於旁失慎卷宗被焚飭令補造又因
開報未協駁轉行查以致稍稽遲延有因應請
邀免查議等情前來臣覆核無異除冊送部查
核外謹恭具

江蘇巡撫林則徐題本　題報江寧等六府州道光四年份常平倉穀管收除在各數

道光十四年八月初五日

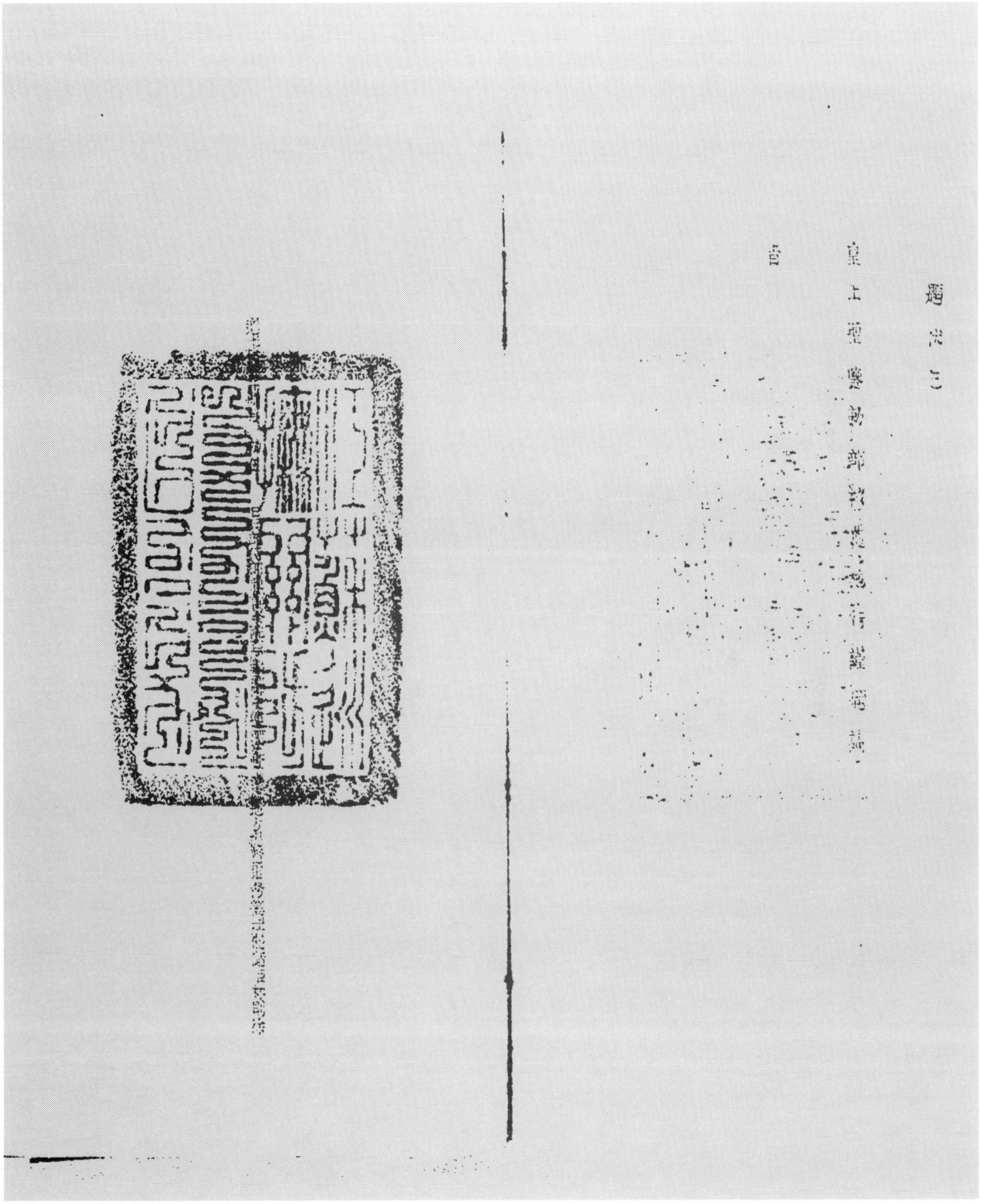
題完

皇上聖鑒勅部覈覆施行謹題請

旨

江蘇巡撫林則徐題本 題報江寧等六府州道光四年份常平倉穀管收除在各數

道光十四年八月初五日

兵部侍郎兼都察院右副都御史巡撫江蘇等處地方提督軍務兼理糧餉臣林則徐謹
題爲報銷常平倉穀事該臣查得常平倉穀例應
按年造冊
題報除嘉慶貳拾肆年以前歷年動存穀數業經
按年造報其嘉慶貳拾伍年報銷先因辦理整
頓清查案經前撫臣咨明展限歸於清查事竣
即飭該司通飭各屬查造將道光元貳叁等叁
年報銷詳
題在案所有道光肆年份應行造辦今據江寧
布政使賀長齡詳稱江寧等陸府州屬上元等叁
拾伍州縣常平倉額下舊管道光叁年報銷冊
報存倉穀壹拾貳萬捌百叁拾伍石零新收穀
壹萬柒百叁拾石零開除穀肆千伍百貳拾叁
石零實在存倉穀壹拾貳萬叁千肆拾壹石零
又各屬歷年借穀首道各倉出易平糶借放
賑濟以及節入清查案內折價追補同節免註
銷等項應買應糶應還共穀陸拾壹萬伍千陸
百叁拾陸石零內有沭陽蕭縣碭山贛榆等肆
縣溢穀叁萬伍拾玖石零實計上元等叁拾壹
州縣動缺額貯穀玖萬玖千叁百捌拾壹石零
又銅山蕭縣睢寧海州贛榆等州縣災存乾隆
仍拾年分災借給口糧滯未完穀小多歸入常
平倉額外存貯於穀壹萬肆千伍拾柒石零內
除銅山縣嘉慶陸年協撥蕭縣借放展賑應買
安於穀肆千壹百叁拾陸石零蕭縣海州贛榆
叁州縣歸入第叁次清查虧缺折價追補並墊
完民欠節免註銷應買共穀柒千玖百叁拾伍
石零睢寧縣詳明道光肆年出易小麥於穀壹
千玖百捌拾石零分晰聲造四柱款冊詳請具
題等情前來臣覆核無異除咨送部外謹題請
旨

江蘇巡撫林則徐題本

審明碭山縣客民徐果等傷斃展壯猷案分別定擬

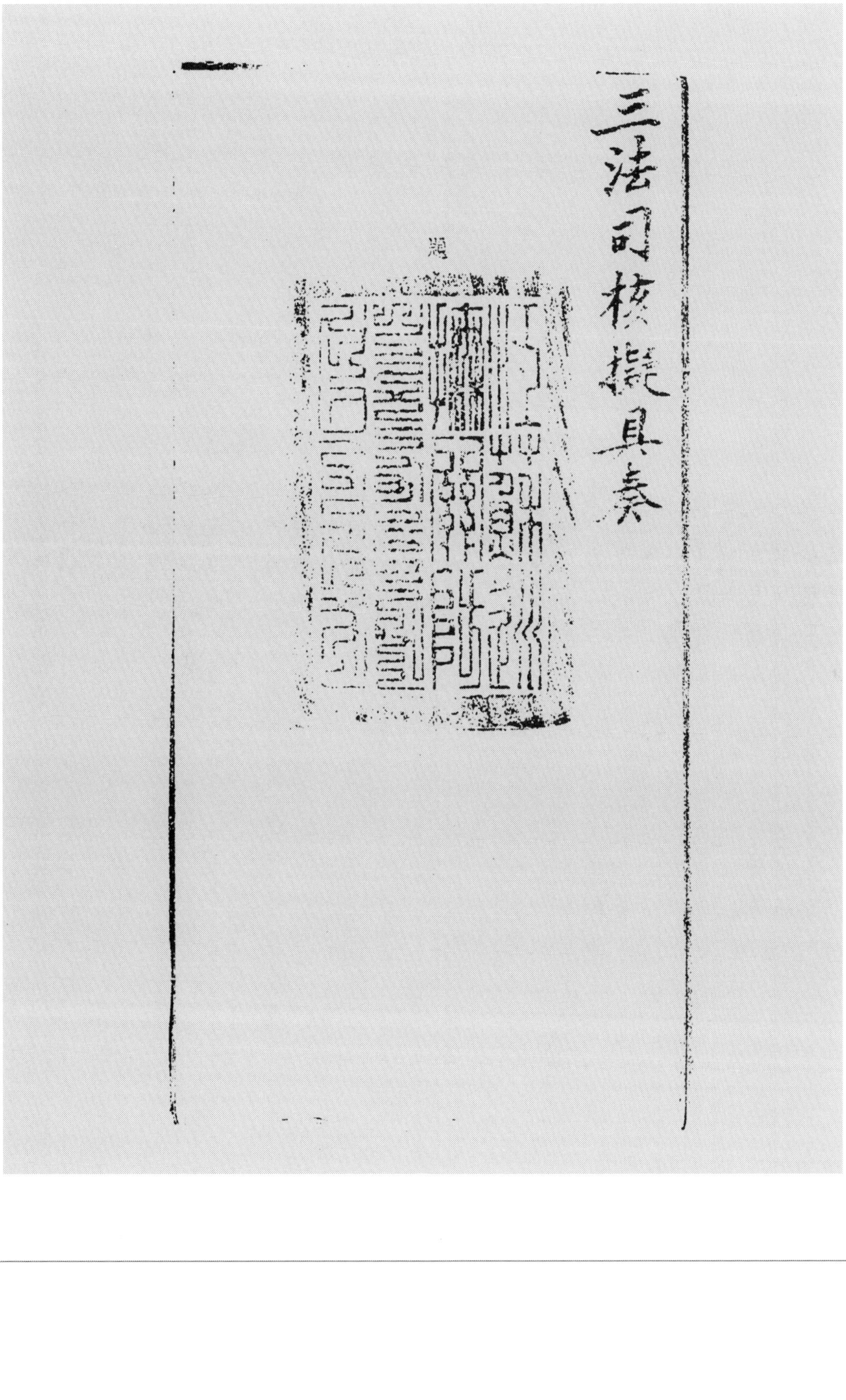
三法司核擬具奏

題

兵部侍郎兼都察院右副都御史巡撫江蘇等處地方提督軍務總理糧儲臣林則徐謹

題爲報驗事據署江蘇按察使怡良詳據徐州府知府武凌漢詳據碭山縣知縣楊鴻彬詳稱道光拾叁年捌月拾柒日據差稟獲展壯猷被毆身死案内兇犯徐果到縣卷查道光拾叁年柒月貳拾叁日據民人展中沅稟稱伊子展壯猷受雇陳于學家代管莊務柒月貳拾貳日陳于學因邵敏猜贖典給莊地令伊子雇同高朗馬偪臨許珠赴地收割秫禾伊子被邵敏家佃戶徐果工人吳聿修毆打受傷稟叩驗究等情並據吳聿修以展壯猷割伊雇主邵敏承典地内秫禾伊同佃戶趙方中先後往阻爭毆伊用木

棪柄毆傷展壯猷脊背展壯猷用刀將伊右後脇戳傷徐果走至欄勸展壯猷即向徐果爭毆被徐果用刀扎傷等情具訴經前署縣唐汝明督仵驗得展壯猷項心刃傷壹處右胎膊刃傷貳處左肐肘刃傷壹處均血污脊背左木器傷壹處青紅色又驗得吳聿修右後脇刃傷壹處血污分別填單附卷飭醫調治查訊各供均與稟詞相符飭差提集人證訊究去後即於本月貳拾伍日據地保李桂具報展壯猷於本月貳拾肆日因傷身死等情時值前署縣唐汝明卸事經代理縣張書紳帶領吏仵前詣屍所如法相驗據仵作陸畛喝報已死展壯猷問年叁拾

陸亮驗得仰面致命頂心刃傷壹處斜長捌分
寬叁分深至骨不致命右胳膊刃傷貳處壹處
斜長陸分寬叁分深貳分壹處斜長柒分寬叁
分深肆分合面不致命左肐肘刃傷壹處斜長
柒分寬叁分深貳分俱血污致命脊背左木器
傷壹處橫長貳寸伍分寬捌分青紅色餘無故
委係受傷身死報畢親驗無異弔起木掀柄比
對該屍脊背傷痕相符飭取兇刀無獲填格取
結屍飭棺殮提訊屍親地保人等各供與原稟
無異查拘兇犯徐果業已逃避飭差勒緝代理
縣張書紳未及獲犯卸事卑職抵任比差嚴緝
在卷茲奉前情隨傳集人證研訊據地保李柱

供道光拾叁年柒月貳拾伍日早展中沅來向
小的說柒月貳拾貳日他兒子展壯猷因聽從
雇主陳于學收割典給邵敏地內秫禾被邵敏
的佃户徐果們打傷控蒙驗傷醫治無效延至
貳拾肆日因傷身死小的就赴案報驗的並沒
起釁別故是實據應訊邵敏供碭山縣人年肆
拾叁歲道光拾壹年上妻弟陳于學借欠監生
錢貳百叁拾千文拾貳年冬間陳于學因無錢
歸還把莊地壹頃典給監生爲業典價抵還前
欠監生將地給徐果趙方中耕種并雇吴聿修
照應收租拾叁年春間陳于學備價錢叁拾千
文要先把典地抽贖壹段監生不允要他備齊

全佃一并取賠到來月貳拾貳日趙方中來向
監生說陳于學家雇工展壯猷帶領高朗們在
監生承典地内割取秫禾他向阻不聽已通知
吳聿修徐果前往理論的話監生趕去查看那
知徐果們已把展壯猷打傷吳聿修也被展壯
猷用刀戳傷展壯猷的父親展中沅與吳聿修
赴案稟蒙驗傷飭醫不料展壯猷傷重到貳拾
肆日身死並沒别故是實據高朗馬偏臨許珠
同供道光拾叁年柒月貳拾貳日展壯猷說他
雇主陳于學地内秫禾成熟雇小的們前去收
割小的們應允一同走去正在收割有趙方中
先來阻擋展壯猷不理趙方中走去又有吳聿

修走來理論與展壯猷爭罵吳聿修用木掀柄
打傷展壯猷脊背跑走展壯猷拔出身帶小刀
追趕戳傷吳聿修右後脇徐果走至上前攔勸
展壯猷就與徐果爭毆小的們害怕走散後來
展壯猷如何被徐果扎傷到貳拾肆日身死小
的們並沒在場看見別的事也不知道是實據
趙方中供道光拾貳年冬間邵敏承典陳于學
莊地壹頃給小的同徐果耕種又雇吳聿修照
應收租拾叁年柒月貳拾貳日陳于學家工人
展壯猷帶了高朗馮偏臨許珠到地內收割秫
禾小的阻擋不聽往向吳聿修徐果告知吳聿
修們走去理論小的又到邵敏家送信邵敏同

小的趕回查看那知徐果們已把展壯猷打傷
到貳拾肆日身死至他們如何爭毆小的並沒
在場看見是實據屍父展中沅供展壯猷是小
的次子受僱陳于學家照管莊務道光拾叁年
柒月貳拾貳日兒子展壯猷如何聽從陳于學
轉僱高朗馬偏臨許珠到邵敏承典地內收割
秫禾被邵敏家工〻吳聿修佃戶徐果阻擋爭
毆小的先不知道隨後聞知趕去見兒子已受
傷在地當向查問據說陳于學因邵敏措贖典
給莊地叫他僱同高朗們爭收地内秫禾吳聿
修往阻用木掀柄打傷他脊背他拔身帶小刀
戳傷吳聿修後脇徐果走至攔勸他疑護奪刀

向砍被徐果用刀扎傷右胳膊并左肐肘頂心
的話小的就赴案控蒙驗傷飭醫不料兒子傷
重醫治無效延至貳拾肆日因傷身死小的又
投保報驗的並沒起衅别故只求究抵是實據
陳于學供碭山縣人年貳拾玖歲展壯猷受雇
小的家照管莊務道光拾壹年上小的借欠姊
夫邵敍錢貳百叁拾千文後因無錢歸還把莊
地壹頃典給邵敍爲業典價抵還前欠拾貳年
春間小的備價錢叁拾千文先向邵敍抽贖壹
段邵敍不肯要小的備齊原價一并取贖本月
間小的見地内秫禾成熟因邵敍不肯給小的
抽贖地畝心裏不甘想把要贖這段秫禾收割

可挾制他陸續放贖那月貳拾貳日小的向展
壯猷告知清由叫他轉雇高朗們前往收割小
的姪李同去後來展壯猷如何被邵敏家工人
吳聿修并徐果們攔阻爭毆受傷身死小的不
知道是實據傭人吳聿修供蕭縣人年貳拾伍
歲受雇在邵敏家管理莊務邵敏子典他妻弟
潘于學莊地壹頃給徐果趙方中耕種是小的
照應收租道光拾叁年柒月貳拾貳日趙方中
來向小的說陳于學的雇工展壯猷帶了高朗
們到地內收割秫禾他阻擋不理的話小的順
拏木掀柄前去理論展壯猷不服彼此爭罵小
的用木掀柄打他脊背壹下當時跑走展壯猷

枝出身帶小刀追趕戳傷小的右後脇適徐果
手拏柴刀走至上前攔勸展壯猷不依舉刀向
砍徐果順用柴刀格落趁勢扎了展壯猷右胎
膊兩下展壯猷彎身拾刀徐果又扎他左肐肘
壹下展壯猷轉身撞頭拚命徐果又用刀扎傷
他頂心倒地控蒙驗傷飭醫不料展壯猷傷重
延至貳拾肆日殞身死了並沒起釁別故小的
實止用木撇柄毆打展壯猷脊背壹下其餘的
傷是徐果所扎也沒另有在場幫毆的人木撇
柄已蒙起案是實據兇犯徐果供蕭縣人年貳
拾貳歲自幼過繼胞叔徐書為子嗣父同本生
父母都故嗣母杜氏現年柒拾壹歲並沒弟兄

娶妻施氏沒生兒女向在邵敏家種地度日展
壯猷是陳于學家工人與小的素識無嫌邵敏
夥典陳于學莊地壹頃給小的同趙方中耕種
又雇吳聿修照應收租道光拾叁年柒月貳拾
該日展壯猷帶領高朗們到地內收割秫禾趙
方中看見阻擋不理往向小的告知那時小的
正在莊房劈柴順拏柴刀走去理論見吳聿修
在前逃跑展壯猷持刀追趕戳傷吳聿修右後
脇小的上前攔勸展壯猷疑護不依拏刀向小
的撲砍小的順用柴刀格落趁勢扎他右胳膊
兩下展壯猷彎身拾刀小的又扎傷他左肐肘
展壯猷轉身向小的摃頭拼命小的情急用刀

嚇扎適傷他頂心到地控蒙驗傷飭醫不料展
壯猷傷重到貳拾肆日身死小的害怕逃往各
處躲避被獲解案的並非有心欲殺也沒起釁
別故及另有在場幫毆的人逃後更沒另犯行
兇不法并知情容留人家兇刀現存莊房內可
以查起是實各等供據此即飭差前赴徐果莊
房內查起兇刀核對格填屍傷相符將徐果收
禁餘俱分別保釋兇刀貯庫錄供通詳奉批飭
審道光拾叁年拾壹月拾叁日據禁卒秉報徐
果在監患病醫治詳咨於拾貳月拾伍日報痊
查驗吳聿修傷已平復隨提覆訊各供均與前
審無異不敘外該碭山縣知縣堪鴻彬審看得

江蘇巡撫林則徐題本 審明碭山縣客民徐果等傷斃展壯猷案分別定擬 道光十四年八月初五日

客民徐果扎傷展壯猷身死壹案緣徐果籍隸
蕭縣向在碭山縣民邵敏家種地度日展壯猷
受雇在邵敏妻弟陳于學家照管莊務與徐果
素無嫌隙道光拾壹年陳于學借欠邵敏錢貳
百叁拾千文拾貳年冬間陳于學因無錢歸償
將莊地壹頃典與邵敏爲業典價抵還前欠邵
敏將地給徐果幷趙方中耕種另雇吳聿修照
應收租拾叁年春間陳于學備錢叁拾千文先
向邵敏抽贖典地壹半邵敏不允欲陳于學備
齊原價一幷取贖柒月間陳于學見地內秫禾
成熟因邵敏不允抽贖心懷不甘欲收割其向
贖地段秫禾貳拾貳日陳于學令展壯猷轉雇

高朗馬倡臨許珠赴地收割適方中經見攔阻
不理往向吳聿修徐果告知吳聿修攜取木枕
柄前往理論展壯猷不服彼此爭罵吳聿修用
木枕柄毆傷展壯猷脊背逃跑展壯猷即拔身
帶小刀追趕戳傷其右後脇適徐果順攜柴刀
踵至上前攔勸展壯猷疑護舉刀向徐果撲砍
徐果用柴刀格落順勢連扎其右胳膊兩下展
壯猷彎身拾刀徐果又扎傷其左肐肘展壯猷
轉身撞頭拚命徐果情急用刀嚇扎適傷其頂
心倒地而散經展壯猷之父展中沅控縣驗傷
飭醫詣展壯猷傷重延至貳拾肆日殞命報經
前代理縣張書紳驗訊差緝未及獲犯卸事單

縣派任獲犯訊供通詳奉批飭審遵復提犯研
鞫據供前情不諱詰非有心欲殺亦無起釁別
故及另有在場幫毆之人案無遁飾查律載共
毆人致死下手致命傷重者絞監候餘人杖壹
百等語此案徐果因展壯猷聽從陳于學割伊
承種地內秫禾經吳聿修理阻互毆受傷該犯
解勸被展壯猷疑護向砍用刀扎傷展壯猷身
死查展壯猷身受各傷惟該犯所扎致命頂心
壹傷爲重應以擬抵徐果合依共毆人致死下
手致命傷重者絞律擬絞監候秋後處決據供
嗣母杜氏年逾柒拾家無次丁應俟秋審時查
明照例辦理吳聿修先用木掀柄將展壯猷毆

傷合依餘人律杖壹百陳于學因邵敏不允抽
贖地畝輒令展壯猷爭割田禾致釀人命應照
不應重律杖捌拾與吳聿修均折責發落邵敏
不將典地放給抽贖致肇釁端亦有不合應照
不應輕律笞肆拾係監生照律納贖所典地畝
飭令陳于學備價取贖以杜爭端展壯猷刃傷
吳聿修本干律擬業已身死應無庸議吳聿修
傷已平復亦無庸議無干省釋屍棺飭屬領埋
兇刀解驗等情解府因恐案情未確札委署銅
山縣知縣王文炳訊無別故仍照原擬由府審
解到司該署江蘇按察使怡良提犯親審核擬
無異解候勘

題等情招解到臣提犯親審無異該臣看得碭山
縣客民徐果扎傷展壯猷身死壹案緣徐果籍
隸蕭縣向在碭山縣民邵敏家種地度日展壯
猷受雇在邵敏妻弟陳于學家照管莊務與徐
果素無嫌隙道光拾壹年陳于學借欠邵敏錢
貳百叁拾千文拾貳年冬間陳于學因無錢歸
償將莊地壹頃典與邵敏爲業典價抵還前欠
邵敏將地給徐果幷蘧方中耕種另雇吳聿修
照應收租拾叁年春間陳于學備錢叁拾千文
先向邵敏抽贖典地壹段邵敏不允欲陳于學
備齊原價一幷取贖柒月間陳于學見地內秫
禾成熟因邵敏不允抽贖心懷不甘欲收割其

向賸地段秫禾京拾貳日陳于學令展壯猷轉
雇高朗馬偏賜許珠赴地收割趙方中經見攔
阻不理往向吳聿修徐果告知吳聿修攜取木
掀柄前往理論展壯猷不服彼此爭罵吳聿修
用木掀柄毆傷展壯猷脊背逃跑展壯猷即拔
身帶小刀追趕戳傷其右後脇適徐果順攜柴
刀趕至上前攔勸展壯猷疑護舉刀向徐果撲
砍徐果用柴刀格落順勢連扎其右胎膊兩下
展壯猷彎身拾刀徐果又扎傷其左肐肘展壯
猷轉身撞頭拚命徐果情急用刀嚇扎適傷其
頂心倒地而散經展壯猷之父展中沅控縣驗
傷飭醫詎展壯猷傷重延至貳拾肆日殞命報

驗獲犯訊詳審供不諱詰非有心欲殺亦無起
釁別故及另有在場幫毆之人案無遁飾查律
載共毆人致死下手致命傷重者絞監候餘人
杖壹百等語此案徐果因展壯猷聽從陳于學
割伊承種地內菰禾經吳聿修理阻互毆受傷
該犯解勸被展壯猷疑護向砍用刀扎傷展壯
猷身死查展壯猷身受各傷惟該犯所扎致命
項心壹傷爲重應以擬抵徐果合依共毆人致
死下手致命傷重者絞律擬絞監候秋後處決
據供嗣母杜氏年逾柒拾家無次丁應俟秋審
時再行查明照例辦理吳聿修先用木扒柄將
展壯猷毆傷合依餘人律杖壹百陳于學因邵

敢不允抽贖地畝輒令展壯猷爭割田禾致釀
人命應照不應重律杖捌拾與吳聿修均折責
發落邵敢不將典地放給抽贖致肇釁端亦有
不合應照不應輕律笞肆拾係監生照律納贖
所典地畝飭令陳于學備價取贖以杜爭端展
壯猷刃傷吳聿修本干律擬業已身死應無庸
議吳聿修傷已平復亦無庸議無干省釋屍棺
飭埋兇刀發回貯庫臣謹具
題伏乞
皇上聖鑒勅下三法司核覆施行再此案緣審分限
叁個月應以道光拾叁年捌月拾柒日獲犯之日
起除犯病壹月初至拾貳月拾柒日滿據於拾

肆年貳月拾伍日審解內除封印壹月計遲延
貳拾捌日所有承審遲延不及壹月職名係碭
山縣知縣楊鴻彬開報附叅至府司院分限各
壹月應以貳月拾伍該縣審解之日起除委審
限壹月又自縣由府解司程限壹月統應扣至
柒月拾伍日全限届滿合並陳明謹題請
旨

江蘇巡撫林則徐題本　審明碭山縣客民徐果等傷斃展壯猷案分別定擬

道光十四年八月初五日

道光
地方提督軍務總理糧儲臣林則徐

兵部侍郎兼都察院右副都御史巡撫江蘇等處地方提督軍務總理糧儲臣林則徐謹
題爲報驗事。該臣看得碭山縣客民徐果扎傷展
壯猷身死壹案，緣徐果向在邵敏家種地度日，
展壯猷受雇在邵敏妻弟陳于學家照管莊務，
與徐果素無嫌隙。道光拾貳年冬間，陳于學將
莊地壹頃典與邵敏爲業，抵還欠項，邵敏將地
給徐果并趙方中耕種，另雇吳聿修照應收租。
拾叁年春間，陳于學備錢叁拾千文，先向邵敏
抽贖典地壹段，邵敏不允。來月間，陳于學見地
內種禾成熟，因邵敏不允抽贖，心懷不甘，欲收
割其向贖地段稼禾。貳拾貳日，陳于學令展壯
猷轉雇高朗、馬偏、臨許珠赴地收割。趙方中經

江蘇巡撫林則徐題本　審明碭山縣客民徐果等傷斃展壯猷案分別定擬　道光十四年八月初五日

見攔阻不理往向吴聿修徐果告知吴聿修攜
取木拗柄前往理論展壯猷不服彼此爭罵吴
聿修用木拗柄毆傷展壯猷脊背逃跑展壯猷
即拔自帶小刀追趕毆傷其右後肋適徐果順
攜柴刀踵至上前攔勸展壯猷疑護舉刀向砍
徐果用柴刀格落順勢連扎其右胳膊兩下展
壯猷彎身拾刀徐果又扎傷其左肐肘展壯猷
轉身撞頭拚命徐果情急用刀嚇扎適傷其項
心倒地延至貳拾肆日因傷殞命報驗獲犯訊
詳審供不諱徐果依共毆人致死下手致命傷
重者絞律擬絞監候秋後處決謹題請

旨

兩江總督陶澍江蘇巡撫林則徐奏摺　**碭山縣境内河道淤墊請借項興挑**（附上諭鈔件）

兩江總督陶澍江蘇巡撫林則徐奏摺 碭山縣境內河道淤墊請借項興挑
道光十四年八月二十五日

兩江總督臣陶澍
江蘇巡撫臣林則徐跪

奏為碭山縣境利民永定二河淤墊循案借項興
挑分年攤徵還款仰祈
聖鑒事竊照徐州府屬碭山縣境內利民永定二河
均與上游之豫省永城夏邑虞城三縣犬牙相
錯關係豫江兩省水利因年久淤墊一遇霪雨
民田多被淹浸前據該縣詳請挑辦批司飭府
委據蕭縣知縣趙毓丹會勘永定河自蘇家樓
東北角起至利民河止應挑工二段計長九百
丈內沙土三千六百方每方銀八分估銀二百
八十八兩淤土六千七百三十二方每方銀一
錢三分六釐估銀九百十五兩五錢五分二釐

又利民河自東關奶奶廟舊涵洞起至減水河止共十段計長九千一百六十丈逐段淤墊間有河形惟内有三段自東關起至閉家寨止計長二千七百丈東接護城堤舊有涵洞以通城中積水因歷年淤塞外高内低全無河形並有墊高處所此三段必須挑浚深通工費較多以上共計沙土十萬二千八百三十六方每方銀八分估銀八千二百二十六兩八錢八分淤土九萬五千七百三十二方每方銀一錢三分六釐估銀一萬三千一十九兩五錢五分二釐統計共需銀二萬二千四百四十九兩九錢八分四釐據府道遞加覆核並無浮冒移司借款挑

辦分年攤徵還款等情由江寧藩司楊簧查核
明確詳請具
奏前來臣等伏查碭山縣境利民永定減水三河
脉絡相通為該縣東南洩水要區自嘉慶二十
二年借款修理後各河均已淤墊前於道光四
年擇要將減水河先行挑浚嗣因連年大雨沖
墊沙土積壓復於上年
奏准借項挑辦其利民永定二河道光九年經前
任督臣蔣攸銛彙同徐屬各州縣河堤等工酌
議動支閘河經費銀兩次第估辦會摺
奏奉
諭旨允准先將蕭縣龍山河道勘估挑挖其餘各州

縣應挑河堤各工因閘河經費一款內商捐積
土銀兩業於道光十年裁汰存款無幾只可留
備閘河本款修築之需不敷動撥是以未經興
辦該二河與減水河均係洩水要區減水河業
已兩次興挑該二河若不接續挑辦實無以資
利導而保田疇既據委員會同該縣勘明年久
淤墊亟應疏浚洵屬刻不可緩之工所估土方
夫工銀兩仰懇
聖恩俯准援照前案借款辦理於司庫節年地丁正
項銀內照數給發乘此農功事畢趕緊興挑俾
資宣洩而甦民困所借銀兩從道光十五年起
分作六年按田攤徵還款以紓民力除飭取造

擬徵估計各冊另行詳
題外謹會同署南河總督臣麟慶合詞恭摺具
奏伏乞
皇上聖鑒訓示謹
奏

另有旨

道光十四年八月二十五日

兩江總督陶澍江蘇巡撫林則徐奏摺　碭山縣境内河道淤墊請借項興挑

道光十四年八月二十五日

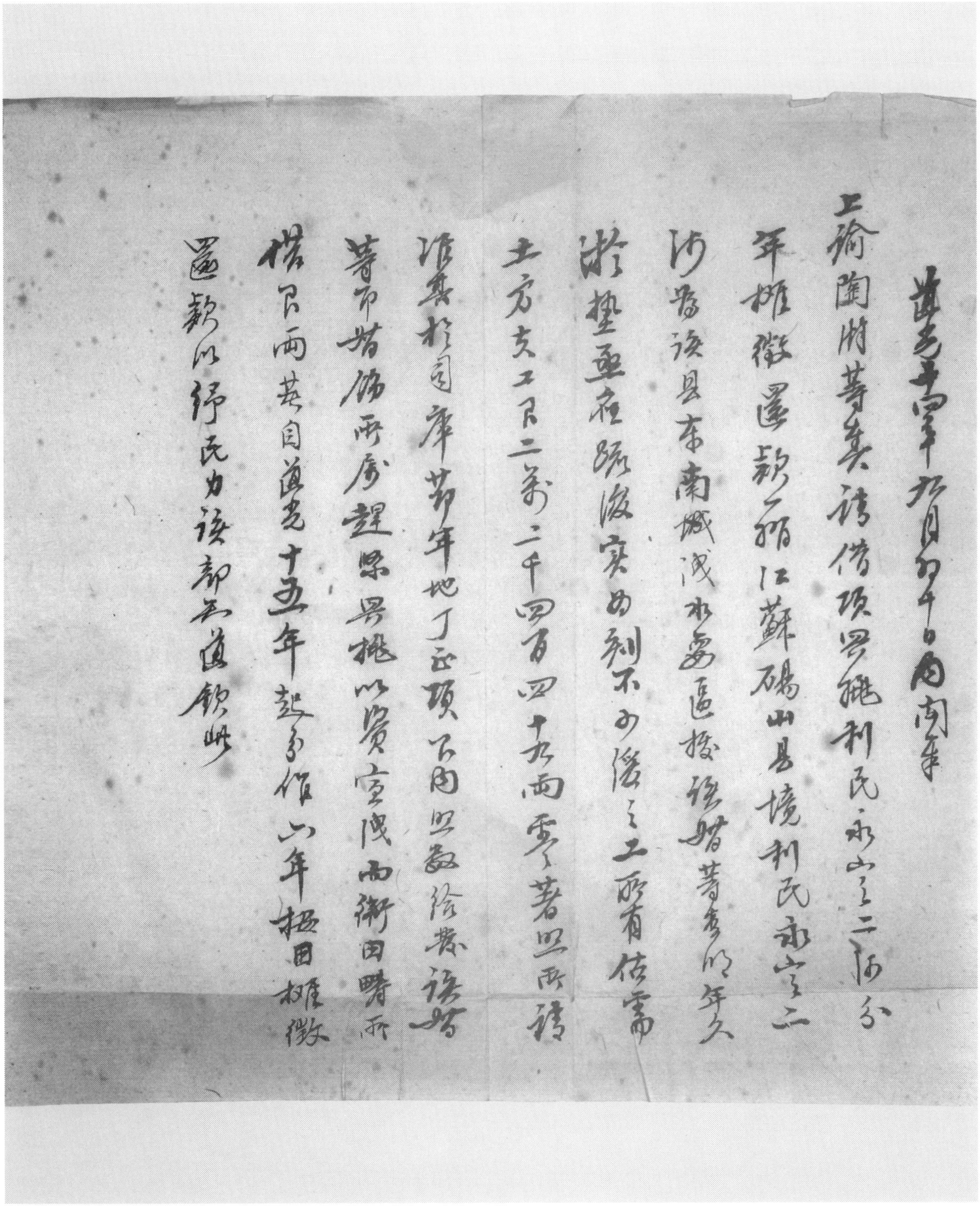
道光十四年九月初十日内閣奉
上諭陶澍等奏請借項興挑利民永寧二河分
年攤徵還款一摺江蘇碭山縣境利民永寧二
河為該縣東南城濠水要匯接徐州等處所年久
淤墊亟應疏濬實為刻不可緩之工所有估需
土方夫工銀二萬二千四百四十五兩零著照所請
准其於司庫節年地丁正項下照數給發該撫
等即飭所屬趕緊興挑以資宣洩而衛田疇所
借銀兩著自道光十五年起分作六年按田攤徵
還款以紓民力該部知道欽此

兩江總督陶澍江蘇巡撫林則徐奏片　**委令劉大烈署理高郵州知州**

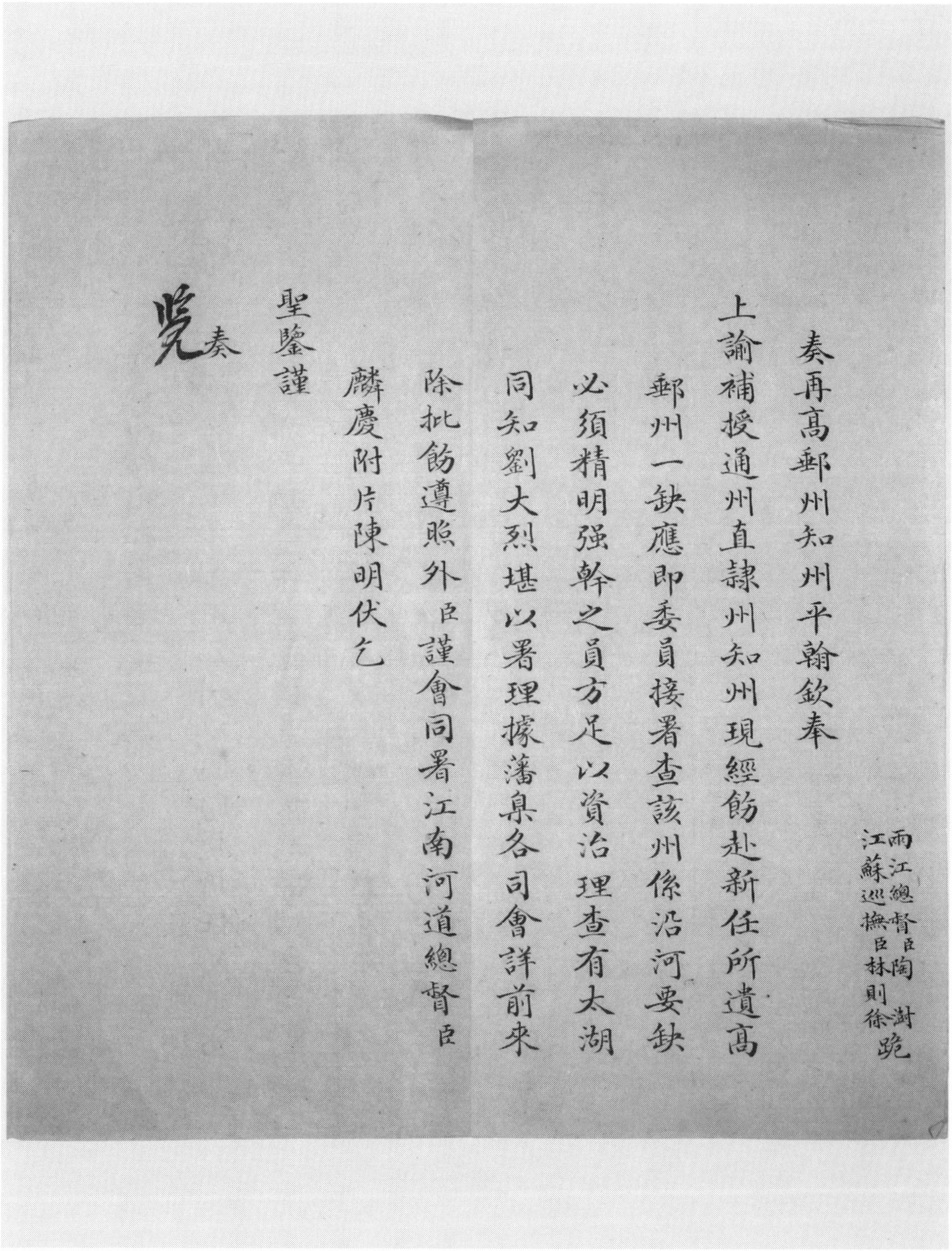
兩江總督臣陶澍
江蘇巡撫臣林則徐跪
奏再高郵州知州平翰欽奉
上諭補授通州直隸州知州現經飭赴新任所遺高
郵州一缺應即委員接署查該州係沿河要缺
必須精明強幹之員方足以資治理查有太湖
同知劉大烈堪以署理據藩臬各司會詳前來
除批飭遵照外臣謹會同署江南河道總督臣
麟慶附片陳明伏乞
聖鑒謹
奏
覽

江蘇巡撫林則徐題本

題明崑山縣知縣張連茹親母在省寓病故例應丁憂

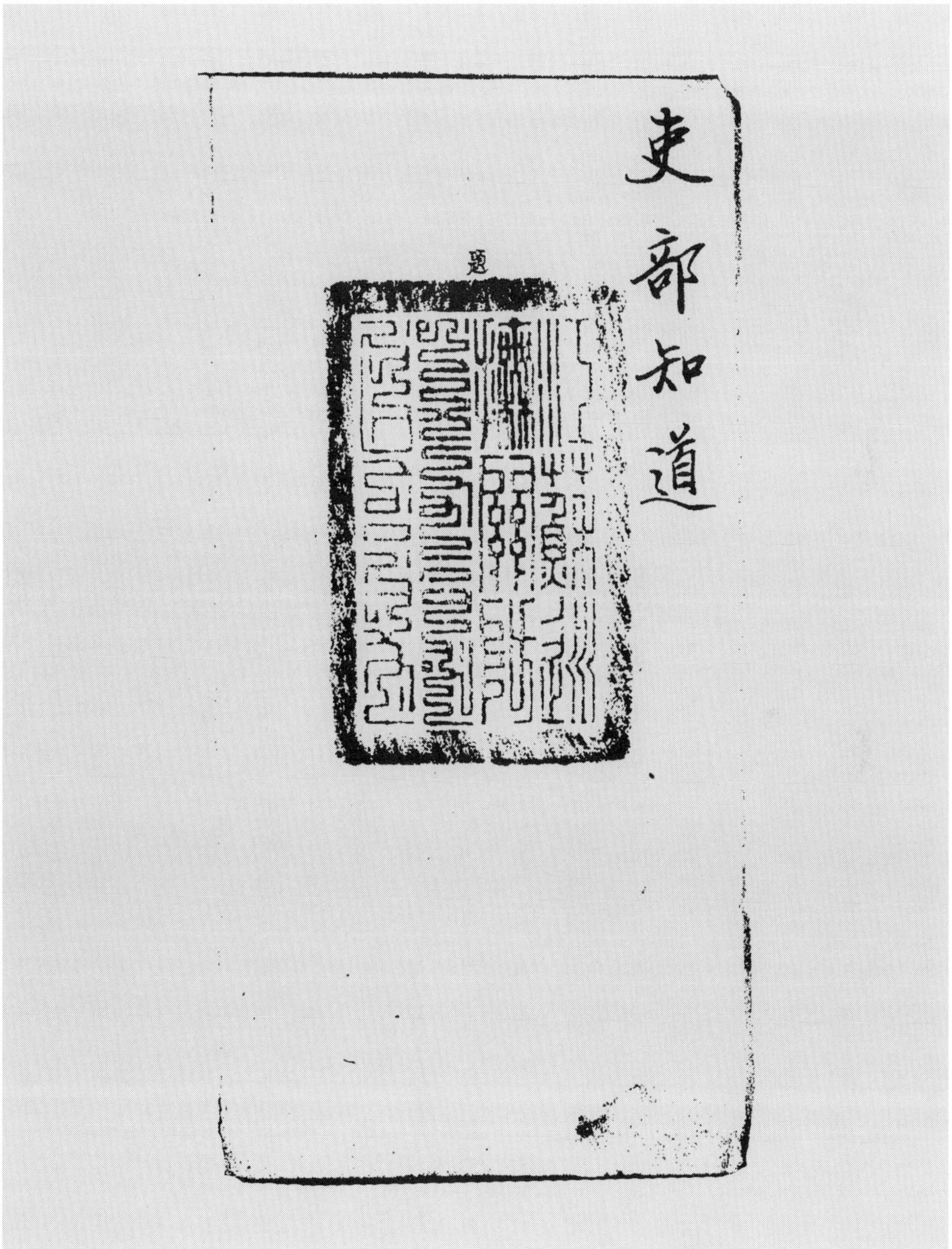

江蘇巡撫林則徐題本 題明崑山縣知縣張連茹親母在省寓病故例應丁憂

道光十四年八月二十七日

兵部侍郎兼都察院右副都御史巡撫江蘇等處地方提督軍務總理糧儲臣林則徐謹
題爲報明丁憂事。道光拾肆年捌月拾柒日據蘇
州布政使陳鑾詳稱：據署蘇州府知府汪忠增
詳據元和縣知縣黄冕申據崑山縣知縣張連
茹家屬張陞稟稱：竊家長張連茹年伍拾柒歲，
山東昌邑縣人，由嘉慶辛酉科舉人中式辛未
科進士，以知縣即用，分發安徽，補授含山縣知
縣。嘉慶貳拾伍年
大計保薦，調署桐城縣知縣，未及赴任，旋即丁憂。
服滿引
見，奉
旨：張連茹准其卓異加壹級，仍註冊補官，日候陞欽

此道光肆年選授雲南永善縣知縣患病開缺
回籍調理病痊引
見奉
旨著照例用欽此投供候選拾壹年柒月奉
旨發往江蘇差遣委用欽此
題補崑山縣知縣道光拾叁年玖月初叁日到任
調署寶山縣知縣是年拾壹月初伍日卸事初
拾日到寶山縣任拾肆年肆月貳拾伍日卸事
後奉調在省聽候差遣緣家長有親母徐氏迎
養江寧省寓今於道光拾肆年捌月初貳日在
蘇州省寓開訃老主母徐氏於柒月貳拾捌日
在江寧寓所病故家長係親子並無過繼例應

江蘇巡撫林則徐題本　題明崑山縣知縣張連茹親母在省寓病故例應丁憂

道光十四年八月二十七日

丁憂理合備具親供呈乞轉報等情到縣合將
親供鈐印申送等情到府申司據此所有崑山
縣知縣張連茹聞訃丁母憂日期親供相應詳
候具
題等情到臣據此該臣查得崑山縣知縣張連茹
有親母徐氏迎養江寧省寓今於道光拾肆年
捌月初貳日聞訃親母徐氏於本月貳拾捌日
在江寧寓所病故該員係親子並無過繼例應
丁憂據蘇州布政使陳鑾取具親供詳報前來
除將親供揭移部科暨山東撫臣外臣謹具
題伏乞
皇上聖鑒敕部查照施行謹具題

江蘇巡撫林則徐題本 題明崑山縣知縣張連茹親母在省寓病故例應丁憂

道光十四年八月二十七日

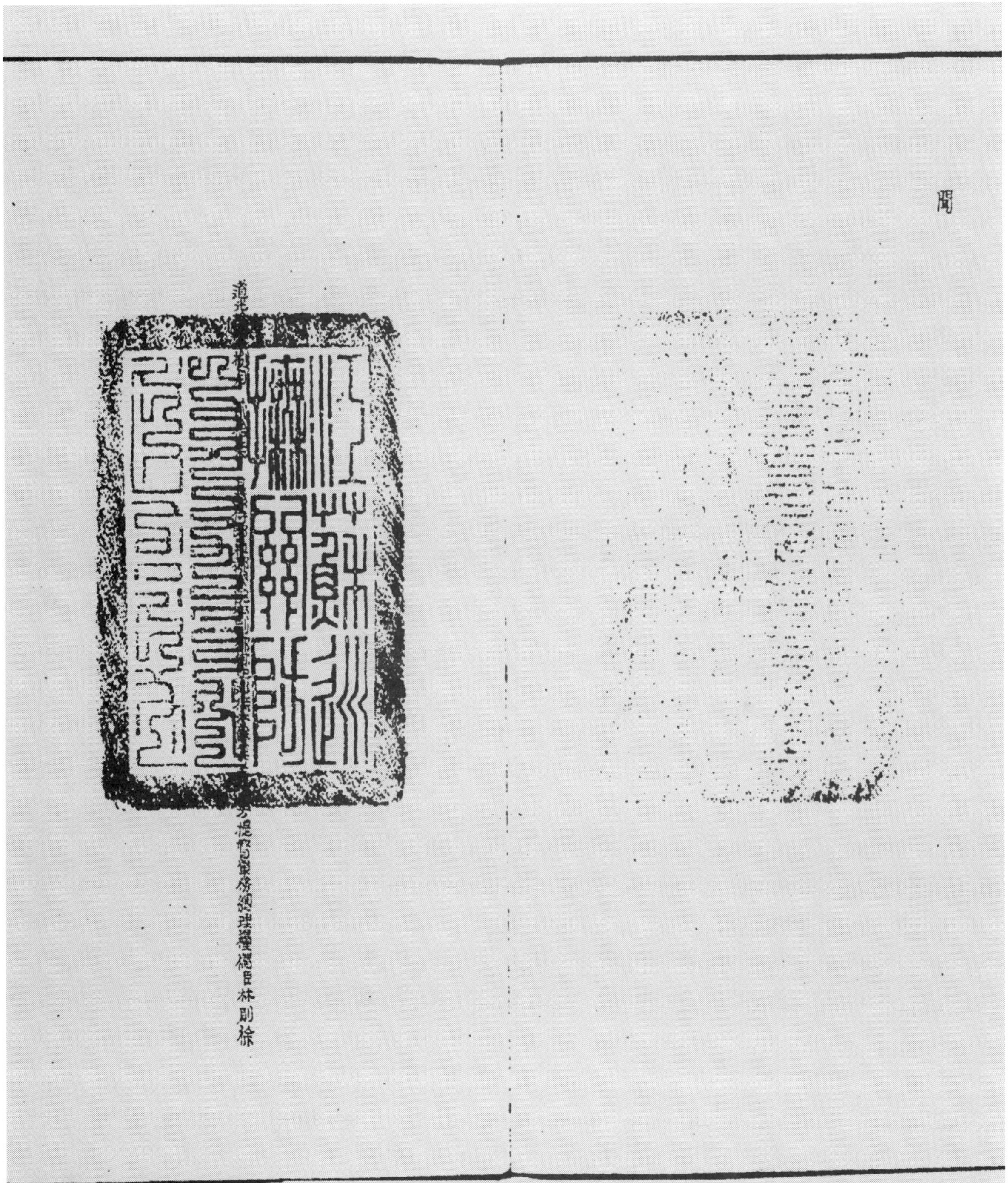

聞

道光……務提督軍務總理糧儲臣林則徐

江蘇巡撫林則徐題本 題明崑山縣知縣張連茹親母在省寓病故例應丁憂

道光十四年八月二十七日

兵部侍郎兼都察院右副都御史巡撫江蘇等處地方提督軍務兼理糧餉臣林則徐謹

題爲報明丁憂事。該臣查得崑山縣知縣張連茹

有親母徐氏迎養江寧省寓，今於道光拾肆年

捌月初貳日聞訃，親母徐氏於本月貳拾捌日

在江寧寓所病故。該員係親子，並無過繼，例應

丁憂。據蘇州布政使陳鑾取具親供詳報前來，

謹具題

聞。

江蘇巡撫林則徐題本　署昭文縣知縣張綬組試署期滿請實授

該部議奏

題

江蘇巡撫林則徐題本　署昭文縣知縣張綬組試署期滿請實授
道光十四年八月二十七日

江蘇巡撫林則徐題本　署昭文縣知縣張綏組試署期滿請實授
道光十四年八月二十七日

兵部侍郎兼都察院右副都御史巡撫江蘇等處地方提督軍務總理糧儲臣林則徐謹
題爲詳請實授事道光拾肆年柒月拾貳日據蘇
州布政使陳鑾會同署江蘇按察使怡良詳稱
准分巡蘇松太道吳其泰移據蘇州府知府沈
兆澐詳據昭文縣知縣張綏組詳稱竊職現年
肆拾玖歲江西奉新縣人由附生中式戊辰科
舉人丙戌科會試後大挑壹等以知縣用籤掣
江蘇
題署今職道光拾貳年閏玖月貳拾肆日到任捐
修常熟昭文貳縣城垣工竣保
奏奉
上諭著賞加陞銜等因欽此自到任之日起扣至道

光拾叁年玖月貳拾肆日試署壹年期滿例應
詳請實授理合備造供冊詳送到府該蘇州府
知府沈兆澐查得該員自到任以來每逢朔望
率屬宣講
聖諭開導鄉民勸令耕織諭以孝弟以端風化訪查訟
棍積匪立拏究辦自理詞訟虛衷剖斷不敢拖
累徵收錢糧嚴禁書役浮收令民自封投櫃隨
徵隨解徵收漕米駐宿倉場親驗米色剔除積
弊率行保甲稽查匪類宵小潛蹤巡緝私鹽官
引暢銷捐廉買米平糶貧民得所覆查該員老
成端謹實心任事堪以實授加考轉詳到道該
分巡蘇松太道吳其泰覆查張綬組年壯才明

辦事克勤堪以實授相應加考同供冊轉移到
司該蘇州布政使陳鑾會同署江蘇按察使怡
良查得昭文縣知縣張綏組自道光拾貳年閏
玖月貳拾肆日到任之日起扣至拾叁年玖月
貳拾肆日試署壹年期滿例應實授准據該管
道府取具供冊出考移送前來覆查該員心地
樸誠辦事結實堪以實授相應詳候會
題等情到臣據此該臣查得昭文縣知縣張綏組
自道光拾貳年閏玖月貳拾肆日到任之日起
扣至拾叁年玖月貳拾肆日試署壹年期滿例
應實授據蘇州布政使陳鑾等會詳該員自到
任以來每逢朔望率屬宣講

聖諭開導鄉民勸令耕織諭以孝弟以端風化訪查訟
棍積匪立拏究辦自理詞訟虛衷剖斷不敢拖
累徵收錢糧嚴禁書役浮收令民自封投櫃隨
徵隨解徵收漕米駐宿倉場親驗米色剔除積
弊奉行保甲稽查匪類宵小潛蹤巡緝私鹽官
引暢銷捐廉買米平糶貧民得所覆查該員心
地樸誠辦事結實堪以實授詳請會
題前來臣查張綬組居心篤實辦事周詳洵屬稱
職之員堪以實授除將供冊送部查核外謹會
同兩江總督臣陶澍合詞具
題伏乞
皇上聖鑒勅部議覆施行謹題請

江蘇巡撫林則徐題本　署昭文縣知縣張綬組試署期滿請實授
道光十四年八月二十七日

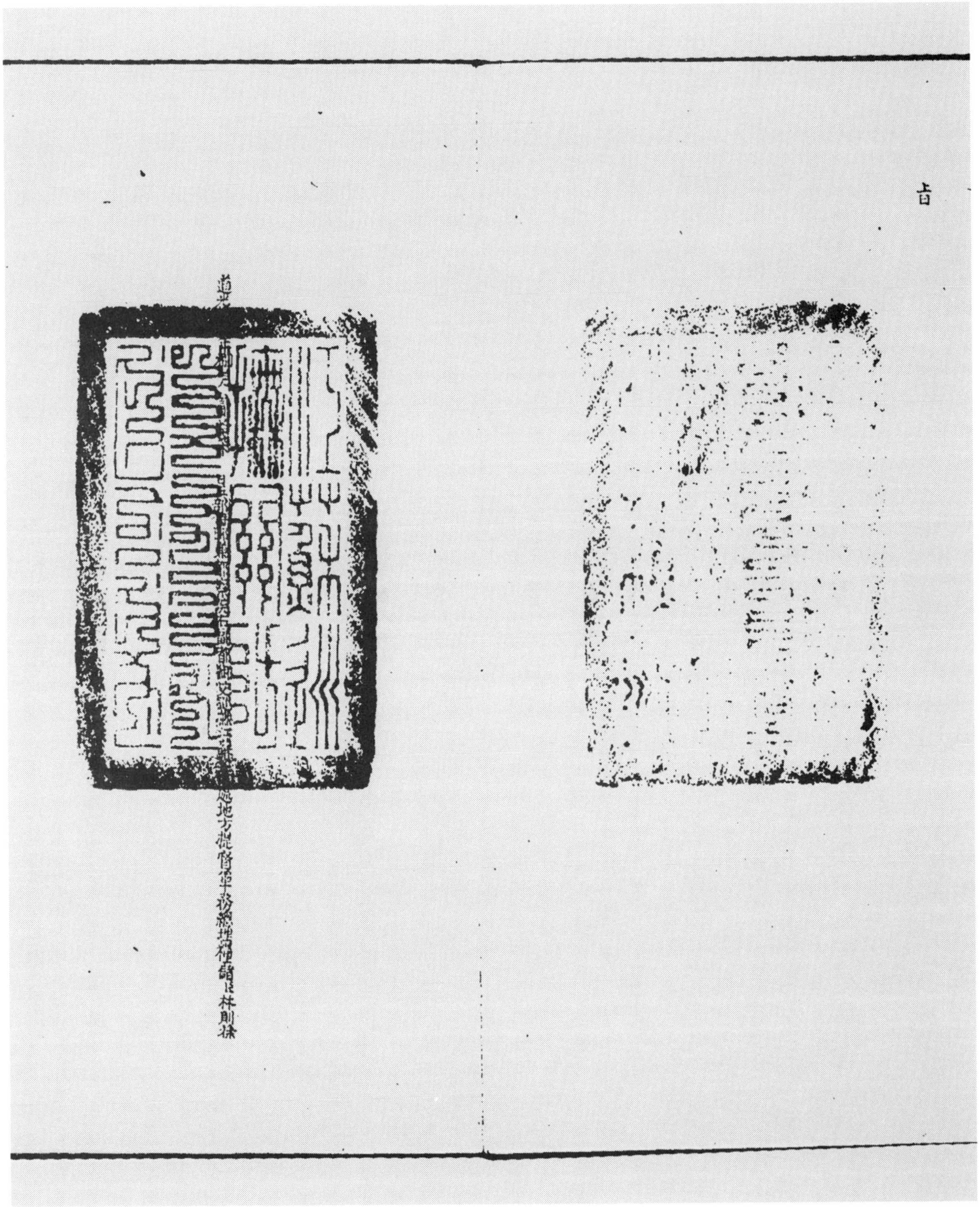

江蘇巡撫林則徐題本　署昭文縣知縣張綬組試署期滿請實授
道光十四年八月二十七日

兵部侍郎兼都察院右副都御史巡撫江蘇等處地方提督軍務總理糧儲臣林則徐謹
題爲詳請實授事該臣查得昭文縣知縣張綬組
自道光拾貳年閏玖月貳拾肆日到任之日起
扣至拾叁年玖月貳拾肆日試署壹年期滿例
應實授據蘇州布政使陳鑾等會詳該員自到
任以來每逢朔望率屬宣講
聖諭開導鄉民勸令耕織諭以孝弟以端風化訪查訟
棍積匪立拏究辦自理詞訟虛衷剖斷不敢拖
累徵收錢糧嚴禁書役浮收令民自封投櫃隨
徵隨解徵收漕米駐宿倉場親驗米色剔除積
弊奉行保甲稽查匪類宵小潛蹤巡緝私鹽官
引暢銷捐廉買米平糶貧民得所覆查該員心
地樸誠辦事結實堪以實授詳請會
題前來臣查張綬組居心篤實辦事周詳洵屬稱
職之員堪以實授除將供冊送部查核外謹會
題請
旨

江蘇巡撫林則徐題本 題報無錫縣知縣曾錫齡病故日期

道光十四年八月二十七日

江蘇巡撫林則徐題本 題報無錫縣知縣曾錫齡病故日期

江蘇巡撫林則徐題本 題報無錫縣知縣曾錫齡病故日期
道光十四年八月二十七日

兵部侍郎兼都察院右副都御史巡撫江蘇等處地方提督軍務總理糧儲臣林則徐謹
題爲報明病故事道光拾肆年捌月初肆日據蘇
州布政使陳鑾詳稱據金匱縣知縣胡兆蓉申
稱本月貳拾陸日據家屬牛瑞稟稱家長曾錫
齡係河南固始縣舉人戊辰科中式進士以知
縣即用分發四川補安岳縣知縣丁憂服滿選
授江西新昌縣知縣調龍泉縣復經丁憂服闋
選授江蘇婁縣知縣調補無錫縣知縣道光拾
貳年柒月拾捌日先行任事閏玖月拾肆日奉
文准調復經
奏請調補丹徒縣知縣接准部咨欽奉
上
諭准其調補在案詎家長忽患失紅病證醫藥罔

江蘇巡撫林則徐題本　題報無錫縣知縣曾錫齡病故日期
道光十四年八月二十七日

效於道光拾肆年柒月貳拾陸日病故稟報到
縣轉申到司相應詳候具
題再所遺丹徒縣知縣係衝繁疲難肆項相兼要
缺例應在外揀選調補容遴員另詳請補合並
聲明等情到臣據此該臣查得准調丹徒縣知
縣無錫縣知縣曾錫齡忽患失紅病證醫藥罔
效於道光拾肆年柒月貳拾陸日病故據蘇州
布政使陳鑾詳報前來臣謹具
題伏乞
皇上聖鑒勅部查照施行再所遺丹徒縣知縣係衝
繁疲難肆項相兼要缺例應在外揀選調補容
另遴員請調合並陳明謹具題

江蘇巡撫林則徐題本 題報無錫縣知縣曾錫齡病故日期
道光十四年八月二十七日

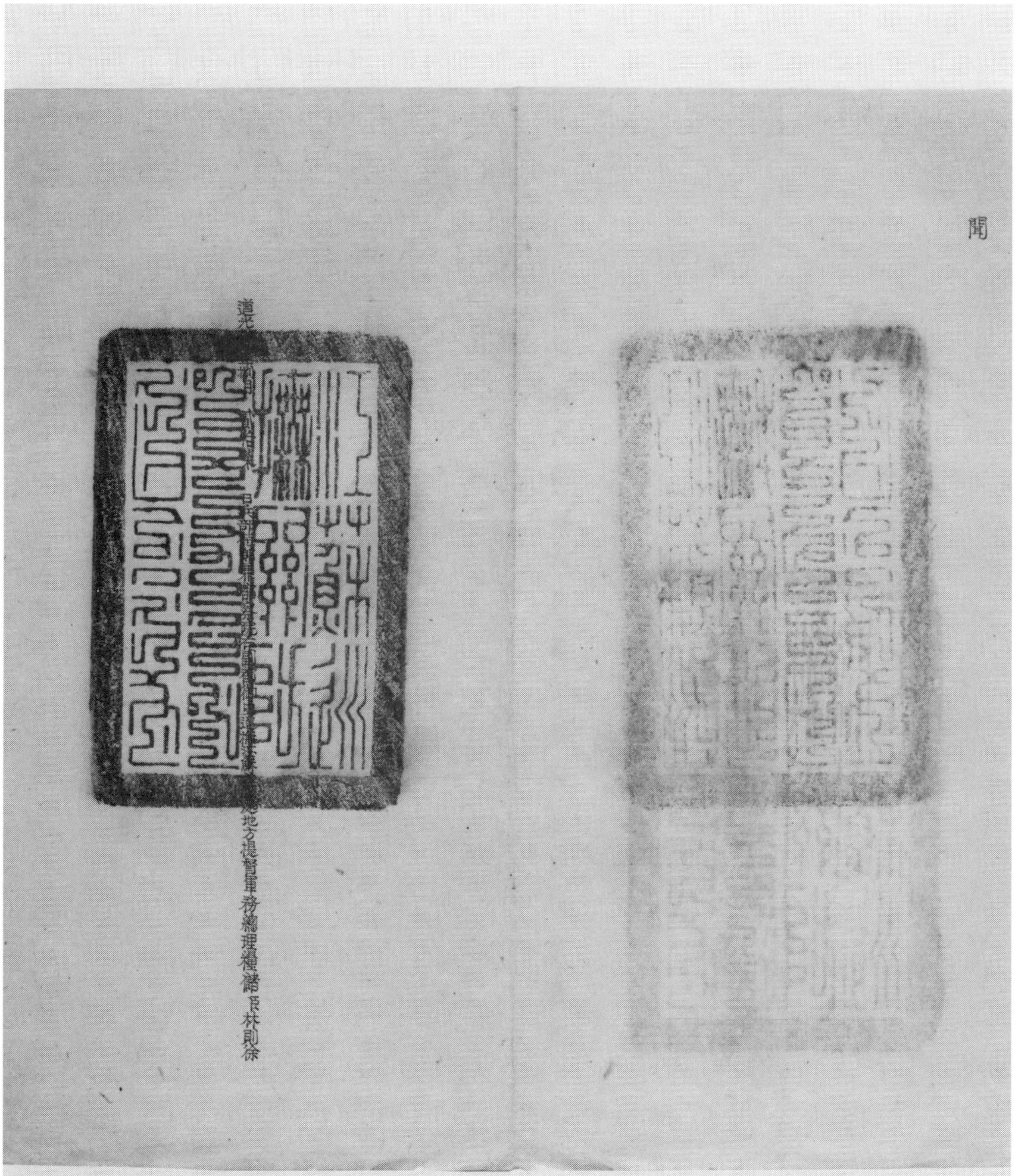

江蘇巡撫林則徐題本 題報無錫縣知縣曾錫齡病故日期

道光十四年八月二十七日

兵部侍郎兼都察院右副都御史巡撫江蘇等處地方提督軍務總理糧儲臣林則徐謹

題為報明病故事該臣查得准調丹徒縣知縣無

錫縣知縣曾錫齡忽患失紅病證醫藥罔效於

道光拾肆年柒月貳拾陸日病故據蘇州布政

使陳鑾詳報前來謹具題

聞

江蘇巡撫林則徐題本 皋寧縣訓導邵涵初俸滿循例保薦

江蘇巡撫林則徐題本 皋寧縣訓導邵涵初俸滿循例保薦
道光十四年八月二十七日

該部議奏
題

江蘇巡撫林則徐題本　皁寧縣訓導邵涵初俸滿循例保薦

道光十四年八月二十七日

兵部侍郎兼都察院右副都御史巡撫江蘇等處地方提督軍務兼理糧儲臣林則徐謹
題爲教職俸滿循例保
題事據江寧布政使楊簧詳稱案奉行准吏部咨
嗣後各屬教職能勸誨士子完糧息訟並無過
愆歷俸陸年保
題陞用等因在案今准分巡淮海道文麟移據淮
安府知府周燾詳據阜寧縣知縣盧象曾申准
訓導邵涵初移稱竊涵初現年肆拾叁歲係常
州府無錫縣人由廪生考選道光伍年乙酉科
拔貢陸年
朝考欽等引
見奉

旨以教職用道光捌年叁月遐授今職以教諭銜管
訓導事拾月貳拾肆日到任予自到任之日起
連閏扣至拾肆年捌月貳拾肆日初次陞年俸
滿任內並無參罰記過案件例應驗看甄別理
合備具親供移送驗轉等情到縣該阜寧縣知
縣邊象曾查得訓導邵涵初自到任以來每逢
朔望隨同宣講
聖諭廣訓約束諸生遵守臥碑講解律例俾共凜遵按
月課試嚴諭安分守業毋許抗糧不得干預外
事訓示諸生敦崇孝悌務期品行爲先以端士
習承辦考務諄諭廪保不得徇私容隱遇有災
歉捐資助賑歷奉差委均無貽誤覆查該員學

富才優究心吏治洵爲教職中出色之員堪以
保薦將送到親供造冊申請驗轉等情到府該
淮安府知府周燾查驗該員品端學裕才具優
長訓迪有方留心吏治實爲教職中出色之員
堪膺保薦合將送到供冊給文赴驗等情到道
該分巡淮海道文麟查驗該員才學兼優通達
吏治堪以保薦加考轉移到司准此該江寧布
政使楊簧查得阜寧縣訓導邵涵初自道光捌
年拾月叁拾肆日到任之日起連閏扣至拾肆
年捌月貳拾肆日初次陞年俸滿例應驗看甄
別准據該管道府縣取造冊結遞行出考保薦
前來覆查該員學問優長留心吏治洵爲教職

中出色之員堪以保薦相應加考詳候驗看會
題等情到臣據此該臣查得阜寧縣訓導邵涵初
自道光捌年拾月貳拾肆日到任之日起連閏
扣至拾肆年捌月貳拾肆日初次陞年俸滿例
應驗看甄別據江寧布政使楊簧具詳該員自
到任以來每逢朔望隨同宣講
聖諭廣訓約束諸生遵守臥碑講解律例俾共凜遵按
月課試嚴諭安分肄業毋許抗糧不得干預外
事訓示諸生敦崇孝悌務期品行爲先以端士
習承辦考務諄諭廩保不得徇私容隱遇有災
歉捐資助賑歷奉差委均無貽誤覆查該員學
問優長留心吏治洵爲教職中出色之員堪以

保薦詳請會
題前來臣查驗得邵涵初年富才明講求吏治堪
膺保薦該員任内並無參罰記過案件除將事
實供冊送部查核外謹會同兩江總督臣陶澍
江蘇學政臣廖鴻荃合詞具
題伏乞
皇上聖鑒敕部議覆施行謹題請
旨

道光拾肆年捌月貳拾柒日兵部侍郎兼都察院右副都御史巡撫江蘇等處地方提督軍務總理糧儲臣林則徐

兵部侍郎兼都察院右副都御史巡撫江蘇等處地方提督軍務總理糧儲臣林則徐謹

題爲教職俸滿循例保

題事。該臣查得皋寧縣訓導邵涵初自道光捌年拾月貳拾肆日到任之日起，連閏扣至拾肆年捌月貳拾肆日，初次陸年俸滿，例應驗看甄別。據江寧布政使楊簧覆查該員學問優長，留心吏治，堪以保薦，詳請會

題前來。臣查驗得邵涵初年富才明，講求吏治，堪膺保薦。除將事實供册送部外，謹會題請

旨。

江蘇巡撫林則徐題本 **補參署沛縣知縣朱榮桂等疏防竊案限滿獲犯未及半**

朱榮桂等著議處具奏該部知道

題

兵部侍郎兼都察院右副都御史巡撫江蘇等處地方提督軍務總理糧儲臣林則徐謹
題爲補參疎防文職事據署江蘇按察使怡良詳
稱據徐州府知府武凌漢詳據署沛縣知縣朱
榮桂詳稱道光拾貳年拾壹月貳拾柒日據事
主監生張儒報稱本月貳拾伍日夜被匪爬牆
進院撥門入室竊去銀錢首飾衣物開單叩緝
等情到縣據卽飭差嚴緝傳訊事主人等供與
報詞相同估贓值銀肆拾玖兩柒錢陸分造冊
通詳嗣於拾叁年貳月貳拾叁日緝獲賊犯張
丙壹名又准山東嶧縣於拾叁年叁月拾貳日
拏獲賊犯李標壹名移解到縣訊係李標起意
行竊夥同張丙並在逃之王三卽王三疤拉眼

張貴勤即張狗蠅張紹廣張有王喜即王四張
補田王牛張喬朱四共夥拾壹人行竊得贓變
分不諱將李標當依竊盜贓肆拾兩杖壹百
丙依爲從減壹等杖玖拾已於取供後交保病
故應無庸議等情通詳請結在案茲查此案首
夥拾壹人僅於限内拏獲首夥貳名疏防職名
仍應補參合將文職印捕職名開送等情由府
開列晉補督緝職名詳司並准巡道移送兼轄
職名前來除飭勒緝逸犯王三等務獲究報外
該署江蘇按察使怡良查得沛縣事主張儒具
報被竊獲犯尚未及半壹案疏防例限肆箇月
應以道光拾貳年拾壹月貳拾伍失事之日起

扣至拾叁年叁月貳拾伍日滿所有文職疎防
職名印官係署沛縣知縣朱榮桂捕官係沛縣
典史婁榮督捕係不同城銅沛同知陸楷督緝
係不同城徐州府知府劉鴻翱兼轄係不同城
徐州道李國瑞查捕官婁榮已於拾叁年正月
拾捌日疎防限內在任病故應請識結代理典
史陳榮於正月貳拾柒日到任接緝旋於拾叁
年肆月初捌日卸事計在任接緝兩箇月零拾
壹日所有疎防限內捕官接緝壹月以上卸事
職名係代理沛縣典史陳榮現署典史謝琮係
再接緝之員例無處分相應開報詳候核參至
此案離城汛若干里有無汛舖防兵未據聲明

現飭查明另詳請咨又現據該縣詳報拏獲逸
犯張幅田即張輔田張紹信即張貴勤王牛王
三邪即王三等肆名除王牛壹名係在貳參限
外拏獲計貳參限內僅止獲犯參名是獲犯仍
未及半貳參職名應行補參現飭開報另詳合
并聲明等情到臣據此該臣查得沛縣事主張
儒具報被竊獲犯李標等尚未及半壹參疎防
例限肆箇月應以道光拾貳年拾壹月貳拾伍
失事之日起扣至拾參年參月貳拾伍日滿所
有文職疎防職名印官係署沛縣知縣朱榮桂
補官係沛縣典史婁榮晉補係不同城銅沛同
知陸楷晉禪係不同城徐州府知府劉鴻翱兼

轄係不同城徐州道李國瑞再補官婁榮已於
拾叁年正月拾捌疎防限內在任病故應行議
結代理典史陳榮於正月貳拾柒日到任接緝
旋於拾叁年肆月初捌日卸事計在任接緝兩
箇月零拾壹日所有疎防限內補官接緝壹月
以上卸事職名係代理沛縣典史陳榮現署典
史謝琮係再接緝之員例無處分相應聲明列
叅再此案離城汛若干里有無墩舖防兵未據
聲明現飭查明另咨合並陳明臣謹具

題伏乞

皇上聖鑒勅部議覆施行謹題請

旨

江蘇巡撫林則徐題本　補參署沛縣知縣朱榮桂等疎防竊案限滿獲犯未及半

道光十四年八月二十七日

道光[illegible]處地方提督軍務總理糧儲臣林則徐

兵部侍郎兼都察院右副都御史巡撫江蘇等處地方提督軍務總理糧儲臣林則徐謹

題為補參疎防文職事該臣查得沛縣事主張儒

具被竊獲犯李檝等尚未及半壹案疎防例

限[illegible]月應以道光拾貳年拾壹月貳拾伍失

事之日[illegible]扣至拾叁年叁月貳拾伍日滿所有

文疎防職名印官係署沛縣知縣朱榮桂補

官係沛縣典史董學曾補係不同城銅沛同知

陸[illegible]鮮係不同城徐州府知府劉鴻翱兼轄

係不同城徐州道李國瑞相應列參謹題請

旨

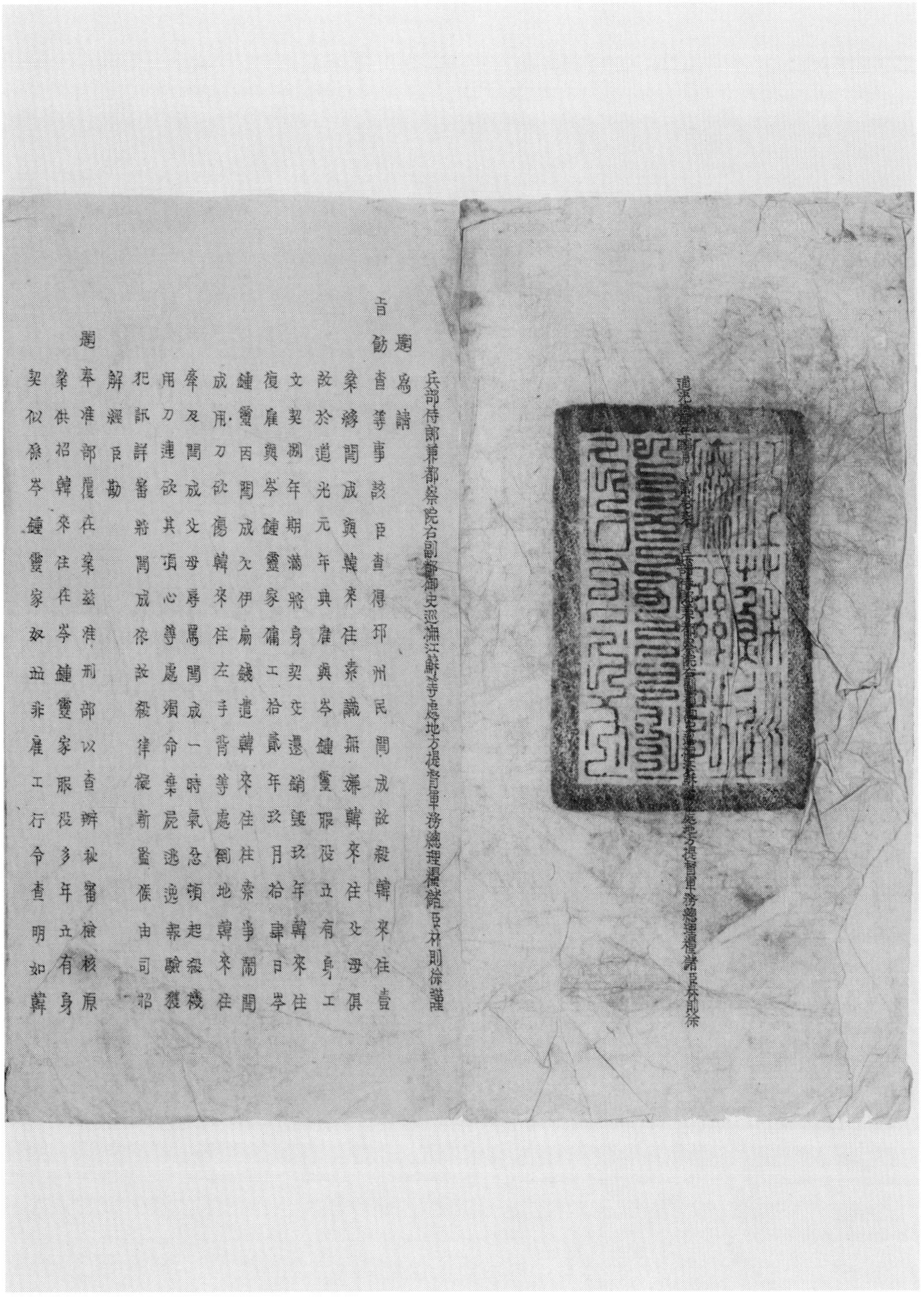
道光[illegible]處地方提督軍務總理糧儲臣林則徐
兵部侍郎兼都察院右副都御史巡撫江蘇等處地方提督軍務總理糧儲臣林則徐謹
題為請
旨飭查等事。該臣查得邳州民閆成故殺韓來住壹
案。緣閆成與韓來住素識無嫌。韓來住父母俱
故，於道光元年典雇與岑鍾靈服役，立有身工
文契，捌年期滿，將身契交還銷毀。玖年韓來住
復雇與岑鍾靈家傭工。拾貳年玖月拾肆日，岑
鍾靈因閆成欠伊扁錢，遣韓來住往索爭鬧。閆
成用刀砍傷韓來住左手背等處倒地。韓來住
詈及閆成父母辱罵。閆成一時氣忿，頓起殺機，
用刀連砍其項心等處殞命，棄屍逃逸。報驗獲
犯，訊詳審將閆成依故殺律擬斬監候，由司招
解經臣勘
題，
奉准部覆在案。茲准刑部以查辦秋審檢核原
案，供招韓來住在岑鍾靈家服役多年，立有身
契，似係岑鍾靈家奴，並非雇工，行令查明。如韓

江蘇巡撫林則徐題本　審明邳州州民閆成故殺韓來往擬絞監候
道光十四年八月二十七日

來往實係岑鍾靈家奴即將故殺之閆成依故
殺他人奴婢律改擬絞候仍歸入本年秋審辦
理等因行據該州傳訊岑鍾靈據供韓來往典
雇與伊服役立有身工文契剃年期滿將契退
毀旋仍雇給備工並非奴僕該州將閆成仍照
原擬斬候由府詳司經署臬司怡良改擬詳請
具
題
前來臣覆查此案韓來往典雇與岑鍾靈家服
役至剃年之久且曾立有身契即屬岑鍾靈奴
僕況湖查韓來往典給服役之時年僅玖歲更
非雇工可知未便以身契退毀遽指為雇工而
非奴僕仍科閆成以凡人故殺之罪閆成應改
依良人故殺他人奴婢絞監候律擬絞監候秋
後處決仍請歸入本年秋審辦理臣不敢稍存
迴護謹檢舉具題請
旨

江蘇巡撫林則徐題本

題參東臺縣知縣李泰等疎防停舟被搶限滿贓犯無獲

李泰等著議處具奏該部知道

江蘇巡撫林則徐題本　題參東臺縣知縣李泰等疎防停舟被搶限滿贓犯無獲

道光十四年九月二十日

兵部侍郎兼都察院右副都御史巡撫江蘇等處地方提督軍務兼理糧儲臣林則徐謹

題為詳參疎防文職事據署江蘇按察使怡良詳稱據揚州府知府豫益詳據東臺縣知縣李泰詳稱道光拾肆年正月貳拾柒日據事主徐國慶徐林報稱伊弟允有幫船壹隻裝載客貨正月貳拾陸日夜伊船攀有錢貨檔至丁溪場北關口停泊忽有小船壹隻將伊船纜解開拉至無人處所搶取船內衣錢等物伊等驚覺喊捕賊人攜贓過船伊等上前捉拏被一賊用棍毆傷等情開單報叩驗勘等情到縣當即飭仵驗明徐國慶額門木器傷壹處紅腫左手背格扭傷壹處紅色左膊肋扭傷壹處皮損紅色右膊

胸㩳傷兩處皮微損紅色又驗得徐林胥吻本
器傷壹處紅腫填單附卷會營勘訊飭牙估贓
值銀叁拾捌兩伍錢肆分録供通詳奉批緝拏
在案旋查疏防限屆賊匪無獲合將印捕職名
開報等情由府道遞開督捕督緝兼轄職名前
來除飭勒緝賊匪務獲究報外該署江蘇按察
使怡良查得東臺縣事主徐國慶等停船被搶
拒傷壹案疏防例限肆個月應以道光拾肆年
正月貳拾陸失事之日起扣至伍月貳拾陸日
屆滿賊匪無獲所有文職疏防職名印官係東
臺縣知縣李泰捕官係代理東臺縣典史方晉
龍督捕係署揚州府總捕同知鄭敦五督緝係

不同城揚州府知府豫益兼轄係不同城分巡
淮揚道王廷彥查典史方雲龍已於拾肆年貳
月初陸日未經限滿之先卸事督捕同知鄭敦
五已於貳月貳拾捌日未經限滿之先卸事兼
轄巡道王廷彥亦於貳月拾貳日未經限滿之
先調署徐州道卸事均係署事人員不復回任
應請議結現署典史吳寅卿於貳月初陸日到
任應俟接緝限滿再行詳參前兼轄督捕同知
豫益及現任同知趙廷熙并前護巡道于頤發
現任巡道李圖瑞均係接督緝之員例無處分
合并聲明伏候核參再此案失事處所離城貳
拾伍里離汛伍拾柒里並無墩鋪防兵至事主

江蘇巡撫林則徐題本　題參東臺縣知縣李泰等疏防停舟被搶限滿贓犯無獲　道光十四年九月二十日

傷痕曾否平復現飭查明另詳核辦合并聲明
等情到臣據此該臣查得東臺縣事主徐國慶
等停船被搶拒傷壹案疏防例限肆個月應以
道光拾肆年正月貳拾陸失事之日起扣至伍
月貳拾陸日屆滿贓匪無獲開列疏防職名請
參前來除飭勒緝贓匪務獲究報外所有文職
疏防職名印官係東臺縣知縣李泰捕官係代
理東臺縣典史方雲龍督捕係署揚州府總捕
同知鄭敦五督緝係不同城揚州府知府潘益
兼轄係不同城分巡淮揚道王廷彥查典史方
雲龍已於拾肆年貳月初陸日未經限滿之先
卸事督捕同知鄭敦五已於貳月貳拾捌日未

經限滿之先卸事兼轄巡道王廷彥亦於貳月
拾貳日未經限滿之先調署徐州道卸事均係
署事人員不復回任應行議結現署典史吳寅
卽於貳月初陸日到任應俟接緝限滿另行咨
叅前兼轄督捕同知豫益及現任同知趙廷熙
幷前護巡道于暻發現任巡道李國瑞均係接
督緝之員例無處分相應聲明列叅再此案失
事處所離城貳拾伍里離汛伍拾柒里並無墩
舖防兵至事主傷痕曾否平復現飭查明另詳
核辦合並陳明臣謹具
題伏乞
皇上聖鑒勅部議覆施行謹題請

江蘇巡撫林則徐題本　題參東臺縣知縣李泰等疏防停舟被搶限滿贓犯無獲

道光十四年九月二十日

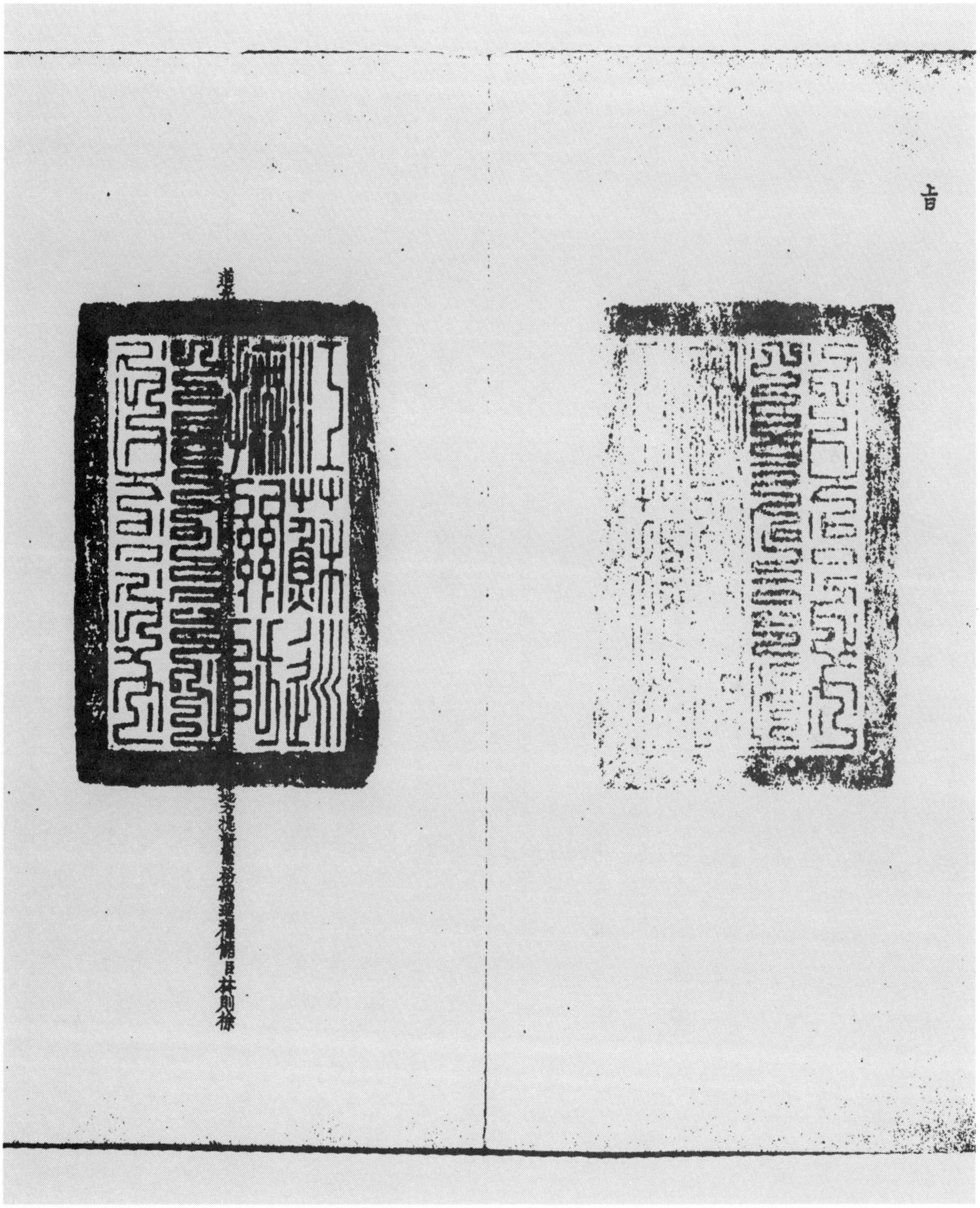

兵部侍郎兼都察院右副都御史巡撫江蘇等處地方提督軍務總理糧儲臣林則徐謹
題爲詳參疎防文職事該臣查得東臺縣事主徐
同慶等停船被搶拒傷壹案疎防例限肆箇月
應以道光拾肆年正月貳拾陸失事之日起扣
至伍月貳拾陸日屆滿贓匪無獲開列疎防職
名請參前來除飭勒緝贓匪務獲究報外所有
文職疎防職名印官係東臺縣知縣李泰捕官
係代理東臺縣典史方雲龍督捕係署揚州府
總捕同知鄭敦五督緝係不同城揚州府知府
豫益兼轄係不同城分巡淮揚道王廷彥相應
列參謹題請
旨

江蘇巡撫林則徐題本 補參青浦縣知縣蔡維新等疏防盜案限滿獲犯未及半

兵部侍郎兼都察院右副都御史巡撫江蘇等處地方提督軍務總理糧儲臣林則徐謹
題爲補參疏防文職事據署江蘇按察使怡良詳
稱據署松江府知府李正鼎詳據青浦縣知縣
蔡維新詳稱道光拾貳年捌月貳拾伍日據上
海縣民李五觀稟稱伊撑駕航船於捌月貳拾
肆夜由縣境吳淞江經過驟遇一船將船截住
被匪肆人手執燈籠過船口稱查看私貨搶去
託寄洋信鈔馬褂包伊等喊救當有來船接應
匪等上岸棄船逃逸報候勘緝等情并據地保
史進之同報到縣據經會營前詣失事處所勘
明被搶情形提訊事主地保人等供與報詞無
異飭牙估計失贓値銀貳百壹拾捌兩玖錢壹

分肆釐錄供造冊詳緝旋於閏玖月拾玖日准
元和縣移據捕役李秉等協同葉葭浜汛營兵
并青浦縣捕役王燿等拏獲刺匪趙九即趙禿
九壹名移解到縣訊據供稱伊於拾貳年捌月
貳拾肆日在上海地方找人索欠不遇欲赴蘇
州找尋適有在逃之劉瘸子即李瘸子陳五李
舍子即李老亦赴蘇州尋工共坐素識在逃之
杜五船隻開行肆更時分駛至吳淞江地方見
事主李五觀航船搖至陳五因聞航船帶與人
寄帶鴉片煙土起意夥搶伊與劉瘸子等允從
當用竹篙搭住航船陳五等攜帶燈籠過船搶
得洋信鈔馬逃回本船因事主船上喊叫聞有

來船接應當各上岸棄船逃逸等供審將該犯
依搶奪人財物贓至壹百貳拾兩以上者照竊
盜滿貫律絞例爲從減壹等杖壹百流叁千里
條
赦後復犯應加壹等發附近充軍聲請照例監候待
質等情解蒙勘轉詳咨在案查此案首夥伍人
僅於疏防限內拏獲從犯壹名疏防職名仍應
補叅合將印捕疏防及貳叅職名一并開報等
情由府道遞開督捕督緝兼轄各職名前來除
飭勒緝逸犯陳五等務獲究報外該署江蘇按
察使怡良查得青浦縣事主李五觀航船被搶
計贜逾貫獲犯尚未及半壹案疏防例限肆箇

月應以道光拾貳年捌月貳拾肆失事之日起
連閏扣至拾壹月貳拾肆日滿又貳參例限應
以拾壹月貳拾肆疎防限滿之日起扣至拾叁
年拾壹月貳拾肆日屆滿所有文職疎防及貳
參職名印官係青浦縣知縣蔡維新捕官係青
浦縣新涇司巡檢蕭斌督捕係不同城川沙撫
民同知何士祁督緝係不同城松江府知府沈
兆滏兼轄係不同城分巡蘇松太道吳其濬理
合開報再督緝知府沈兆滏已於拾叁年拾壹
月拾捌日貳參限內調任蘇州府卸事不復回
任應請議結現署知府李正鼎係接督緝之員
例無處分相應聲明伏候核參再此案失事處

所離趙屯港汛陸里距蒸葭浜汛玖里並無墩
鋪防兵至離城若干里、未據聲明現飭查明另
詳合并聲明等情到臣據此該臣查得青浦縣
事主李五觀航船被搶計贓逾貫獲犯尚未及
半壹案疏防例限肆個月應以道光拾貳年捌
月貳拾肆失事之日起連閏扣至拾壹月貳拾
肆日滿又貳參例限應以拾壹月貳拾肆疏防
限滿之日起扣至拾叁年拾壹月貳拾肆日屆
滿逸犯無獲開列疏防及貳參職名補參前來
除飭勒緝逸犯陳五等務獲究報外所有文職
疏防及貳參職名印官係青浦縣知縣蔡維新
捕官係青浦縣新涇司巡檢蕭斌督捕係不同

城川沙撫民同知何士祁督緝係不同城松江
府知府沈兆澐兼轄係不同城分巡蘇松太道
吳其泰再督緝知府沈兆澐已於拾叁年拾壹
月拾捌日貳叅限內調任蘇州府卸事不復回
任應行議結現署知府李正鼎係接督緝之員
例無處分相應聲明列叅再此案失事處所離
趙屯港汛陸里距菉葭浜汛玖里並無墩舖防
兵至離城若干里未據聲明現飭查明另咨合
並陳明臣謹具
題伏乞
皇上聖鑒勅部議覆施行謹題請
旨

江蘇巡撫林則徐題本　補參青浦縣知縣蔡維新等疎防盜案限滿獲犯未及半
道光十四年九月二十日

兵部侍郎兼都察院右副都御史巡撫江蘇等處地方提督軍務總理糧儲臣林則徐謹題
題爲補參疎防文職事。該臣查得青浦縣事主李
五[illegible]被搶[illegible]計[illegible]尚未及半壹案
疎[illegible]例限[illegible]箇月應以道光[illegible]年捌月貳拾
肆[illegible]事之日起連閏[illegible]拾[illegible]月貳拾肆日滿
又[illegible]參例限[illegible]拾肆疎防限滿之
日[illegible]和至拾叁年[illegible]月貳拾肆日屆滿逸犯
無[illegible]疎防及貳參職名補參前來除飭勒
緝[illegible]限五等情究報外所有文職疎防及
貳參職名印官係青浦縣知縣蔡維新捕官係
青[illegible]縣新涇司巡檢黃鉞督捕係不同城川沙
撫[illegible]同知何士祁督緝係不同城松江府知府
沈兆澐兼轄係不同城分巡蘇松太道吳其泰
相應列參謹題請
旨

江蘇巡撫林則徐題本

題報蘇州等府州道光十三年壓徵上年蘆課錢糧除動存各數

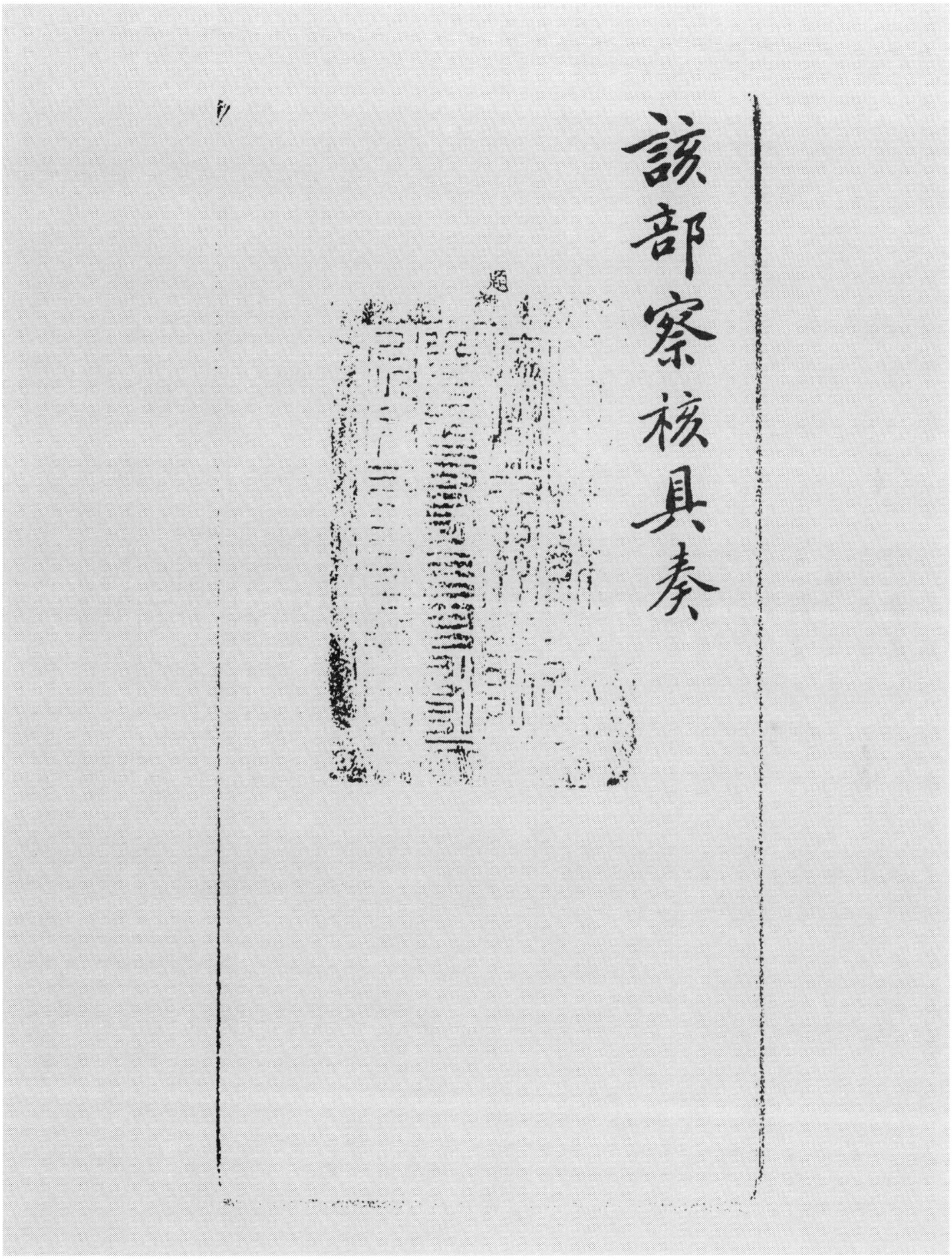
該部察核具奏

江蘇巡撫林則徐題本　題報蘇州等府州道光十三年壓徵上年蘆課錢糧除動存各數

道光十四年九月二十日

兵部侍郎兼都察院右副都御史巡撫江蘇等處地方提督軍務總理糧儲臣林則徐謹

題爲歲徵蘆課銀兩事據蘇州布政使陳鑾詳稱

竊照蘆課錢糧例應壓年造冊詳請

奏銷今蘇州松江常州鎮江太倉等伍府州屬道
光拾叁年壓徵拾貳年分蘆課錢糧除動存細
數業於冊內分晰開造實應舊管原額蘆課并
轉則陞增除坍減准豁外實該正銀伍萬柒百
壹拾壹兩貳錢捌分柒釐隨徵耗羨銀叁千叁
百伍拾陸兩玖錢陸分內除道光拾叁年秋被
水災蠲免正銀貳千陸百陸拾陸兩伍錢捌分
玖釐耗羨銀壹百捌拾陸兩陸錢陸分壹釐實
該解司蘆課正銀肆萬捌千肆拾肆兩陸錢玖

分捌釐耗羨銀叁千壹百柒拾兩貳錢玖分玖
釐新收已完解司正銀貳萬壹千肆百捌拾玖
兩陸錢伍分外有吳江婁縣武進叁縣溢完銀
玖分壹釐開除已動放造入道光拾叁年秋撥
拾肆年春撥估餉冊內報部撥用銀壹千陸百
玖拾玖兩貳錢肆分貳釐實在存庫正銀壹萬
玖千柒百玖拾兩肆錢玖分玖釐內有吳江婁
縣武進叁縣溢完銀玖分壹釐存俟造入道光
拾肆年秋撥估餉冊內報部撥用係此次
奏
銷案內報完之項又已完耗羨銀壹千叁百伍
拾肆兩肆錢壹釐外有吳江青浦武進叁縣溢
完銀伍分陸釐內現在造入道光拾叁年耗羨

案內報銷銀壹百肆兩玖錢捌分玖釐應俟造
入道光拾肆年耗羨案內報銷銀壹千貳百肆
拾玖兩肆錢陸分捌釐內有吳江青浦武進叁
縣溢完銀伍分陸釐未完正銀貳萬陸千伍百
伍拾伍兩肆分捌釐耗羨銀壹千捌百壹拾伍
兩捌錢玖分捌釐內有江陰縣徐泗等沙坍沒
田岸應除正銀柒百貳拾壹兩壹錢玖釐耗羨
銀伍拾兩肆錢柒分捌釐又江陰縣雷溝新寧
等沙坍沒田灘應除正銀貳百玖拾捌兩壹錢
捌分陸釐耗羨銀貳拾兩捌錢柒分叁釐現催
詳咨請豁外計未完正銀貳萬伍千伍百叁拾
伍兩柒錢伍分叁釐耗羨銀壹千柒百肆拾肆

兩伍錢肆分柒釐內除道光拾叁年秋被水災
蠲剩并勘不成災緩徵正銀捌千伍百柒拾捌
兩貳錢肆分伍釐耗羨銀陸百兩肆錢柒分柒
釐業經詳請
題明於道光拾肆年秋成後起分作叁年貳年帶
徵外實未完熟田蘆課正銀壹萬陸千玖百伍
拾柒兩伍錢捌釐耗羨銀壹千壹百肆拾肆兩
柒分相應造具
奏銷職名清冊詳送核
題等情據此該臣查得徵收蘆洲課銀例應按年
奏銷其隨徵耗羨銀兩新例隨同正項錢糧統計
分數一疏具

江蘇巡撫林則徐題本 題報蘇州等府州道光十三年壓徵上年蘆課錢糧除動存各數

道光十四年九月二十日

題所有蘇州等屬道光拾叁年壓徵拾貳年分蘆課銀兩據蘇州布政使陳鑾詳稱蘇州松江常州鎮江太倉伍府州屬舊管原額并轉則陞增除坍減准豁外實該正銀伍萬柒百壹拾壹兩零遞徵耗羨銀叁千叁百伍拾陸兩零內除道光拾叁年秋被水災蠲免正銀貳千陸百陸拾陸兩零耗羨銀壹百捌拾陸兩零實該解司正銀肆萬捌千肆拾肆兩零耗羨銀叁千壹百柒拾兩零新收已完解司正銀貳萬壹千肆百捌拾玖兩零外有吳江婁縣武進叁縣溢完銀玖分零已完耗羨銀壹千叁百伍拾肆兩零外有吳江青浦武進叁縣溢完銀伍分零未完正銀

貳萬陸千伍百伍拾伍兩零耗羨銀壹千捌百
壹拾伍兩零內有江陰縣徐泗等沙坍沒田岸
應除正銀柒百貳拾壹兩零耗羨銀伍拾兩零
又江陰縣雷溝新寧等沙坍沒田灘應除正銀
貳百玖拾捌兩零耗羨銀貳拾兩零現催詳咨
請豁外計未完正銀貳萬伍千伍百叁拾伍兩
零耗羨銀壹千柒百肆拾肆兩零內除道光拾
叁年秋被水災蠲剩及勘不成災緩徵正銀捌
千伍百柒拾捌兩零耗羨銀陸百兩零業經詳
請
題明於道光拾肆年秋成後起分作叁年帶
徵外實未完熟田正銀壹萬陸千玖百伍拾柒

兩零耗羨銀壹千壹百肆拾肆兩零造具
奏銷職名清冊詳
題前來臣覆核無異除冊送部查核外相應循例
題報伏乞
皇上聖鑒勅部核覆施行謹題請
旨

江蘇巡撫林則徐題本　題報蘇州等府州道光十三年壓徵上年蘆課錢糧除動存各數

道光十四年九月二十日

兵部侍郎兼都察院右副都御史巡撫江蘇等處地方提督軍務總理糧儲臣林則徐謹
題為歲恭蘆課銀兩事該臣查得徵收蘆洲課銀
例應按年
奏銷其路徵耗羨銀兩新例隨同正項錢糧統計
分數一疏具
題所有蘇州等屬道光拾叁年壓徵拾貳年分蘆
課銀兩據蘇州布政使陳鑾詳稱蘇州松江常
州鎮江太倉伍府州屬舊管原額并轉則陞增
除坍實該正銀伍萬柒百壹拾壹兩零耗羨銀
叁千叁百伍拾陸兩零內除道光拾叁年秋被
水災蠲免正銀貳千陸百陸拾陸兩零耗羨銀
壹百捌拾陸兩零實該解司正銀肆萬捌千肆
拾肆兩零耗羨銀叁千壹百柒拾兩零新收已
完解司正銀貳萬壹千肆百捌拾玖兩零外有
吳江婁縣武進叁縣溢完銀玖分零已完耗羨
銀壹千叁百伍拾肆兩零外有吳江青浦武進
叁縣溢完銀伍分零未完正銀貳萬陸千伍百
伍拾伍兩零耗羨銀壹千捌百壹拾伍兩零內
有江陰縣徐泗雷溝新寧等沙坍沒應除正耗
銀兩現催詳咨請豁外計未完正銀貳萬伍千
伍百叁拾伍兩零耗羨銀壹千柒百肆拾肆兩
零內除道光拾叁年秋被水災蠲剩并勘不成
災緩徵正銀捌千伍百柒拾捌兩零耗羨銀陸
百兩零業經詳請
題明於道光拾肆年秋成後起分年帶徵外實未
完熟田正銀壹萬陸千玖百伍拾柒兩零耗羨
銀壹千壹百肆拾肆兩零造具
奏銷職名清冊詳
題前來臣覆核無異除冊送部外謹題請
旨

江蘇巡撫林則徐題本　**題報江寧等府州道光十三年壓徵上年蘆課錢糧除動存各數**

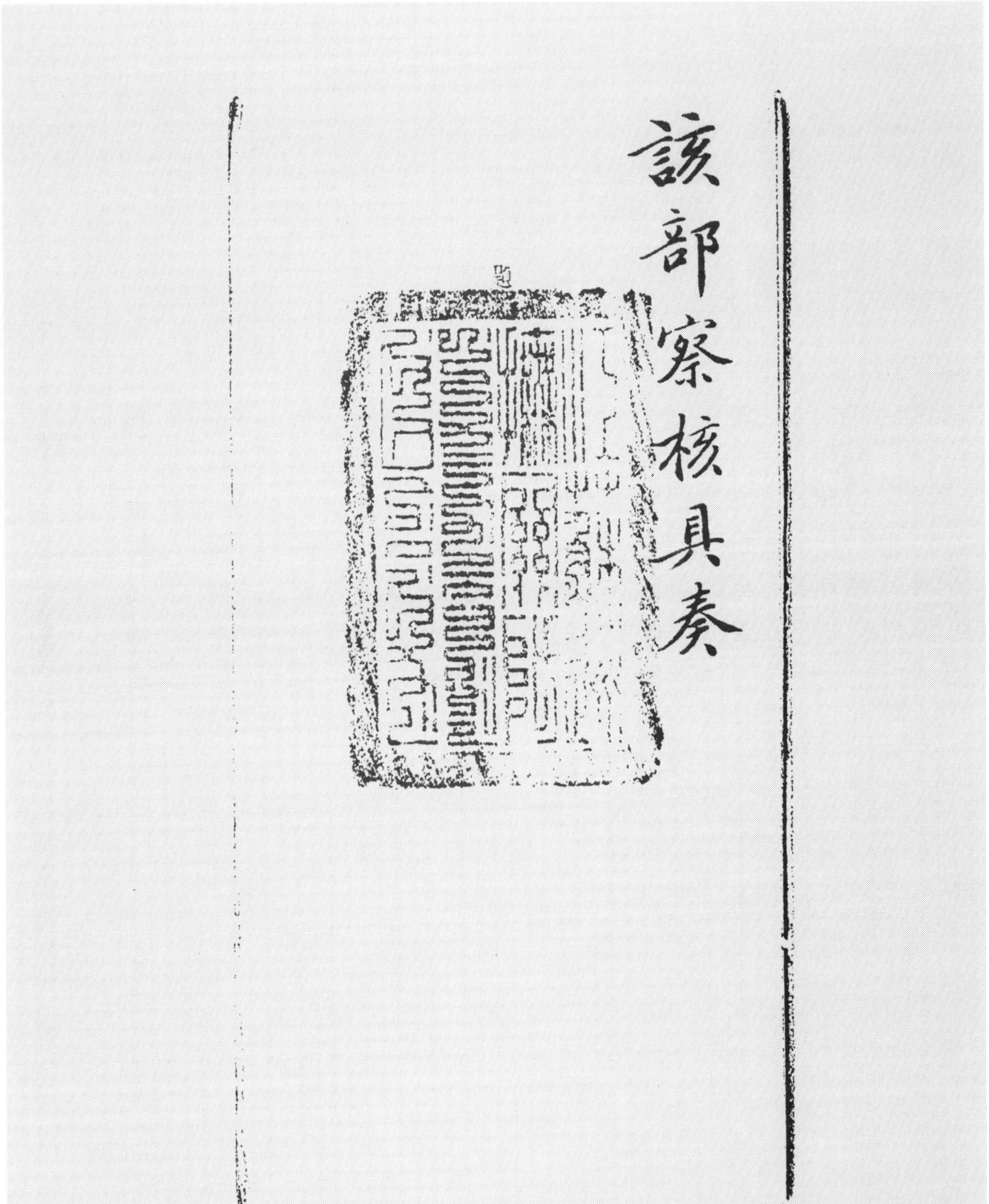
該部察核具奏

兵部侍郎兼都察院右副都御史巡撫江蘇等處地方提督軍務總理糧儲臣林則徐謹

題爲奏銷蘆課銀兩事。據江寧布政使楊簧詳稱：

竊照蘆課錢糧例應壓年徵收造册

奏銷，其耗羨銀兩亦應隨同正項錢糧統計分數

分晰聲叙一疏具

題。所有江寧淮安揚州通州肆府州屬并海州海

門同知道光拾叁年壓徵拾貳年蘆課錢糧，應

徵舊管原額并轉則陞增除減共該課銀壹拾

壹萬柒千捌拾叁兩陸錢叁釐，耗羨銀壹萬壹

千陸百伍拾柒兩伍錢捌分伍釐，内除上元江

浦六合江都儀徵伍縣該年秋被水災，按分緩

免正銀玖千伍百陸兩柒錢柒分貳釐，耗羨銀

玖百伍拾兩陸錢柒分柒釐肎應徵正銀壹拾
萬柒千伍百柒拾陸兩捌錢叁分壹釐耗羨銀
壹萬柒百陸兩玖錢捌釐内有上元江浦六合
江都儀徵伍縣編剩緩徵正銀貳萬壹千玖百
柒拾捌兩叁錢壹分貳釐耗羨銀貳千壹百玖
拾柒兩捌錢叁分壹釐又上元江寧句容江浦
阜寧伍縣勘不成災緩徵正銀叁千貳百叁拾
肆兩叁錢玖分貳釐耗羨銀叁百貳拾叁兩肆
錢叁分玖釐又阜寧江都貳縣上年災地毗連
今春二麥失收民情拮据
奏
請緩徵正銀伍千捌百伍拾陸兩肆錢叁分貳
釐耗羨銀伍百捌拾伍兩陸錢肆分叁釐又儀

徵縣章字號變轉高田現完密蘆課銀應行緩
徵正銀米兩米錢米分壹釐耗羨銀米錢米分
米釐實應徵熟田正銀米萬陸千肆百玖拾玖
兩玖錢貳分肆釐耗羨銀米千伍百玖拾玖兩
貳錢壹分捌釐今催據各屬徵解司庫並徑解
江巡道熟田共正銀陸萬捌千伍百貳拾肆兩
陸錢玖分又江都縣溢完銀壹分伍釐海門廳
溢完銀玖釐又於未經被災之先江浦六合江
都儀徵肆縣預完司道端剩緩徵正銀壹千伍
百米兩貳錢共完正銀米萬叁拾壹兩玖錢壹
分肆釐內徑解江巡道端缺黃快丁熟田銀陸
百陸拾玖兩壹錢陸分陸釐預完端剩緩徵銀

柒百壹拾玖兩壹錢陸分叁釐統歸該道衙門
本案登報外其餘解司銀陸萬捌千陸百肆拾
叁兩伍錢捌分伍釐內動撥江寧織造移支先
後派辦紅紬駕衣加綫紡絲紬緞紗正額
制帛料工旱運脚費養匠新疆備用緞紬派織緞
疋料工價員運銅水脚加增運費江寧城守營
辦造鐵子火藥工價辦硝委員硝斤價脚江都
縣修築運河堤埂土方夫工海州裁餉商船准
銷工料及江寧府屬春賞口糧賑濟貧生共用
銀伍萬叁千壹百柒拾叁兩玖錢柒分捌釐統
歸各本案造報核銷存候撥用銀壹萬伍千肆
百陸拾玖兩陸錢柒釐內有江都縣溢完銀壹

分伍釐海門廳溢完銀玖釐耗羨項下已完銀
陸千捌百陸兩柒錢捌分柒釐外高淳縣溢完
銀壹分伍釐江都縣溢完銀壹釐海門廳溢完
銀壹釐又江浦六台江都參縣預完蠲剩緩徵
銀壹百伍拾兩柒錢壹分玖釐內造入道光拾
參年耗羨報銷新收項下報部銀參千壹百伍
拾參兩參錢貳分外有高淳縣溢完銀壹分伍
釐存俟造入道光拾肆年耗羨報銷新收項下
報部銀參千捌百肆兩壹錢捌分陸釐外有江
都縣溢完銀壹釐海門廳溢完銀壹釐統計未
完正雜銀參萬柒千伍百肆拾肆兩玖錢肆分壹
釐耗羨銀參千柒百肆拾玖兩肆錢貳釐內除

通州坍江候銷正銀壹千捌拾壹兩肆錢柒釐
耗羨銀壹百捌兩壹錢肆分又通州陳映臺案
註除正銀捌拾肆兩肆錢肆分貳釐耗羨銀捌
兩肆錢肆分肆釐又中正場吳朝棟京控案內
註除正銀玖分陸釐耗羨銀玖釐俟取造冊結
詳咨奉准部覆另行減額造報又上元江寧句
容江浦六合阜寧江都儀徵等縣輪剩及勘不
成災二麥失收阜字號變轉高田共應緩徵正
銀貳萬玖千伍百陸拾玖兩柒錢柒釐內解司
銀貳萬柒千玖百叁拾捌兩壹錢壹分伍釐解
道銀壹千陸百叁拾壹兩伍錢玖分貳釐耗羨
銀貳千玖百伍拾陸兩玖錢柒分壹釐前項緩

徵銀兩業準先後

題明

奏請緩至道光拾肆年秋成後按限起徵應俟加

滿停徵日期另行補報考成實計未完熟田正

銀陸千捌百玖兩貳錢捌分玖釐耗羨銀陸百

柒拾伍兩捌錢叁分捌釐相應造具完欠分數

職名清冊詳送具

題再巡撫督催分數於分設藩司案內議定由蘇

州藩司核結造報其奏銷例限遵照撫藩不同

城之例展限壹月於陸月內詳

題令道光拾叁年壓徵拾貳年奏銷係於限內出

詳合並聲明等情據此該臣查得徵收蘆課錢

糧例應按年
奏銷其隨徵耗羨銀兩亦應隨同正項錢糧統計
分數一疏具
題今據江寧布政使楊簣詳稱江寧淮安揚州通
州肆府州屬并海州海門同知道光拾叁年壓
徵拾貳年分蘆課錢糧應徵舊管原額并轉則
陞增除減共該課銀壹拾壹萬柒千捌拾叁兩
零耗羨銀壹萬壹千陸百伍拾柒兩零內除上
元江浦六合江都儀徵伍縣該年秋被水災按
分蠲免正銀玖千伍百陸兩零耗羨銀玖百伍
拾兩零實應徵正銀壹拾萬柒千伍百柒拾陸
兩零耗羨銀壹萬柒百陸兩零內有上元江浦

六合江都儀徵伍縣蠲剩緩徵正銀貳萬壹千
玖百柒拾捌兩零耗羨銀肆千壹百玖拾柒兩
零又上元江寧句容江浦阜寧伍縣勘不成災
緩徵正銀叁千貳百叁拾肆兩零耗羨銀叁百
貳拾叁兩零又阜寧江都貳縣上年災地毗連
今春二麥失收民情拮据
奏
請緩徵正銀伍千捌百伍拾陸兩零耗羨銀伍
百捌拾伍兩零又儀徵縣章字號變轉高田緩
徵正銀柒兩零耗羨銀柒錢零實應徵熟田正
銀柒萬陸千肆百玖拾玖兩零耗羨銀柒千伍
百玖拾玖兩零催據各屬解司並摺解江巡道
正銀陸萬捌千伍百貳拾肆兩零又江都縣溢

完銀壹分零海門廳溢完銀玖釐又於未經被
災之先江浦六合江都儀徵肆縣循完司道攤
剩緩徵正銀壹千伍百柒兩零共完正銀半萬
叁拾壹兩零耗羨項下已完銀陸千捌百陸兩
零外高淳縣溢完銀壹分零江都縣溢完銀壹
釐海門廳溢完銀壹釐又江浦六合江都叁縣
循完攤剩緩徵銀壹百伍拾兩零統計未完正
銀叁萬柒千伍百肆拾肆兩零耗羨銀叁千柒
百肆拾玖兩零內除通州坍江候豁正銀壹千
捌拾壹兩零耗羨銀壹百捌兩零通州陳映臺
案註除正銀捌拾肆兩零耗羨銀捌兩零中正
揚吳朝棟京控案內註除正銀玖分零耗羨銀

玖蘆俟取造冊結詳咨奉准部覆再行減額造
報又上元江寧句容江浦六合阜寧江都儀徵
等縣鹹剩及勘不成災二麥先收章字號變轉
高田共應緩徵正銀貳萬玖千伍百陸拾玖兩
零耗羨銀貳千玖百伍拾陸兩零應俟扣滿停
徵日期另行補報考成實計未完熟田正銀陸
千捌百玖兩零耗羨銀陸百柒拾伍兩零造具
完欠分數職名清冊詳送具
題并聲明巡撫督催分數於分設藩司案內議定
由蘇州藩司核結造報其奏銷限期遵照撫藩
不同城之例展限壹月於陸月內詳
題今道光拾叁年壓徵拾貳年奏銷係於限內出

江蘇巡撫林則徐題本　題報江寧等府州道光十三年壓徵上年蘆課錢糧除動存各數　道光十四年九月二十日

詳等情前來臣覆核無異除兩送部查核外相
應循例具
題伏乞
皇上聖鑒勅部議覆施行謹題請
旨

道光……地方提督軍務兼理糧餉臣林則徐

兵部侍郎兼都察院右副都御史巡撫江蘇等處地方提督軍務總理糧儲臣林則徐謹
題爲奏銷蘆課銀兩事該臣查得徵收蘆課錢糧
例應按年
奏銷其隨徵耗羨銀兩亦應隨同正項錢糧統計
分數一疏具
題今據江寧布政使楊簧詳稱江寧淮安揚州通
州肆府州幷海州海門廳道光拾叁年壓徵拾
貳年分蘆課錢糧應徵舊管原額幷轉則陞增
除減共該課銀壹拾壹萬柒千捌拾叁兩零耗
羨銀壹萬壹千陸百伍拾柒兩零內除上元江
浦六合江都儀徵伍縣該年秋被水災按分蠲
免正銀玖千伍百陸兩零耗羨銀玖百伍拾兩
零實應徵正銀壹拾萬柒千伍百柒拾陸兩零
耗羨銀壹萬柒百陸兩零內有上元江浦六合
江都儀徵伍縣蠲剩緩徵正銀貳萬壹千玖百
柒拾捌兩零耗羨銀貳千壹百玖拾柒兩零又
上元江寧句容江浦阜寧伍縣勘不成災緩徵
正銀叁千貳百叁拾肆兩零耗羨銀叁百貳拾
叁兩零又阜寧江都貳縣上年災地毗連今春
二麥失收民情拮据請緩正銀伍千捌百伍拾
陸兩零耗羨銀伍百捌拾伍兩零又儀徵縣章
字號變轉高田應緩正銀柒兩零耗羨銀柒錢
零實應徵熟田正銀柒萬陸千肆百玖拾玖兩
零耗羨銀柒千伍百玖拾玖兩零催據各屬解

司並徑解江巡道正銀陸萬捌千伍百貳拾肆
兩零又江都縣溢完銀壹分零海門廳溢完銀
玖釐耗羨項下已完銀陸千捌百陸兩零外高
淳縣溢完銀壹分零江都縣溢完銀壹釐海門
廳溢完銀壹釐又通州坍江候豁正銀壹千捌
拾壹兩零耗羨銀壹百捌兩零通州陳映臺案
註除正銀捌拾肆兩零耗羨銀捌兩零中正場
吳朝棟京控案內註除正銀玖分零耗羨銀玖
釐實未完熟田正銀陸千捌百玖兩零耗羨銀
陸百柒拾伍兩零造具完欠分數職名清冊詳
題前來臣覆核無異除冊送部外謹題請
旨

兩江總督陶澍江蘇巡撫林則徐奏摺

睢寧縣護城堤河圈橋等工坍塌淤墊請動項挑修

兩江總督陶澍江蘇巡撫林則徐奏摺　睢寧縣護城堤河圈橋等工坍塌淤墊請動項挑修

道光十四年九月二十四日

兩江總督臣陶澍
江蘇巡撫臣林則徐　跪

奏為睢寧縣護城堤河圈橋等工坍塌淤墊循案
動項挑修仰祈
聖鑒事竊照徐州府屬睢寧縣境逼近黃河地勢窪
下城垣之外建有護城堤一道攸關保衛城垣
年久坍塌殘缺又護城河一道係宣洩諸河之
水現在河身節節淤墊並有淤成平陸者其各
門圈橋亦俱塌卸均應分別挑修前據該縣詳
據紳民紛紛籲請修築當經批飭藩司委員署
邳州知州黃耀明會同該縣逐一查勘護城堤
工計長一千一百五十八丈五尺原築頂寬二
丈外高水面七尺作準裡高二丈三尺至四五

尺底寬九丈七尺至七八尺不等舊存堤土虛
鬆坍卸今應照舊幫填加用夯築再普築加高
收頂寬二丈底寬八丈一尺五寸至五丈七尺
五寸高一丈八尺至一丈二尺不等共估土五
萬一千六百二十一方九釐每方例價銀一錢
二分五釐外加夯築銀四分五釐合計每方銀
一錢七分共銀八千七百七十五兩五錢八分
五釐又護城河一道計長一千七十五丈七尺
五寸節節淤墊估挑口寬六丈六尺至四丈八
尺底寬三丈至二丈五尺深一丈一尺至八尺
不等共估淤土二萬二千一十方每方例價銀
一錢三分六釐共銀二千九百九十三兩三錢

六分瓦礫土二萬八百二十一方八分七釐每
方例價並加硪水銀一錢九分五釐共銀四千
六十兩二錢六分五釐又圈橋四座估需石料
夫工銀一千七兩六錢四分以上共估需銀一
萬六千八百三十六兩八錢五分經該管徐州
府武淩漢親詣覆勘實係刻不可緩之工加結
詳由徐州道王廷彥覆核並無浮冒由江寧藩
司楊簧籌款詳請具
奏前來臣等伏查前項堤河橋座為保衛城垣宣
洩積水要工既據委員會勘實因挑修年久圈
橋坍塌堤河殘缺淤墊自應趕緊修築以免雨
水過多倉庫廬舍致遭淹浸所有估需土方工

料等銀經該管府道遞加覆核無浮應即查照
上屆乾隆五十一年動項挑辦之案辦理合無
仰懇
聖恩俯准在於司庫節年地丁銀內照數動撥飭令
乘此農功事畢趕緊集夫挑辦兼使無業貧民
藉工傭趁餬口實與水利民生兩有裨益除俟
工竣委員核實驗收不任稍有偷減並飭取造
估計冊結另行詳
題外謹會同署江南河道總督臣麟慶恭摺具
奏伏乞
皇上聖鑒訓示謹
奏

另有旨

道光十四年九月 二十四 日

兩江總督陶澍江蘇巡撫林則徐奏片　委令姚瑩署理淮南監掣同知並請展限赴部

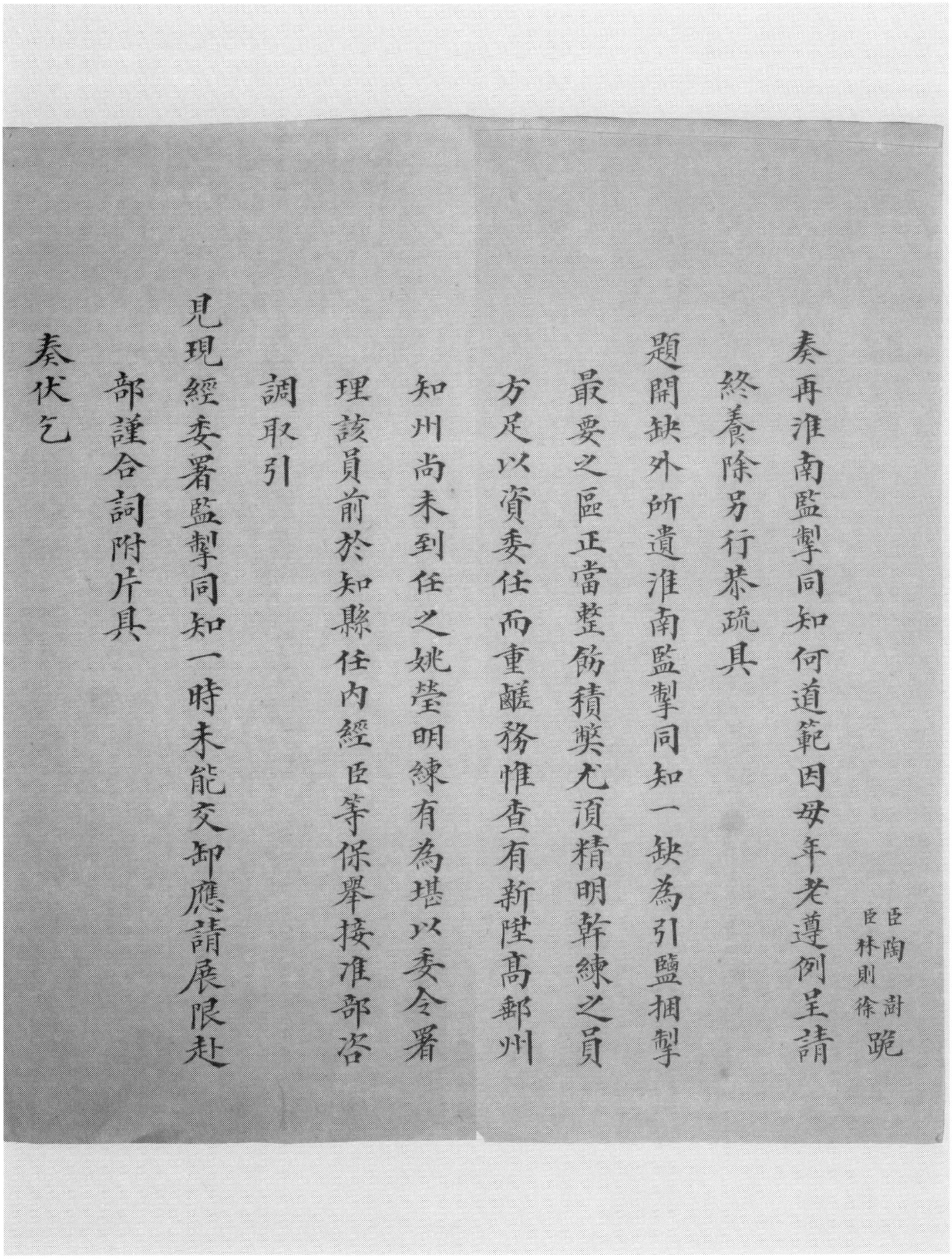

臣陶澍
臣林則徐　跪

奏再淮南監掣同知何道範因母年老遵例呈請
終養除另行恭疏具
題開缺外所遺淮南監掣同知一缺為引鹽捆掣
最要之區正當整飭積弊尤須精明幹練之員
方足以資委任而重鹺務惟查有新陞高郵州
知州尚未到任之姚瑩明練有為堪以委令署
理該員前於知縣任内經臣等保舉接准部咨
調取引
見現經委署監掣同知一時未能交卸應請展限赴
部謹合詞附片具
奏伏乞

兩江總督陶澍江蘇巡撫林則徐奏片　委令姚瑩署理淮南監掣同知並請展限赴部　道光十四年九月

兩江總督陶澍江蘇巡撫林則徐奏片 委令姚瑩署理淮南監掣同知並請展限赴部

道光十四年九月

江蘇巡撫林則徐題本　題報道光十三年夏季份江淮等地委署州縣職名

該部知道

題

兵部侍郎兼都察院右副都御史巡撫江蘇等處地方提督軍務總理糧儲臣林則徐謹

題爲詳請具

題事據江寧布政使楊簧詳稱案奉行准吏部咨各省委署丞倅等官及試用州縣委署員缺係暫時署理與實缺調署不同均無庸附摺具

奏令各該督撫按季恭疏具

題等因遵照在案今查道光拾叁年夏季分江淮等屬內有鹽城縣知縣孔昭杰降調遺缺詳委試用知縣王會淵署理又東臺縣知縣盧雲亭

大計參劾遺缺詳委揀發候補知縣孔昭顯署理各在案相應查明詳候會

題等情到臣據此該臣查得委署丞倅等官及試

用州縣委署員缺例應按季恭疏具
題所有道光拾叁年夏季分江淮等屬內有鹽城
縣知縣孔昭杰降調遺缺委試用知縣王會圖
署理又東臺縣知縣盧雲亭
大計糸劾遺缺委揀發候補知縣孔昭顯署理各
在案茲據江寧布政使楊黃查明詳請會
題前來謹會同兩江總督臣陶澍合詞具
題伏乞
皇上聖鑒勅部查照施行謹題請
旨

江蘇巡撫林則徐題本 題報道光十三年夏季份江淮等地委署州縣職名

道光十四年十月初二日

兵部侍郎兼都察院右副都御史巡撫江蘇等處地方提督軍務總理糧儲臣林則徐謹
題為詳請具
題事。該臣查得委署丞倅等官及試用州縣委署
員缺，例應按季[illegible]
題。所有[illegible]等屬內有鹽城
縣知縣[illegible]調[illegible]缺，[illegible]用知縣王會圖
署理。又[illegible]
大計參劾遺缺委揀發候補知縣孔昭顯署理，各
在案。茲據江寧布政使楊黄查明詳請會
題前來，謹會題請
旨。

道光[illegible]
[illegible]地方提督軍務總理糧儲臣林則徐

江蘇巡撫林則徐題本

題明署黎平府知府王應模親母在籍病故例應丁憂

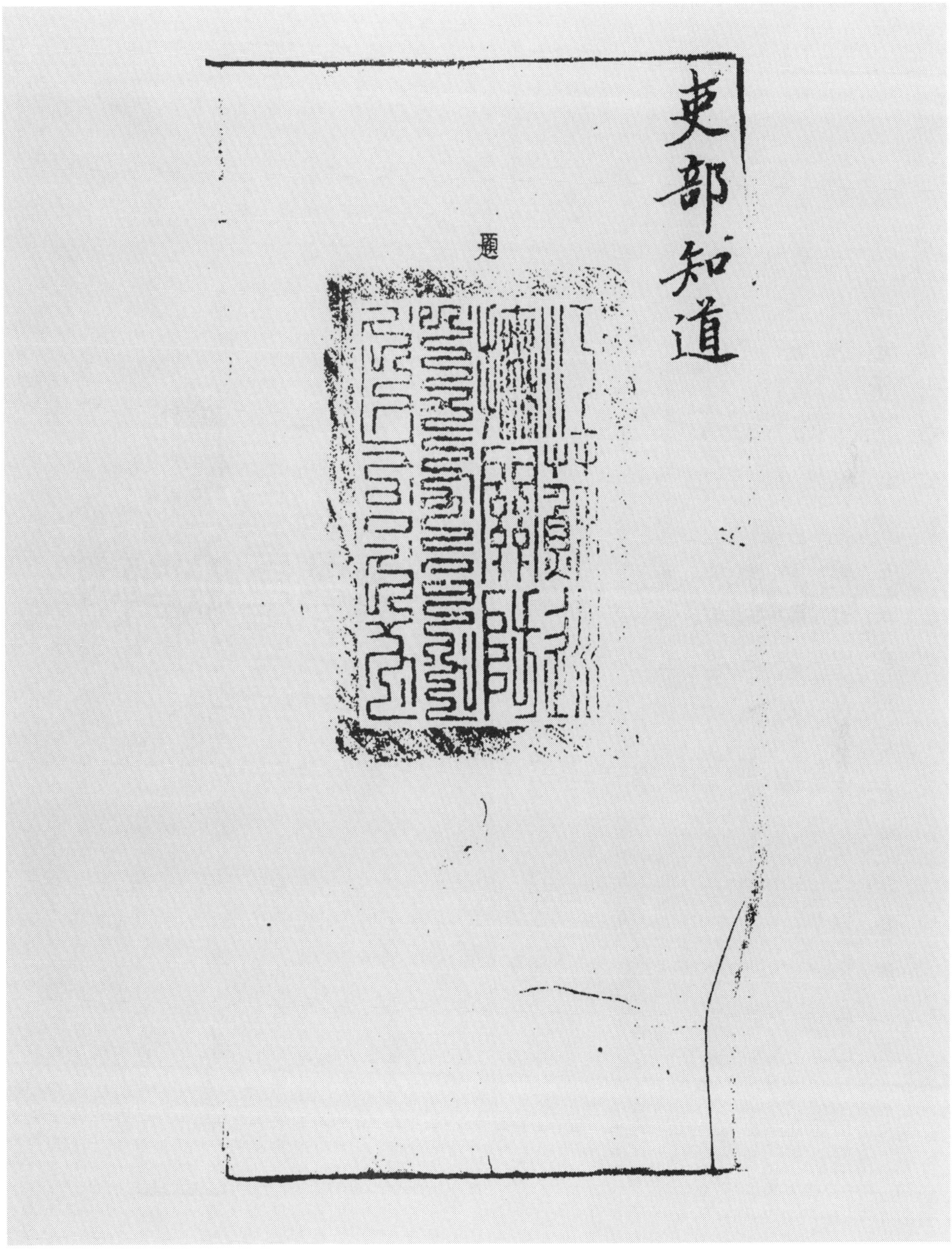

吏部知道

題

江蘇巡撫林則徐題本 題明署黎平府知府王應模親母在籍病故例應丁憂

道光十四年十月初二日

兵部侍郎兼都察院右副都御史巡撫江蘇等處地方提督軍務總理糧儲臣林則徐謹

題爲報明丁憂事據蘇州布政使陳鑾詳稱據署

蘇州府知府汪忠增申據吳江縣知縣時功栴

詳據家屬王升呈稱家長現任貴州都江通判

署理黎平府知府王應模係江蘇吳江縣民籍

由廩生知縣選授山東棲霞縣知縣遵豫東事

例捐陞同知選授湖北黃州府岐亭同知

大計卓異保薦候陞丁父憂回籍道光捌年柒月

服滿赴部引

見奉

旨王應模著發往貴州以同知用欽此借補都江通

判現署黎平府知府有親母周氏於道光拾肆

年捌月貳拾陸日在籍病故家長係親子例應
丁憂回籍守制備具族鄰甘結呈乞轉報等情
到縣報府申司據此相應詳候核
題等情到臣據此該臣查得貴州同知借補
都江通判現署黎平府知府王應模係江蘇吳
江縣人今有親母周氏於道光拾肆年捌月貳
拾陸日在籍病故該員係親子例應丁憂回籍
守制據蘇州布政使陳鑾取結詳報前來臣覆
查無異除結揭送吏部科暨貴州撫臣外臣謹
具
題伏乞
皇上聖鑒勅部查照施行謹具題

江蘇巡撫林則徐題本　題明署黎平府知府王應模親母在籍病故例應丁憂　道光十四年十月初二日

江蘇巡撫林則徐題本 題明署黎平府知府王應模親母在籍病故例應丁憂
道光十四年十月初二日

兵部侍郎兼都察院右副都御史巡撫江蘇等處地方提督軍務總理糧儲臣林則徐謹

題為報明丁憂事。該臣查得發往貴州同知借補都江通判現署黎平府知府王應模係江蘇吳江縣人，今有親母周氏於道光拾肆年捌月貳拾陸日在籍病故，該員係親子，例應丁憂回籍守制。據蘇州布政使陳鑾取結詳報前來，臣覆查無異，除結揭送吏部科暨貴州撫臣外，謹具

題

聞

江蘇巡撫林則徐題本

題參蕭縣知縣趙毓丹等疎防竊案限滿贓犯無獲

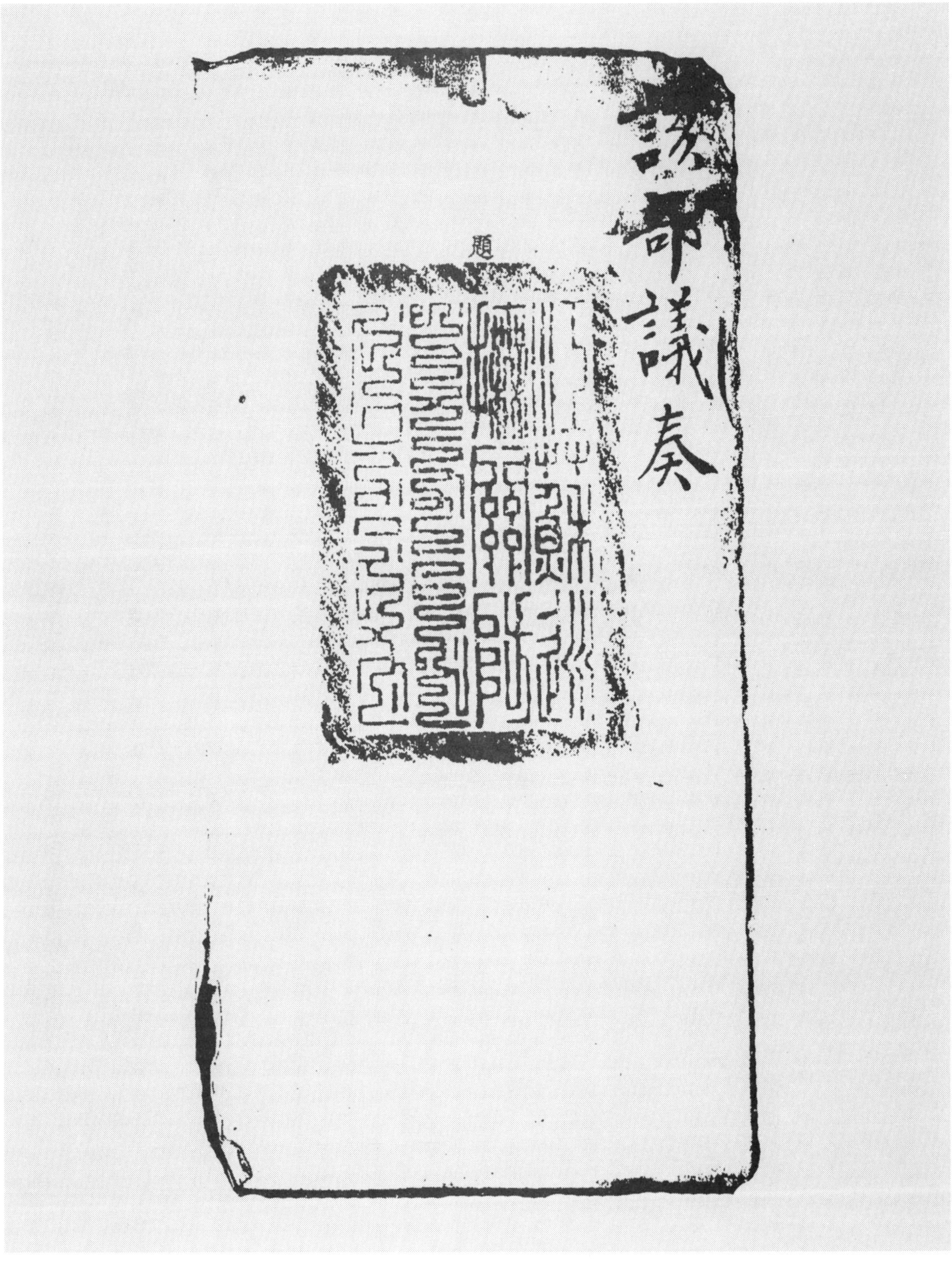

兵部侍郎兼都察院右副都御史巡撫江蘇等處地方提督軍務總理糧儲臣林則徐謹
題爲詳參疎防文職事據署江蘇按察使怡良詳
稱據徐州府知府武凌漢詳據署蕭縣知縣朱
慕壽詳稱查接管卷内道光拾叁年拾壹月貳
拾陸日據地保張本昇報據民人王俊投稱貳
拾伍日貳更時分伊家被匪搶去驢頭衣物並
將伊父王礼方拒傷等情往查屬實報候勘緝
等情到縣經前縣趙毓丹會營詣勘被搶情形
提訊事主人等供與報詞相同飭仵驗得王礼
方偏右木器傷壹處左腮頰因敷藥未便揭驗
估贓價銀叁兩捌錢捌分取結附卷正在具詳
間又據事主王俊呈稱身家被搶壹案訪係王

興傳曾於拾月初肆日誣指身父買贓將父鎖
去旋有夥黨色三等向父詐錢未遂以致毆搶
呈求提訊等情飭提王興傳等未到當先錄供
通詳蒙批飭緝前縣趙毓丹卸事卑職朱恭壽
到任勒提王興傳等無獲查此案是否王興傳
等挾嫌毆搶出自事主訪聞之詞並未獲犯訊
有確供難以遽定現在疏防限屆自應仍行開
參合將卯捕職名開報等情由府開列督捕督
緝職名到司並准巡道移送兼轄職名前來除
飭勒緝贓匪并王興傳等務獲究報外該署江
蘇按察使怡良查得蕭縣事主王俊具報被搶
拒傷伊父王祁方壹案疏防例限肆箇月應以

道光拾叁年拾壹月貳拾伍失事之日起扣至
拾肆年叁月貳拾伍日屆滿贓匪無獲所有文
職疎防職名印官係蕭縣知縣趙毓丹捕官係
蕭縣典史陳國柱督捕係不同城銅沛同知崔
志元督緝係不同城徐州府知府武凌漢兼轄
係不同城前徐州道李國瑞再印官趙毓丹已
於拾肆年叁月初壹日未經限滿之先調署揚
州府同知卸事該署縣朱恭壽是日到任接緝
應俟趙毓丹回任扣滿及朱恭壽接緝限滿另
行詳參兼轄道李國瑞亦於拾肆年貳月初玖
日調任淮揚道卸事不復回任應請議結現署
道王廷彥係接任之員例無處分相應聲明開

報伏候核㕘至此案事主傷痕曾否平復及失
事處所離城離汛若干里有無墩鋪防兵現飭
查明另詳合并聲明等情到臣據此該臣查得
蕭縣事主王俊具報被搶拒傷伊父王祀方壹
案疏防例限肆箇月應以道光拾叁年拾壹月
貳拾伍失事之日起扣至拾肆年叁月貳拾伍
日屆滿贓匪無獲開列疏防職名請㕘前來除
飭勒緝贓匪并王興傳等務獲究報外所有文
職疏防職名印官係蕭縣知縣趙毓丹捕官係
蕭縣典史陳國柱督捕係不同城銅沛同知崔
志元督緝係不同城徐州府知府武凌漢兼轄
係不同城前徐州道李國瑞再印官趙毓丹已

於拾肆年叁月初壹日未經限滿之先調署揚
州府同知卸事該署縣朱恭壽是日到任接緝
應俟趙毓丹回任扣滿及朱恭壽接緝限滿另
行咨參兼轄道李國瑞亦於拾肆年貳月初玖
日調任淮揚道卸事不復回任應行議結現署
道王廷彥係接任之員例無處分相應聲明列
參至此案事主傷痕曾否平復及失事處所離
城離汛若干里有無派鋪防兵現飭查明另咨
台並陳明臣謹具
題伏乞
皇上聖鑒勅部議覆施行謹題請
旨

江蘇巡撫林則徐題本　題參蕭縣知縣趙毓丹等疏防竊案限滿贓犯無獲

道光十四年十月初二日

道光……地方提督軍務總理糧儲臣林則徐

兵部侍郎兼都察院右副都御史巡撫江蘇等處地方提督軍務總理糧儲臣林則徐謹

題爲詳參疏防文職事。該臣查得蕭縣事主王俊具報被搶拒傷伊父王禮一案，疏防例限肆箇月，應以道光拾叁年拾壹月貳拾伍失事之日起，扣至拾肆年叁月貳拾伍日屆滿，贓匪無獲，開列疏防職名，請參前來。除飭勒緝贓匪并王與傳等務獲究報外，所有文職疏防職名，印官係蕭縣知縣趙毓丹，捕官係蕭縣典史陳國柱，督捕係不同城銅沛同知崔志元，督緝係不同城徐州府知府武凌漢，兼轄係不同城前徐州道李國瑞，相應列參，謹題請

旨

江蘇巡撫林則徐題本

題參震澤縣知縣劉榮桂等疎防行舟被劫限滿贓犯無獲

劉榮桂等著議處具奏該衙
知道

江蘇巡撫林則徐題本　題參震澤縣知縣劉榮桂等疏防行舟被劫限滿贓犯無獲

道光十四年十月初二日

兵部侍郎兼都察院右副都御史巡撫江蘇等處地方提督軍務總理糧儲臣林則徐謹
題爲詳叅疏防文職事據署江蘇按察使怡良詳
據蘇州府知府沈兆澐詳據震澤縣知縣劉榮
桂詳稱道光拾肆年貳月初伍日據句容縣民
周錦川稟稱伊在蘇州雇坐莊船赴浙買靛於
貳月初肆日夜船至縣境瀾溪河任家浜外被
盜進艙持刀嚇禁刼去銀洋衣物船户周泳和
等向阻均被拒傷報候勘緝等情到縣據即會
營前詣失事處所勘得瀾溪河係東西往來大
道南係吳江縣境三字圩北係震澤所轄奏字
圩與任家浜相近河面約寬拾餘丈兩岸並無
居民房舍勘畢提訊事主圩甲人等供與報詞

無異飭仵驗得船戶周泳和額顱金刃帶傷壹
處皮破血污周大觀偏左金刃帶傷壹處皮開
血污左後肋竹器傷壹處浮腫青色沈桂德左
額角竹器傷壹處皮破血結填單附卷撥醫調
治飭牙估計失贓值銀玖百肆拾貳兩叁錢叁
分取結造冊錄供通詳奉批飭叅在案茲查疎
防限屆贓盜無獲合將印捕職名開報等情由
府開列督捕督緝職名到司除飭勒緝贓盜務
獲究報並移取兼轄職名另詳外該署江蘇按
察使怡良查得震澤縣事主周錦川行舟被劫
拒傷船戶周泳和等壹案疎防例限肆箇月應
以道光拾肆年貳月初肆失事之日起扣至陸

月初肆日屆滿贓盜無獲所有文職疏防職名
印官係震澤縣知縣劉榮桂捕官係前署震澤
縣震澤司巡檢沈世椿督捕係不同城蘇州府
總捕同知榮匯督緝係不同城蘇州府知府沈
兆雲查捕官沈世椿已於貳月貳拾肆日未經
限滿之先卸事係署事人員不復回任應請議
結現任巡檢張祖誠是日到任應俟接緝限滿
另行詳叅相應聲明伏候核叅再此案失事處
所離城捌拾里離汛拾捌里並無墩鋪防兵至
船戶周泳和等傷痕曾否平復現飭查明另詳
核辦合并聲明等情到臣據此該臣查得震澤
縣事主周錦川行舟被劫拒傷船戶周泳和等

壹案疎防例限肆箇月應以道光拾肆年貳月
初肆失事之日起扣至陸月初肆日屆滿贓盜
無獲開列疎防職名請參前來除飭勒緝贓盜
務獲究報並飭移取兼轄職名另咨外所有文
職疎防職名印官係震澤縣知縣劉榮桂捕官
係前署震澤縣震澤司巡檢沈世椿督捕係不
同城蘇州府總捕同知榮匯督緝係不同城蘇
州府知府沈兆澐查捕官沈世椿已於貳月貳
拾肆日未經限滿之先卸事係署事人員不復
回任應行議結現任巡檢張祖誠是日到任應
俟接緝限滿另行咨參相應聲明列參再此案
失事處所離城捌拾里離汛拾捌里並無墩鋪

防兵至船戶周泳和等傷痕曾否平復現飭查明另詳核辦合並陳明臣謹具

題伏乞

皇上聖鑒敕部議覆施行謹題請

旨

道光十四年十月初二日兵部右侍郎兼都察院右副都御史巡撫江蘇等處地方提督軍務總理糧儲臣林則徐

兵部侍郎兼都察院右副都御史巡撫江蘇等處地方提督軍務總理糧儲臣林則徐謹

題

爲詳參疎防文職事該臣查得震澤縣事主周錦川行舟被刦拒傷船户周泳和等壹案疎防例限肆箇月應以道光拾肆年貳月初肆失事之日起扣至陸月初肆日届滿贓盜無獲開列疎防職名請參前來除飭勒緝贓盜務獲究報並飭移取兼轄職名另咨外所有文職疎防職名印官係震澤縣知縣劉榮桂捕官係前署震澤縣震澤司巡檢沈世椿督捕係不同城蘇州府總捕同知榮匯督緝係不同城蘇州府知府沈兆澐相應列參謹題請

旨

江蘇巡撫林則徐題本　**題明丹徒縣田畝被潮請自道光十三年始豁減地丁錢糧**（首缺）

委各員層層覆勘明確委無捏冒所有前項應
減田畝除照現減科則徵輸外其實減銀米應
請即從道光拾叁年爲始照數豁減並請查照
原報坍荒之例將所減折色另於地丁漕項款
內扣蠲本色米石於南廣揚倉行月米款內扣
蠲以省各案撥補之繁其應扣地丁漕項銀米
請照數扣蠲並請先行註銷以免賠累至道光
拾貳年以前錢糧照例俟准減額糧之日查明
除完實欠確數另行取造冊結請豁相應轉造
應減銀米并分扣地漕細數款冊加具保結同
送到各冊結圖一并詳送具
題豁減等情前來臣覆核無異除冊結圖送部查

核外謹會同兩江總督臣陶澍署漕運總督臣
恩銘合詞具
題伏乞
皇上聖鑒勅部核覆施行謹題請
旨

道光拾肆年[illegible]地方提督軍務兼理糧儲臣林則徐

兵部侍郎兼都察院右副都御史巡撫江蘇等處地方提督軍務總理糧儲臣林則徐謹
題爲清查陞除等事竊臣查得各屬坍荒減則田
地例應隨時確勘詳請委員履勘具結由該管
道府覆勘加結由司詳請
題豁茲據蘇州布政使陳鑾詳稱丹徒縣業戶朱
麗叢等呈報戶屬拾區拾都柒捌拾圖沙潮田
畝坐落圖山東北偏近海口被潮湧漫不能播
種以致春麥秋禾無收請循例改則佈蘆陸頃
玖拾捌畝零原科正銀玖拾陸兩零米壹百陸
石零遇閏加編銀壹兩零米肆升零今改則佈
蘆應徵正銀肆拾捌兩零米伍拾叁石零遇閏
加編銀陸錢零米貳升零既據該管道府及印
委各員層層覆勘明確委無捏冒所有前項應
減田畝除照現減科則徵輸外其實減銀米應
請即從道光拾叁年爲始照數豁減並請查照
原報坍荒之例將所減折色另於地丁漕項款
內扣編本色米石於南糧揚倉行月米款內扣
編以省各案撥補之繁其應扣地丁漕項銀米
請照數扣編並請先行註緩以免賠累至道光
拾貳年以前錢糧照例俟准減額糧之日查明
除完實欠確數另行取造冊結請豁相應轉造
應減銀米并分扣地漕細數款冊加具保結同
送到各冊結圖一并詳送具
題
豁減等情前來臣覆核無異除冊結圖送部查
核外謹會題請
旨

江蘇巡撫林則徐題本　審明江都縣民丁學禮傷斃伊妻丁史氏擬絞監候

三法司核擬具奏

題

江蘇巡撫林則徐題本 審明江都縣民丁學禮傷斃伊妻丁史氏擬絞監候

道光十四年十月初二日

兵部侍郎兼都察院右副都御史巡撫江蘇等處地方提督軍務總理糧儲臣林則徐謹
題爲報驗事據署江蘇按察使怡良詳據揚州府
知府滁益詳據江都縣知縣鄭祖經詳稱道光
拾肆年貳月初柒日據地保劉百萬稟據民人
丁學禮投稱伊妻丁史氏於初伍日與許幗與
同行不知因何死在土地廟前等語身往查明
丁史氏素與許幗與有姦是日路遇同行走至
冷有餘田邊丁史氏遇見丁學禮肩錢走至令
其贖當口角丁學禮將丁史氏推跌丁學禮亦
被帶跌撲壓致左膝跪傷丁史氏身死理合報
驗等情到縣隨帶吏仵前詣屍所勘得丁史氏
屍身仰臥該村土地祠前東首半里許有冷有

餘田畝據許幗興指稱丁學礼與丁史氏扭跌
係在伊有餘田邊通行路上勘畢如法相驗據
仵作常洪喝報已死丁史氏問年叁拾陸歲驗
得仰面致命額顱左擦傷壹處紅色皮破不成
分寸右脇膝跪傷壹處量圍圓柒寸陸分青色
血暈合面穀道糞出餘無故委係受傷身死報
畢親驗無異填格取結屍飭棺殮隨訊據地保
劉百萬供與報詞同據地主伊有餘供小的與
許幗興丁學礼素識丁學礼縱容他女人丁史
氏與許幗興通姦小的曉得的道光拾肆年貳
月初五日傍晚丁史氏路過小的田邊撞見他
丈夫丁學礼有錢走至因叫丁學礼贖當不肯

一

口角揪扭一同跌地丁學礼跪傷丁史氏右脇
當時把丁史氏背回走到廟前丁史氏因傷身
死丁學礼棄屍逃回小的聞知地保報案就來
候驗的是實據見證劉三九子供小的與丁學
礼許幗興認識丁學礼女人丁史氏與許幗興
通姦丁學礼知情縱容同居度日小的知道的
道光拾肆年貳月初伍日傍晚小的路過冷有
餘田旁見丁學礼與他女人丁史氏扭結一同
跌地丁學礼跪傷丁史氏右脇小的趕上拉勸
許幗興已把丁學礼拉起問因丁史氏要丁學
礼贖當起釁丁學礼斥罵許幗興不應慫恿他
女人逼鬧許幗興不依爭吵小的把許幗興拉

走後來丁學禮怎樣把丁史氏背回走到土地
廟前丁史氏傷重身死棄屍逃回小的不知道
是實據姦夫許憫與供句容縣人年貳拾捌歲
向在江都地方傭趁度日與丁學禮交好往來
他妻子丁史氏見面不避道光拾壹年不記月
日小的到丁學禮家閒談適丁學禮外出就與
丁史氏調戲成姦後來遇便續姦被丁學禮查
知不依小的許他貲助丁學禮貪利縱容小的
就到他家同住陸續給過錢物不記確數拾肆
年正月丁學禮將丁史氏衣服當錢未贖貳月
初伍日傍晚小的傭工回歸適丁史氏探親走
回與小的路遇同行走到冷有餘田邊撞見丁

學礼有錢伍百文走來丁史氏叫丁學礼將錢
贖衣丁學礼不允說要小的代贖丁史氏說小
的現在沒錢衣服急等要穿逼令取贖彼此口
角丁學礼當欲走脫丁史氏趕攏把他胷衣扭
住丁學礼用手向推丁史氏站立不穩仰跌倒
地丁學礼也被帶跌撲壓丁史氏身上踫傷丁
史氏右脇小的忙將丁學礼拉起有素識的劉
三九子路過查問小的告知情由丁學礼斥罵
小的慫憑他女人逼鬧小的不依爭吵劉三九
子把小的拉走後來丁學礼見丁史氏傷重背
到土地廟前身死棄屍逃回那夜小的沒有到
丁學礼家住宿並不知道是實據凶犯丁學礼

一

吳江都縣人年叁拾貳歲父母俱故並沒弟兄
一史氏是妻子平日和睦沒生子女他母家已
沒親屬小的幫撐木簰營生與許㭊與交好往
來妻子見面不避道光拾壹年間許㭊與乘小
的外出與妻子調戲成姦小的查知不依許㭊
與應許資助錢文小的貪利縱容許㭊與就到
小的家同住陸續給過錢物不記確數拾肆年
正月小的將妻子綿襖當錢使用貳月初伍日
傍晚小的肩錢伍百文路過[illegible]有[illegible][illegible][illegible]妻
子與許㭊與一同走來妻子要小的將錢贖當
小的不允說要許㭊與代贖妻子說許㭊與現
在沒錢衣服急等要穿逼令小的取贖彼此口

胷小的當欲走脫妻子趕攏扭住小的胷衣小的用手向推妻子站立不穩仰跌倒地小的也被帶跌撲壓妻子身上掙扎爬起致左膝跪傷他右脇經許幗與拉起有劉三九子路過查問小的心疑許幗與慫慂妻子索鬧向他斥駡許幗與不依爭吵劉三九子把他拉走妻子在地滚喊擦傷額顱小的見妻子傷重把他背回不料走到土地廟前妻子就因傷身死小的棄屍回家次早只說妻子與許幗與同行不知因何死在廟前投保具報的小的實因被妻子扭住胷衣向推帶跌跪傷身死並非有心欲殺也沒起釁別故是實各等供據此將犯收禁錄供通

江蘇巡撫林則徐題本　審明江都縣民丁學禮傷斃伊妻丁史氏擬絞監候
道光十四年十月初二日

詳奉批飭審擬提犯證覆訊各供與前審無異
不敘外該江都縣知縣鄭祖經審看得丁學禮
毆傷伊妻丁史氏身死壹案緣丁學禮籍隸江
都娶妻史氏素相和睦有向容縣人許幗與向
在江都傭趁與丁學禮交好往來丁史氏見面
不避道光拾壹年不記月日許幗與至丁學禮
家閒談適丁學禮外出遂與丁史氏調戲成姦
後非一次迨丁學禮查知因貪許幗與資助縱
容許幗與仍在丁學禮家同住陸續給過錢物
不記確數拾肆年正月丁學禮將丁史氏棉襖
當錢使用貳月初伍日傍晚丁史氏探親回歸
路遇許幗與同行走至冷有餘田邊撞見丁學

江蘇巡撫林則徐題本　審明江都縣民丁學禮傷斃伊妻丁史氏擬絞監候

道光十四年十月初二日

礼肩錢伍百文走至丁史氏即令將錢贖衣丁學礼不允欲令許幗興代贖丁史氏以許幗興現在無錢衣服急需穿用逼令取贖致相口角丁學礼當欲走脫丁史氏趕攏將其背衣扭住丁學礼用手向推丁史氏站立不穩仰跌倒地丁學礼亦被帶跌撲壓丁史氏身上掙扎欲起致左膝蹠傷丁史氏右脇當經許幗興拉起時有劉三九子經過查問丁學礼心疑許幗興慫慂伊妻向鬧遷怒斥罵許幗興不依爭吵劉三九子將許幗興拉走丁史氏在地滾喊擦傷額顱丁學礼見其傷重當時背回行至該處土地廟前詎丁史氏因傷殞命丁學礼棄屍回家次

早即以伊妻與許幗與同行不知因何死在廟
前告混没保經地保查明報縣驗訊通詳奉批
飭審遵復提犯研鞫據供前情不諱究非有心
欲殺亦無起釁别故案無遁飾查律載夫毆妻
至死者絞監候又縱容妻與人通姦本夫姦夫
姦婦各杖玖拾等語此案丁學禮因妻丁史氏
逼令贖當口角被扭向推一同跌地該犯掙扎
欲起致膝蓋跪傷丁史氏右脇身死應按律問
擬丁學禮除縱妻犯姦輕罪不議外合依夫毆
妻至死者絞律擬絞監候據供係屬獨子應行
承祀是否屬實俟秋審時查明取結辦理許幗
與與丁史氏通姦係本夫貪利縱容應照縱妻

與人通姦姦夫杖玖拾律杖玖拾折責遞籍丁
史氏與許幗興通姦本干律擬業已身死應無
庸議丁學礼所得許幗興錢物訊無確數請免
著追無干省釋屍棺飭埋等情由府審解到司
該署江蘇按察使怡良提犯親訊核擬無異解
候勘
題等情招解到臣提犯親審無異該臣看得江都
縣民丁學礼踢傷伊妻丁史氏身死壹案緣丁
學礼籍隸江都娶妻史氏素相和睦有句容縣
人許幗興向在江都傭趁與丁學礼交好往來
丁史氏見面不避道光拾壹年不記月日許幗
興至丁學礼家閒談適丁學礼外出遂與丁史

氏調戲成姦後非一次迨丁學祀查知因貪許
幗興資助縱容許幗興即在丁學祀家同住陸
續給過錢物不記確數拾肆年正月丁學祀將
丁史氏棉襖當錢使用貳月初伍日傍晚丁史
氏探親回歸路遇許幗興同行走至冷有餘田
邊撞見丁學祀肩錢伍百文走至丁史氏即令
將錢贖衣丁學祀不允欲令許幗興代贖丁史
氏以許幗興現在無錢衣服急需穿用逼令取
贖致相口角丁學祀當欲走脫丁史氏趕攏將
其胸衣扭住丁學祀用手向推丁史氏站立不
穩仰跌倒地丁學祀亦被帶跌撲壓丁史氏身
上掙扎欲起致左膝跪傷丁史氏右脇當經許

幗與拉起時有劉三九子經過查問丁學礼心疑許幗興慫慂伊妻向鬧遷怒斥罵許幗興不依爭吵劉三九子將許幗興拉走丁史氏在地滾喊擦傷額顱丁學礼見其傷重當時背回行至該處土地廟前詎丁史氏因傷殞命丁學礼棄屍回家次早即以伊妻與許幗興同行不知因何死在廟前含混投保經地保查明報驗訊詳審供不諱究非有心欲殺亦無起釁別故案無遁飾查律載夫毆妻至死者絞監候又縱容妻與人通姦本夫姦夫姦婦各杖玖拾等語此案丁學礼因妻丁史氏逼令贖當口角被扭向推一同跌地該犯掙扎欲起致膝蓋跪傷丁史

氏右脇身死應按律問擬丁學禮除縱妻犯姦輕罪不議外合依夫毆妻至死者絞律擬絞監候據供係屬獨子應行承祀是否屬實俟秋審時查明取結辦理許幗興與丁史氏通姦係本夫貪利縱容應照縱妻與人通姦姦夫杖玖拾律杖玖拾折責遞籍丁史氏與許幗興通姦本干律擬業已身死應無庸議丁學禮所得許幗興錢物訊無確數應免著追無干省釋屍棺飭埋戶謹具

題伏乞

皇上聖鑒勅下三法司核覆施行再此案審限陸箇月應以道光拾肆年貳月初柒報官之日起除

江蘇巡撫林則徐題本 審明江都縣民丁學禮傷斃伊妻丁史氏擬絞監候

道光十四年十月初二日

自縣由府解司程限拾日統應扣至淍月拾柒

日全限屆滿尚有臣前赴江寧辦理文闈監臨

公出日期可扣合並陳明謹題請

旨

道光[illegible]巡撫[illegible]地方提督軍務總理糧儲臣林則徐

江蘇巡撫林則徐題本　審明江都縣民丁學禮傷斃伊妻丁史氏擬絞監候
道光十四年十月初二日

兵部侍郎兼都察院右副都御史巡撫江蘇等處地方提督軍務總理糧儲臣林則徐謹
題爲報驗事該臣看得江都縣民丁學礼跪傷伊
妻丁史氏身死壹案緣丁學礼娶妻史氏素相
和睦有許幗興與丁學礼交好往來丁史氏見
面不避道光拾壹年不記月日許幗興至丁學
礼家閒談適丁學礼外出遂與丁史氏調戲成
姦迨丁學礼查知因貪許幗興資助縱容許幗
興即在丁學礼家同住陸續給過錢物不記確
數拾肆年正月丁學礼將丁史氏棉襖當錢使
用貳月初伍日丁史氏探親回歸路遇許幗興
同行見丁學礼肩錢走至丁史氏即令將錢贖
衣丁學礼不允欲令許幗興代贖丁史氏以許
幗興現在無錢衣服急需穿用逼令取贖將其
胷衣扭住丁學礼用手向推丁史氏站立不穩
仰跌倒地丁學礼亦被帶跌撲壓丁史氏身上
掙扎欲起致左膝跪傷丁史氏右脇當經許幗
興拉起丁史氏在地滚喊撩傷額顱丁學礼見
其傷重當時背回行至該處土地廟前詎丁史
氏因傷殞命經地保查明報驗審供不諱丁學
礼依夫毆妻至死者絞律擬絞監候據供係屬
獨子應行承祀是否屬實俟秋審時查明辦理
謹題請
旨

江蘇巡撫林則徐題本　審明崇明縣民陸義勒斃伊妻黃氏弃尸擬絞監候
道光十四年十月初二日

江蘇巡撫林則徐題本　**審明崇明縣民陸義勒斃伊妻黃氏弃尸擬絞監候**

三法司核擬具奏

題

江蘇巡撫林則徐題本　審明崇明縣民陸義勒斃伊妻黃氏弃尸擬絞監候
道光十四年十月初二日

兵部侍郎兼都察院右副都御史巡撫江蘇等處地方提督軍務總理糧儲臣林則徐謹

題爲報驗事。據署江蘇按察使怡良詳據署太倉
州知州周岱齡詳據崇明縣知縣姚儲詳稱道
光拾肆年貳月拾陸日據地保陳方報據民人
施和投稱貳月拾肆日黎明有沈小和尚在伊
屋後溝邊經過見溝内有一女屍喊伊同施忝
查看認係鄰人陸義之妻黃氏往找陸義不面
等語往查屬實當將該屍撈放溝邊查看項有
縊痕理合報驗等情并據施和報同前由到縣
時値卑職赴蘇公出經代行典史王正模牒請
縣丞湯殿芳帶同吏件前詣該處正在勘驗間
即據差保拘獲陸義押同勘得施和屋後有水

江蘇巡撫林則徐題本　審明崇明縣民陸義勒斃伊妻黃氏弃尸擬絞監候
道光十四年十月初二日

溝壹道離陸義家約半里許該屍撈放溝邊地
上勘畢如法相驗據仵作王榮喝報已死陸黃
氏問年貳拾叁歲驗得仰面致命咽喉上相連
項頸有繩痕貳道闊肆分深分餘紫赤色圍繞
交匝不致命兩手腕俱有膝壓傷痕紅色致命
胸膛有搕傷壹處長壹寸伍分闊陸分紫赤色
合面不致命項頸左右各有指抓傷壹道皮微
破右脚貳叁肆伍趾係患凍瘡腐脫餘無故委
係被勒身死報畢親驗無異填格取結訊據陸
義供稱因伊妻黃氏竊取鄰田蔬菜伊氣忿掌
批其頰伊妻不服撒潑哭駡伊一時忿恨用麻
繩勒死畏罪移屍並將勒繩燒燬并據供稱用

繩勒斃時被黃氏用手將伊兩臂膊抓傷等語
當即查驗陸義兩臂膊俱有指抓傷壹處填單
附卷屍飭棺殮陸義交差帶回收禁將卷格牒
覆過縣甲職公同提集人證逐加研訊據地保
陳方供與報詞同據鄰人朱添受張上元同供
小的們是陸義鄰佑與施和同村居住陸義的
妻子黃氏向有足疾嬾於做工時常偷竊鄰近
人家雞隻蔬菜經陸義屢次訓斥小的們曉得
的道光拾肆年貳月拾肆日早小的們聞知陸
黃氏死在施和屋後溝內先後走去查看施和
就投明地保陳方把屍身撈起報驗的至陸義
如何因他妻子偷竊鄰田青菜向斥爭罵被陸

義勒死棄屍小的們不知道是實據見屍人沈
小和尚供道光拾肆年貳月拾肆日黎明小的
出門拾糞從施和屋後溝邊經過見溝内有一
女屍就喊同施和們出來查看認是陸義的妻
子黃氏投明地保陳方把屍身撈起報驗的別
的事不知道是實據地主施和供小的與陸義
同村居住他妻子黃氏向有足疾懶於做工時
常偷竊鄰近人家雞隻蔬菜經陸義屢次訓斥
小的知道的道光拾肆年貳月拾肆日天明時
有沈小和尚在小的屋後溝邊經過見溝内有
一女屍當即聲喊小的忙同姪孫施忝出去查
看認是陸義的妻子黃氏往找陸義不見投保

陳方把屍身撈起查看項有勒痕就赴案報驗
的陸義如何因他妻子偷竊鄰田青菜向斥爭
罵起意勒死棄屍溝内不知道是實據施添供
施和是小的伯祖餘與施和供同據兇犯陸義
供崇明縣人年貳拾肆歲父母俱故兄弟陸三
分居各度小的挑擔剃頭生理黄氏是小的妻
子向來和睦他右脚趾因患凍瘡腐爛脱落平
日嬾惰工作時常偷竊鄰近人家雞隻蔬菜經
小的屢訓不改道光拾肆年貳月拾叁日黄昏
時分小的自外回家見鍋内煑有青菜當向妻
子盤問妻子訛是在鄰田拔取小的因妻子不
肯改過用手掌打他臉上壹下妻子不服撒潑

哭鬧並扭住小的衣服用頭亂撞小的用手向推妻子仰跌倒地小的也被帶跌撲壓妻子身上當即掙脫爬起失手撩傷妻子胸膛妻子臥地哭罵辱及小的父母小的一時忿恨起意致死就順取挑擔麻繩打成雙圈活結套入妻子頸項致手指抓傷他項頸左右妻子伸手掙拒抓傷小的兩臂膊小的把兩膝壓住妻子兩手致壓傷他左右手腕妻子不能動彈小的兩手分執繩頭用力並勒妻子當時氣閉身死小的恐怕問罪起意棄屍到叁更時分解下勒繩把屍身背到施和屋後擲在溝内裝作淹斃並把勒繩燒燬逃避次早施和查見屍身投保報驗

就把小的獲解的實因妻子屢次偷竊人家菜物把他斥責反向小的撞頭哭罵一時忿恨勒斃棄屍並沒起釁別故也沒另有在場幫勒的人是實各等供據此將犯還禁餘人保釋錄供通詳奉批飭審查驗陸義兩臂膊傷已平復隨提犯證覆訊各供均與前審無異不敍外該崇明縣知縣姚儲審看得縣民陸義勒死伊妻黄氏棄屍不失壹案緣陸義籍隸崇明挑擔剃頭生理與妻黄氏平素和睦黄氏向有足疾嬾於工作常竊鄰家雞隻菜蔬經陸義屢訓不悛道光拾肆年貳月拾叁日黄昏時候陸義自外回家見鍋内煑有青菜當向黄氏盤問黄氏聲言

在鄰田拔取陸義因黃氏不知改過掌批其頰
黃氏不服撒潑哭鬧并扭住陸義衣服用頭亂
撞陸義用手向推黃氏仰跌倒地陸義亦帶跌
撲壓黃氏身上隨即掙脫爬起失手捻傷黃氏
胷膛黃氏臥地哭罵辱及陸義父母陸義氣忿
莫遏起意致死即取挑擔麻繩打成雙圈活結
套入黃氏項頸致手指帶傷其項頸左右黃氏
用手掙拒抓傷陸義兩臂膊陸義兩膝壓住其
兩手致壓傷左右手腕黃氏不能掙扎陸義兩
手分執繩頭用力拉勒黃氏即時氣閉殞命陸
義畏罪起意棄屍即解下勒繩將屍背至施和
家屋後鄰棄溝內裝作溺斃並將勒繩燒燬逃

江蘇巡撫林則徐題本　審明崇明縣民陸義勒斃伊妻黃氏弃尸擬絞監候

道光十四年十月初二日

逃次早沈小和尚瞥見屍身喊同施和查看認係陸義之妻找尋陸義不面投保將屍撈起查看項有勒痕報縣獲犯值卑職赴省公出經代行典史申請縣丞驗明牒回訊供通詳奉批飭審遵復提犯研鞫據供前情不諱究無起釁別故及在場幫勒之人案無遁飾查律載夫毆妻至死者絞註云故殺亦絞等語此案陸義因妻黃氏竊取鄰田菜蔬訓斥不服反肆潑罵并辱及該犯父母該犯氣忿勒斃應按律問擬陸義除棄妻屍不失輕罪不議外合依夫故殺妻亦絞律擬絞監候秋後處決黃氏竊取鄰田菜蔬本干律擬業已被勒身死應無庸議陸義傷已

平復亦無庸議無干省釋屍棺飭屬領埋勒繩
供繳免追等情由州審解到司該署江蘇按察
使怡良提犯親審核擬無異解候勘
題等情招解到臣提犯親審無異該臣看得崇明
縣民陸義勒死伊妻黃氏棄屍不失壹案緣陸
義籍隸崇明挑擔剃頭生理與妻黃氏平素和
睦黃氏向有足疾嬾於工作常竊鄰家雞隻菜
蔬經陸義屢訓不悛道光拾肆年貳月拾叁日
黃昏時候陸義自外回家見鍋內煑有青菜當
向黃氏盤問聲言在鄰田拔取陸義因黃氏不
知改過掌批其頰黃氏不服撒潑哭鬧并扭住
陸義衣服用頭亂撞陸義用手向推黃氏仰跌

氣地陸義亦帶跌撲壓黄氏身上隨即掙脫爬
起失手撩傷黄氏胷膛黄氏臥地哭罵辱及陸
義父母陸義氣忿莫遏起意致死即取挑擔麻
繩打成雙圈活結套入黄氏項頸致手指帶傷
其項頸左右黄氏用手掙拒抓傷陸義兩臂膊
陸義兩膝壓住其兩手致壓傷左右手腕黄氏
不能掙扎陸義兩手分執繩頭用力拉勒黄氏
即時氣閉殞命陸義畏罪起意棄屍即解下勒
繩將屍背至施和家屋後撇棄溝內裝作溺斃
並將勒繩燒燬逃逸次早沈小和尚瞥見屍身
喊同施和查看認係陸義之妻找尋陸義不面
投保將屍撈起查看項有勒痕報縣獲犯訊詳

江蘇巡撫林則徐題本 審明崇明縣民陸義勒斃伊妻黃氏弃尸擬絞監候

道光十四年十月初二日

審供不諱究無起釁別故及在場幫勒之人案無遁飾查律載夫毆妻至死者絞註云故殺亦絞等語此案陸義因妻黃氏竊取鄰田菜蔬訓斥不服反肆潑駡并辱及該犯父母該犯氣忿勒斃應按律問擬陸義除棄妻屍不失輕罪不議外合依夫故殺妻亦絞律擬絞監候秋後處決黃氏竊取鄰田菜蔬本干律擬業已被勒身死應無庸議陸義傷已平復亦無庸議無干省釋屍棺飭埋勒繩供燬免追臣謹具

題伏乞

皇上聖鑒勅下三法司核覆施行再此案審限陸箇月應以道光拾肆年貳月拾陸獲犯之日起除

江蘇巡撫林則徐題本　審明崇明縣民陸義勒斃伊妻黃氏弃尸擬絞監候
道光十四年十月初二日

旨

皆縣由州解司程限肆日統應扣至卅月貳拾日全限屆滿尚有日前赴江寧辦理文闈監臨公出日期可扣合並陳明謹題請

旨

道光十四年[illegible]地方提督軍務總理糧儲臣林則徐

江蘇巡撫林則徐題本　審明崇明縣民陸義勒斃伊妻黃氏弃尸擬絞監候

道光十四年十月初二日

兵部侍郎兼都察院右副都御史巡撫江蘇等處地方提督軍務總理糧儲臣林則徐謹
題爲報驗事。該臣看得崇明縣民陸義勒死伊妻
黃氏棄屍不失壹案緣陸義與妻黃氏平素和
睦黃氏向有足疾嬾於工作常竊鄰家蘿蔔菜
蔬陸義屢訓不悛道光拾肆年貳月拾叁日黃
昏時候陸義自外回家見鍋內煮有青菜當向
黃氏盤問聲言在鄰田挖取陸義因黃氏不知
改過掌批其頰黃氏不服撒潑哭鬧并扭住陸
義衣服用頭亂撞陸義用手向推黃氏仰跌倒
地陸義亦帶跌撲壓黃氏身上隨即掙脫爬起
失手捻傷黃氏胷膛黃氏臥地哭罵辱及陸義
父母陸義氣忿莫遏起意致死即取麻繩打成
雙圈活結套入黃氏項頸致手指帶傷其項頸
左右黃氏用手掙拒抓傷陸義兩臂膊陸義兩
膝壓住其兩手致壓傷左右手腕黃氏不能掙
扎陸義兩手分執繩頭用力拉勒黃氏即時氣
閉殞命陸義畏罪起意棄屍即解下勒繩將屍
背至施和家屋後鄰棄溝內逃逸次早沈小和
尚瞥見喊同施和投保將屍身撈起查看項有
勒痕報縣獲犯審供不諱陸義依夫故殺妻亦
絞律擬絞監候秋後處決謹題請
旨

兩江總督陶澍江蘇巡撫林則徐奏片 請酌留如皋等地漕糧為狼山鎮標營兵糧

臣陶澍
臣林則徐 跪

奏再江淮等屬災缺兵匠等米經臣等
奏請在於江寧揚州二府屬本年熟田起運漕糧
內借撥米四萬五千石以資濟放荷蒙
聖諭允准當經恭錄轉行欽遵辦理茲據署江寧布
政使積拉明阿詳稱查前項災缺兵米內有應
撥狼山鎮標各營兵糧距通州屬之如皋泰興
二縣程途較近支放尤為便捷應請於該二縣
熟田漕糧內酌留米石為狼山鎮標營兵糧之
用仍與江揚兩府所撥米石共符前奏借撥四
萬五千石之數呈請附
奏前來臣等覆核無異除飭將留撥各數另行造

兩江總督陶澍江蘇巡撫林則徐奏片 請酌留如皋等地漕糧為狼山鎮標營兵糧

道光十四年十月初九日

冊咨部外謹附片陳明伏乞

聖鑒謹

奏

戶部知道

江蘇巡撫林則徐題本

題報江寧等地道光十三年秋季份委署州縣職名

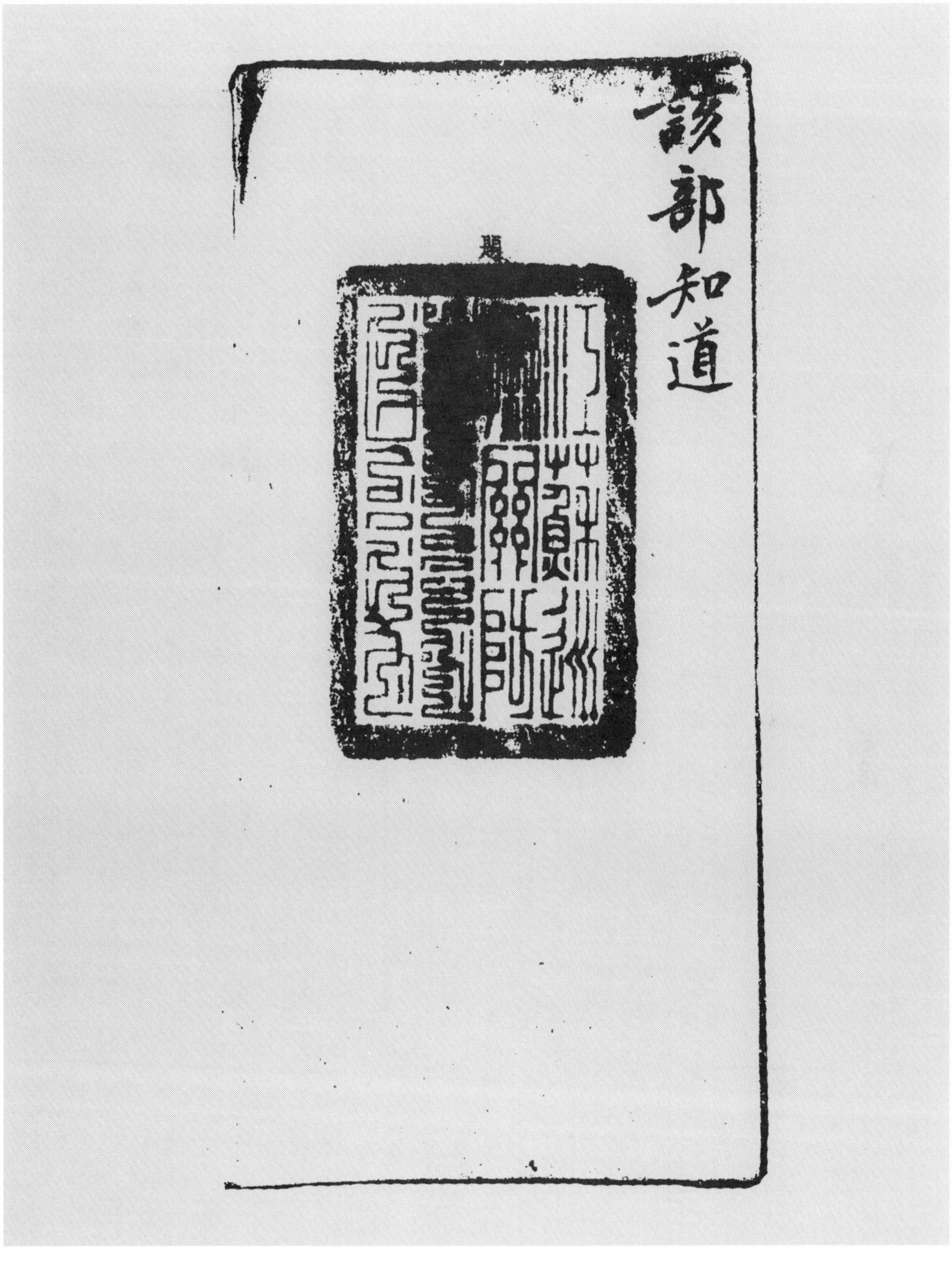
該部知道

題

江蘇巡撫林則徐題本 題報江寧等地道光十三年秋季份委署州縣職名

道光十四年十月十三日

兵部侍郎兼都察院右副都御史巡撫江蘇等處地方提督軍務總理糧儲臣林則徐謹

題爲詳請具

題事據江寧布政使楊簧詳稱案奉行准吏部咨

各省委署丞倅等官及試用州縣委署員缺係

暫時署理與實缺調署不同均無庸附摺具

奏令各該督撫按季恭疏具

題等因遵照在案今查道光拾叁年秋季分江淮

等屬内有江浦縣知縣馮應渭調署泰州知州

遺缺詳委候補知州馮思澄署理詢因馮思澄

委署上元縣知縣飭委改補知縣錢燕桂署理

又揚州府總捕同知趙廷熙委署鎭江府知府

遺缺詳委試用知縣郭敦五署理又上元縣知

縣保先烈委署通州知州遺缺詳委候補知州
馮思澄署理又清河縣知縣王國佐調署淮安
府中河通判遺缺詳委節補知縣唐汝明署理
又高郵州知州王澐赴部引
見遺缺詳委試用通判徐森署理又署海門同知事
揀發候補知縣張連站准補崑山縣知縣飭赴
新任遺缺詳委候補同知楊承湛署理又沭陽
縣知縣王夢齡委署海州知州遺缺詳委試用
知縣王之棠署理各在案相應查明詳候會
題等情到臣據此該臣查得委署丞倅等官及試
用州縣委署員缺例應按季恭疏具
題所有道光拾叁年秋季分江淮等屬內有江浦

縣知縣馮應渭調署泰州知州遺缺委候補知
州馮思澄署理嗣因馮思澄委署上元縣知縣
飭委改補知縣錢燕桂署理又揚州府總捕同
知趙廷熙委署鎮江府知府遺缺委試用知縣
鄭敦五署理又上元縣知縣保先烈委署通州
知州遺缺委候補知州馮思澄署理又清河縣
知縣王國佐調署淮安府中河通判遺缺委郎
補知縣唐汝明署理又高郵州知州王溁赴部
引
見遺缺委試用通判徐森署理又署海門同知事揀
發候補知縣張建茹准補崑山縣知縣飭赴新
任遺缺委候補同知楊承湛署理又沭陽縣知

縣王夢齡委署海州知州遺缺委試用知縣王
之棠署理各在案兹據江寧布政使楊簧查明
詳請會
題前來謹會同兩江總督臣陶澍合詞具
題伏乞
皇上聖鑒勅部查照施行謹題請
旨

江蘇巡撫林則徐題本　題報江寧等地道光十三年秋季份委署州縣職名

道光十四年十月十三日

道光……等處地方提督軍務總理糧儲臣林則徐

兵部侍郎兼都察院右副都御史巡撫江蘇等處地方提督軍務總理糧儲臣林則徐謹
題為詳請具
題事。該臣查得委署丞倅等官及試用州縣委署
員缺，例應按季彙疏具
題。所有[illegible]季分江淮等屬內有江浦
縣知縣馮應昌調署泰州知州遺缺，委候補知
州[illegible]思澄署理。[illegible]因馮思澄委署上元縣知縣
飭委改補知縣錢燕桂署理。又揚州府總捕同
知[illegible]延熙委署鎮江府知府遺缺，委試用知縣
鄒[illegible]五署理。又上元縣知縣保先烈委署通州
知州遺缺，委候補知州馮思澄署理。又清河縣

知縣王國佐調署淮安府中河通判遺缺委即
補知縣唐汝明署理又高郵州知州王溎赴部
引
見遺缺委試用通判徐森署理又署海門同知事揀
發候補知縣張連芬准補崑山縣知縣飭赴新
任遺缺委候補同知楊承湛署理又沭陽縣知
縣王夢齡委署海州知州遺缺委試用知縣王
之棠署理各在案兹據江寧布政使楊簧查明
詳請會
題前來謹會題請
旨

江蘇巡撫林則徐題本　**題報江寧等地道光十三年冬季份委署州縣職名**

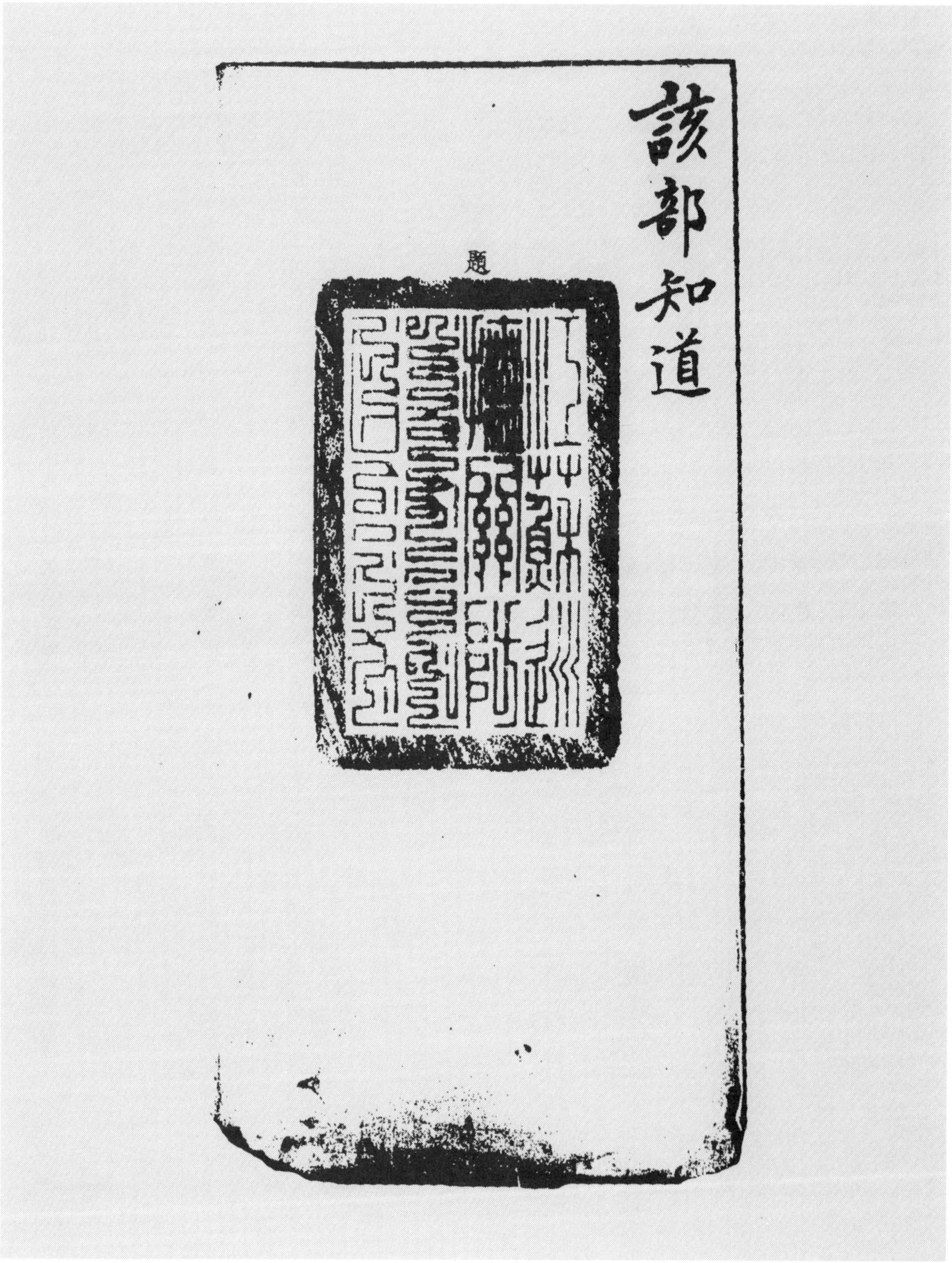

江蘇巡撫林則徐題本 題報江寧等地道光十三年冬季份委署州縣職名

道光十四年十月十三日

兵部侍郎兼都察院右副都御史巡撫江蘇等處地方提督軍務總理糧儲臣林則徐謹

題爲詳請具

題事據江寧布政使楊簧詳稱案奉行准吏部咨

各省委署丞倅等官及試用州縣委署員缺係

暫時署理與實缺調署不同均無庸附摺具

奏令各該督撫按季恭疏具

題所有道光拾叁年冬季分江淮等屬內有贛榆

縣知縣徐林春因秋災稟報遲延撤任遺缺詳

委揀發候補知縣葛起元署理又如皋縣知縣

范仕義調署江寧府管糧同知遺缺詳委試用

知縣李萼署理各在案相應查明詳候會

題等情到臣據此該臣查得委署丞倅等官及試

用州縣委署員缺例應按季恭疏具
題所有道光拾叁年冬季分江淮等屬內有贛榆
縣知縣徐林春因秋災稟報遲延撤任遺缺委
揀發候補知縣葛起元署理又如皋縣知縣范
仕義調署江寧府管糧同知遺缺委試用知縣
李萼署理各在案茲據江寧布政使楊簧查明
詳請會
題前來謹會同兩江總督臣陶澍合詞具
題伏乞
皇上聖鑒勅部查照施行謹題請
旨

道光十[illegible]地方提督軍務總理糧儲臣林則徐

兵部侍郎兼都察院右副都御史巡撫江蘇等處地方提督軍務總理糧儲臣林則徐謹
題爲詳請具
題事該臣查得委署丞倅等官[illegible]試用州縣委署
員缺例應按季[illegible]具
題所有[illegible]季分江淮等屬內有贛榆
縣知[illegible]東報遷延撤任遺缺委
揀發候補[illegible]元署理又如皋縣知縣范
仕義調署江寧府[illegible]同知遺缺委試用知縣
李[illegible]署理各在案[illegible]政使楊簧查明
詳請會
題前來謹會題請
旨

江蘇巡撫林則徐題本 題參署宜興縣知縣顧毓奇等疎防劫案限滿贓犯無獲

道光十四年十月十三日

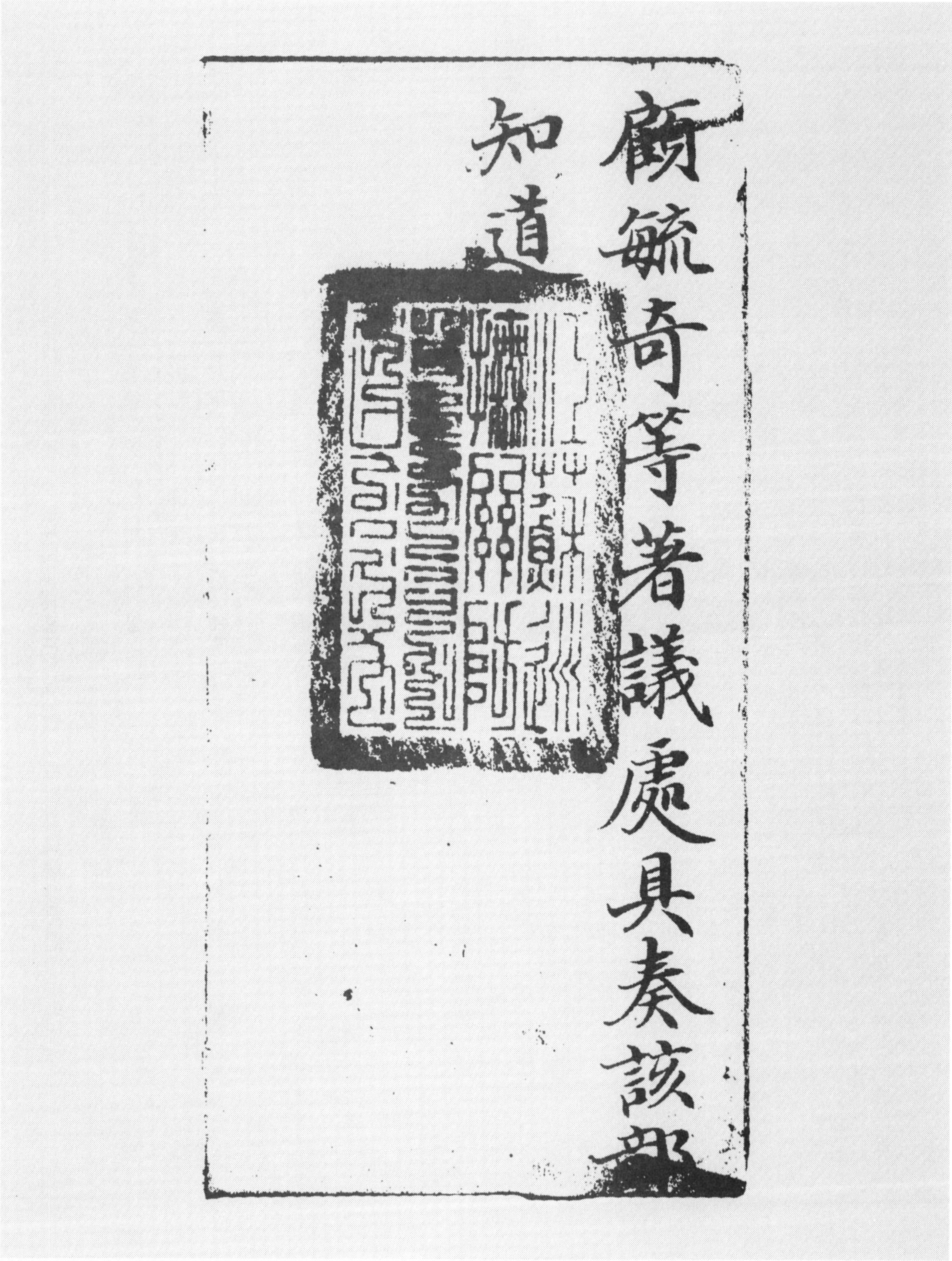
顧毓奇等著議處具奏該部
知道

江蘇巡撫林則徐題本 題參署宜興縣知縣顧毓奇等疎防劫案限滿贓犯無獲

兵部侍郎兼都察院右副都御史巡撫江蘇等處地方提督軍務總理糧儲臣林則徐謹
題爲詳參疏防文職事據署江蘇按察使怡良詳
稱據常州府知府汪河詳據署宜興縣知縣顧
毓奇詳稱道光拾肆年貳月貳拾捌日據事主
安徽婺源縣民黃勝、倪報稱同弟黃同來等來
至宜興、投踈森茂木行賣木生理搭蓋木座貳
間居住貳月貳拾陸夜聽聞犬吠均起防守被
匪打門進棚將身等用繩綑縛用泥塞口刦去
洋銀衣箱等物仍將身等鬆放而去開單報叩
勘緝等情到縣當經會營前詣失事處所勘明
被刦情形提訊地保事主人等供與報詞無異
飭牙估贓值銀貳百拾叁兩捌錢造冊通詳奉

批緝參在案茲屆疏防限滿賊盜無獲合將印
捕職名開報等情由府道遞開督捕督緝兼轄
各職名前來除飭勒緝賊盜務獲究報外該署
江蘇按察使怡良查得宜興縣客民黃勝悅被
劫銀洋計贓逾貫壹案疏防例限肆箇月應以
道光拾肆年貳月貳拾陸被劫之日起扣至陸
月貳拾陸日滿所有文職疏防職名印官係署
宜興縣知縣顧毓奇捕官係宜興縣鍾溪司巡
檢孫逢瑞督捕係不同城常州府總捕通判崔
萼督緝係不同城常州府知府汪河兼轄係不
同城護理分巡常鎮通海道豫盛理合開報查
兼轄護道豫盛已於道光拾肆年肆月貳拾陸

日未經限滿之先卸事係護理人員不復回任應請議結現任常鎮道李彥章係接督緝之員例無處分合并聲明相應詳候核覆再此案失事處所離城貳拾里離汛柒里並無墩鋪防兵合并聲明等情到臣據此該臣查得宜興縣客民黃勝悅被劫銀洋計贓逾貫壹案疏防例限肆箇月應以道光拾肆年貳月貳拾陸日被劫之日起扣至陸月貳拾陸日滿限迄今限屆贓盜無獲開列疏防職名請參前來除飭勒緝贓盜務獲究報外所有文職疏防職名印官係署宜興縣知縣顧毓奇捕官係宜興縣鍾溪司巡檢孫逢瑞督捕係不同城常州府總捕通判崔粤督

緝係不同城常州府知府汪河兼轄係不同城
護理分巡常鎮通海道謙豫益相應列叅聽候部
議查護道豫益已於道光拾肆年肆月貳拾陸
日未經限滿之先卸事係護理人員不復回任
應行議結現任常鎮道李彥章係接督緝之員
例無處分再此案失事處所離城貳拾里離汛
柒里並無墩舖防兵合並陳明臣謹具
題伏乞
皇上聖鑒勅部議覆施行謹題請
旨

江蘇巡撫林則徐題本　題參署宜興縣知縣顧毓奇等疎防劫案限滿贓犯無獲

道光十四年十月十三日

道光

處地方提督軍務總理糧儲臣林則徐

兵部侍郎兼都察院右副都御史巡撫江蘇等處地方提督軍務總理糧儲臣林則徐謹
題爲詳參疎防文職事該臣查得宜興縣客民黃
勝說被劫銀洋計贓逾貫壹案疎防例限肆箇
月應以道光拾肆年叁月拾陸日被劫之日起
扣至陸月拾陸日滿限今屆贓盜無獲開
列疎防職名請參前來除飭勒緝贓盜務獲究
報外所有文職疎防職名印官係署宜興縣知
縣顧毓奇捕官係宜興縣鍾溪司巡檢孫逢瑞
督捕係不同城常州府總捕通判崔夢督緝係
不同城常州府知府汪河兼轄係不同城護理
分巡常鎮通海道豫益相應列參謹題請
旨

江蘇巡撫林則徐題本 銅山等地沙壓荒田請豁除河工銀兩

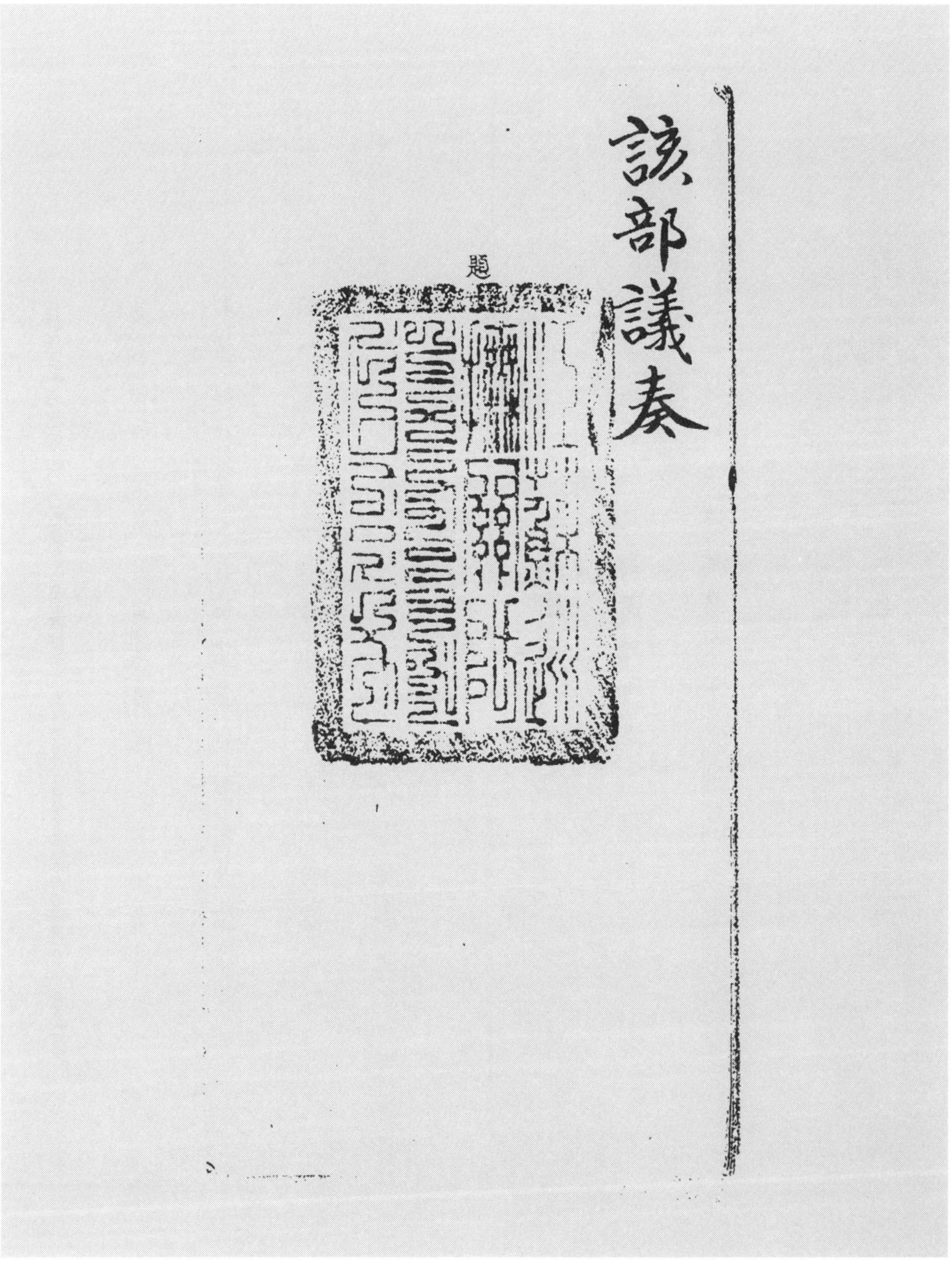
該部議奏
題

江蘇巡撫林則徐題本 銅山等地沙壓荒田請豁除河工銀兩
道光十四年十月十三日

兵部侍郎兼都察院右副都御史巡撫江蘇等處地方提督軍務總理糧儲臣林則徐謹
題為查明沙壓荒廢田地攤徵河工銀兩專案
題豁事據江寧布政使楊簧詳稱竊照銅山邳州
睢寧三州縣坐落峯山閘下地畝因嘉慶貳拾
叁年啓放龍虎閘壩流沙下注以致積沙成廢
種植不生道光叁年據各業戶呈請豁糧委勘
並無以少報多及隱匿不實情弊由司請從道
光拾年起將應徵新賦及嘉慶貳拾叁年起至
道光玖年止未完舊欠各款錢糧米麥照數造
冊詳請具
題豁免奉部覆准在案所有該州縣攤徵河工壹
款因非額徵錢糧當時未能一律造冊請豁嗣

奉部文准將地漕錢糧豁免其自道光拾年起
攤徵河工銀兩應即專案詳
題一并按年豁除隨經陞任藩司趙盛奎札飭該
州縣查造年款細數冊結由府道遞核加結送
司轉詳去後茲據署銅山縣知縣王文炳睢寧
縣知縣劉與權各查明應豁攤徵河工銀兩開
造年款細冊出具印結由徐州府知府武凌漢
覆核加結詳經署徐州道王廷彥結移到司并
據署邳州知州黃耀明以該州水利壹款向在
民賦田地項下起徵並不攤及并衛田地所有
峯山閘下并衛各營沙壓荒廢地畝只完錢糧
米麥並無攤徵水利銀兩等情詳覆前來該江

寧布政使楊黃核查銅山縣攤徵奎河荆山橋貳款河工銀兩除道光捌玖兩年已奉核豁外計自道光拾年起至拾柒年限滿止應徵銀捌兩玖錢貳分捌釐又睢寧縣攤徵道光叁年閒河銀兩計自道光拾年起至拾伍年止應徵銀肆百叁兩捌錢壹分捌釐實係地已荒廢無從攤徵應請照數豁除相應將送到冊結加具司結詳候具

題豁免等情據此該臣查得銅山邳州睢寧叁州縣坐落峯山閘下地畝被沙壓廢應徵新舊地漕錢糧業經

題准部覆豁免轉行遵照在案今據江寧布政使

揚簧詳稱該州縣有攤徵河工壹款因非額徵
錢糧當時未能一律造冊請豁嗣奉部文准將
地漕錢糧豁免其自道光拾年起攤徵河工銀
兩應即專案詳
題一并按年豁除由司飭據署銅山縣知縣王文
炳睢寧縣知縣劉輿權各查明應豁攤徵河工
銀兩開造年款細冊出具印結由徐州府知府
武凌漢覆核加結詳經署徐州道王廷彥結移
到司并據署邳州知州黃耀明以該州水利壹
款向在民賦項下起徵並不攤及并衞田地所
有峯山閘下并衞各營沙壓荒廢地畝只完錢
糧米麥並無攤徵水利銀兩詳司核查銅山縣

攤徵奎河荆山橋貳款河工銀兩除道光捌玖
兩年已奉核豁外計自道光拾年起至拾柒年
限滿止應徵銀捌兩零又睢寧縣攤徵道光叁
年閒河銀兩計自道光拾年起至拾伍年止應
徵銀肆百叁兩零實係地已荒廢無從攤徵應
請照數豁除將送到冊結加具司結詳
題豁免等情前來臣覆核無異除冊結送部查核
外謹會同兩江總督臣陶澍合詞具
題伏乞
皇上聖鑒勅部核覆施行謹題請
旨

江蘇巡撫林則徐題本　銅山等地沙壓荒田請豁除河工銀兩
道光十四年十月十三日

道光十四年十月十三日兵部侍郎兼都察院右副都御史巡撫江蘇等處地方提督軍務總理糧儲臣林則徐

兵部侍郎兼都察院右副都御史巡撫江蘇等處地方提督軍務總理糧儲臣林則徐謹

題為查明沙壓荒廢田地攤徵河工銀兩專案

題豁事。該臣查得銅山、邳州、睢寧、宿遷州縣坐落

山間下地畝被沙壓廢，應徵新舊地漕錢糧，業

經

題准部覆，飭行遵照在案。今據江寧布政使

揭稱：詳據該州縣有攤徵河工壹款，因非額徵

錢糧，當時未能一律造冊請豁，嗣奉部文，准將

地漕錢糧豁免，其前道光拾年起攤徵河工銀

兩應併專案詳

題并豁，飭據署銅山縣知縣王文炳、睢寧縣知縣

劉與權各查明應豁攤徵河工銀兩，開造年款

細冊，出具印結，由徐州府知府武凌漢覆核加

結詳經署徐州道王廷彦結移到司，并據署邳州知州黃耀明以該州水利壹款向在民賦項下起徵，並不攤及幷衛田地，所有峯山閘下幷衛各營沙壓荒廢地畝只完錢糧米麥，並無攤徵水利銀兩，詳司核查銅山縣攤徵奎河荊山橋歲款河工銀兩，除道光捌玖兩年已奉核豁外，計自道光拾年起至拾柒年限滿止，應徵銀捌兩零；又睢寧縣攤徵道光叁年閘河銀兩，計自道光拾年起至拾伍年止，應徵銀肆百叁兩零，實係地已荒廢，無從攤徵，應請照數豁除，將送到冊結加具司結詳

題豁免前來。臣覆核無異，除冊結送部外，謹會

題

請

旨

江蘇巡撫林則徐題本　**審明豐縣縣民許進才傷斃彭三擬絞監候**

題

三法司核擬具奏

江蘇巡撫林則徐題本　審明豐縣縣民許進才傷斃彭三擬絞監候
道光十四年十月十三日

兵部侍郎兼都察院右副都御史巡撫江蘇等處地方提督軍務總理糧儲臣林則徐謹
題為報驗事據署江蘇按察使怡良詳據徐州府
知府武凌漢詳據豐縣知縣王元本詳稱道光
拾叁年拾壹月初捌日據地保李吟報據民婦
彭岳氏投稱伊夫彭三與許進才夥栽煙葉許
進才賣錢獨用伊夫向索爭毆被許進才戳傷
左後肋倒地經蔣克從鄭春趨勸伊夫傷重旋
即身死等語往查屬實許進才業已逃避理合
報驗等情并據屍妻彭岳氏報同前由各到縣
據即帶領吏仵親詣屍所如法相驗據仵作王
繼喝報已死彭三問年叁拾伍歲驗得合面不
致命左臂膊刃傷壹處長捌分寬貳分深叁分

皮肉捲縮左後肋刃傷壹處斜長貳寸壹分寬
叁分深透內皮肉捲縮俱血汚餘無故委係受
傷身死報畢親驗無異填格取結屍飭棺殮訊
據地保李盼供與報詞同據鄰佑蔣克從鄭春
同供許進才與彭三夥種煙葉許進才賣錢獨
用道光拾叁年拾壹月初捌日彭三到許進才
家索討爭罵許進才用刀把彭三扎傷小的們
聞喊趕去彭三已受傷倒地旋即身死小的們
勸阻不及是實據屍妻彭岳氏供道光拾叁年
春裏丈夫彭三與莊鄰許進才夥種煙葉後來
許進才把煙葉收取賣錢玖千柒百文獨自用
去並沒分給丈夫拾壹月初捌日丈夫到許進

才家索討爭罵被許進才用刀戳傷身死婦人
聞知趕往看明投保報驗的求緝究是實各等
供據此飭差勒緝兇犯許進才務獲錄供通詳
奉批飭緝道光拾肆年正月貳拾捌日據差將
許進才拏獲並獲兇刀壹把稟解前來隨即提
訊據兇犯許進才供豐縣人年肆拾伍歲父親
許二已故母親王氏年柒拾貳歲胞弟許成法
小的出繼胞伯許立太爲子嗣父已故嗣母張
氏現年柒拾捌歲小的還沒娶妻種地度日與
彭三鄰好無嫌道光拾叁年春間彭三與小的
夥種煙葉後來小的把煙葉收取賣錢玖千柒
百文獨自用去拾壹月初捌日彭三到小的家

索討小的沒錢央緩彭三不依斥罵小的回罵
彭三用拳向小的毆打小的順拏桌上所放鐵
刀抵格致傷彭三左臂膊彭三攏向小的拚命
小的情急復用刀嚇戳適傷他左後肋倒地不
料彭三傷重移時身死小的逃往河南一帶躲
避如今回來探聽被差獲解的委非有心致死
也沒起釁別故及在場幫毆的人逃後並無另
犯不法知情容留人家兇刀已經起案是實等
供據此將犯收禁兇器鐵刀核與格填屍傷相
符當飭貯庫錄供通詳奉批審解遵提覆訊各
供均與前審無異不敍外該豐縣知縣王元本
審看得許進才戳傷彭三身死壹案緣許進才

籍隸豐縣與彭三鄰好無嫌道光拾叁年春間
彭三與許進才夥種煙葉嗣許進才將煙葉收
販賣錢玖千柒百文獨自用去拾壹月初捌日
彭三往向許進才索討許進才無錢央緩彭三
不依斥罵許進才回罵彭三用拳向毆許進才
順取桌上所放鐵刀抵格致傷彭三左臂膊彭
三趕向拼命許進才情急復用刀嚇戳適傷其
左後肋倒地經蔣克從等趨勸無及詎彭三傷
重移時殞命報縣詣驗獲犯訊詳奉批覆審遵
復提犯研鞫據供前情不諱詰非有心致死亦
無起釁別故及在場幫毆之人案無遁飾查律
載鬭毆殺人者不問手足他物金刃並絞監候

等語此案許進才用刀戳傷彭三身死應按律問擬許進才合依鬬毆殺人者不問手足他物金刃並絞律擬絞監候秋後處決據供親老丁單是否屬實俟秋審時查明照例詳辦該犯逃後訊無另犯不法並知情容留之人蔣克從等勸阻不及均無庸議彭三應分煙葉錢文追繳給屬收領無干省釋屍棺飭屬領埋兇刀解驗等情由府審解到司該署江蘇按察使怡良提犯親訊核擬無異解候勘

題等情招解到臣提犯親審無異該臣看得豐縣民許進才戳傷彭三身死壹案緣許進才籍隸豐縣與彭三素好無嫌道光拾叁年春間彭三

與許進才夥種煙葉嗣許進才將煙葉收取賣
錢玖千柒百文獨自用去拾壹月初捌日彭三
往向許進才索討許進才無錢央緩彭三不依
斥罵許進才回罵彭三用拳向毆許進才順取
桌上所放鐵刀抵格致傷彭三左臂膊彭三攏
向拚命許進才情急復用刀嚇戳適傷其左後
肋倒地經蔣克從等趨勸無及詎彭三傷重移
時殞命報驗獲犯訊詳審供不諱詰非有心致
死亦無起釁別故及在場幫毆之人案無遁飾
查律載鬭毆殺人者不問手足他物金刃並絞
監候等語此案許進才用刀戳傷彭三身死應
按律問擬許進才合依鬭毆殺人者不問手足

他物金刃並絞律擬絞監候秋後處決據供親
老丁單是否屬實俟秋審時照例查辦該犯逃
後訊無另犯不法並知情容留之人蔣克從等
勸阻不及均無庸議彭三應分煙葉錢文追繳
給屬收領無干省釋屍棺飭埋兇刀發回貯庫
臣謹具
題伏乞
皇上聖鑒敕下三法司核覆施行再此案審限陸箇
月應以道光拾肆年正月貳拾捌獲犯之日起
除自縣由府解司程限貳拾玖日統應扣至捌
月貳拾柒日全限屆滿尚有臣前赴江寧辦理
文闈監臨公出日期可扣合並陳明謹題請

江蘇巡撫林則徐題本 審明豐縣縣民許進才傷斃彭三擬絞監候
道光十四年十月十三日

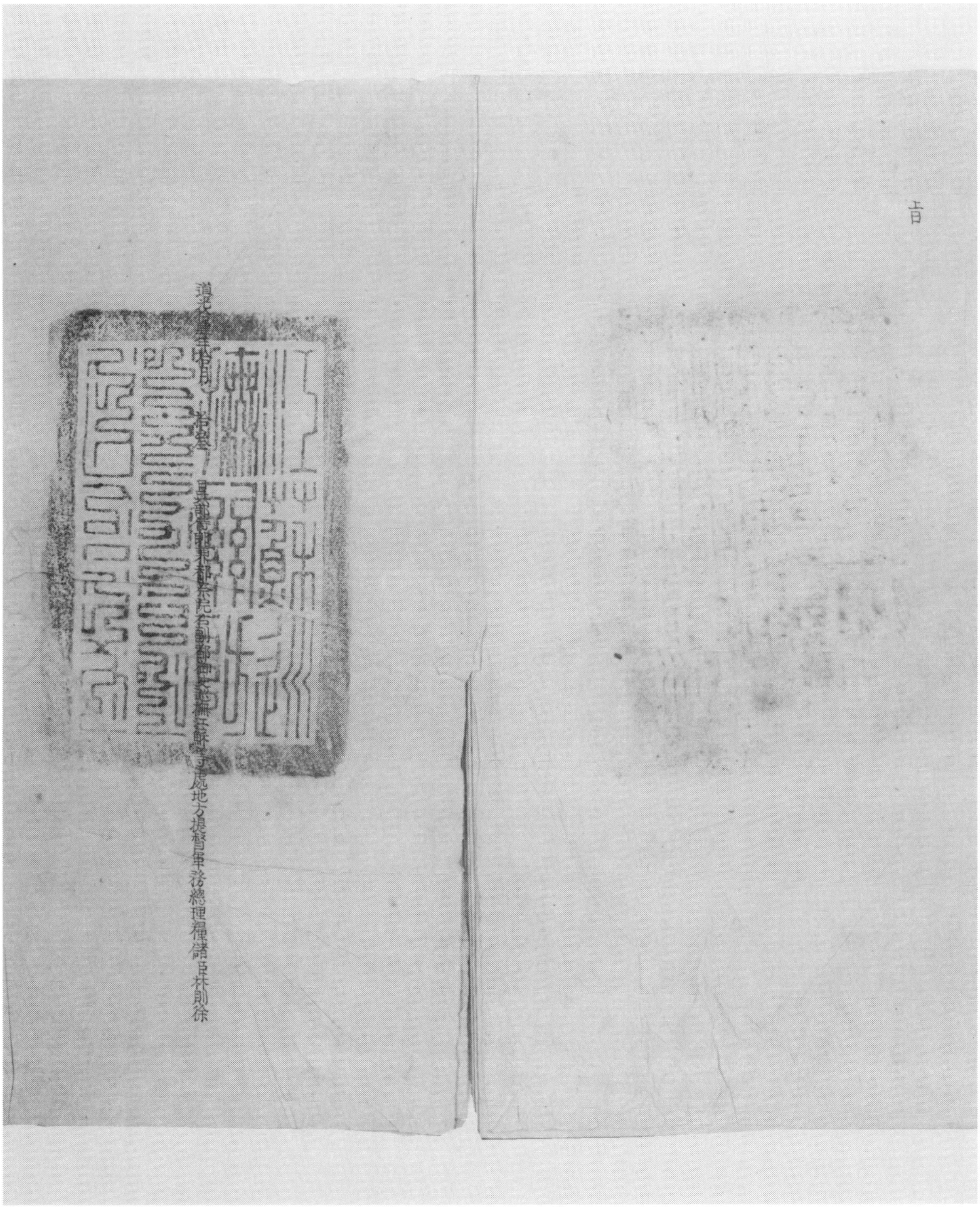

江蘇巡撫林則徐題本　審明豐縣縣民許進才傷斃彭三擬絞監候
道光十四年十月十三日

兵部侍郎兼都察院右副都御史巡撫江蘇等處地方提督軍務總理糧儲臣林則徐謹
題為報驗事。該臣看得豐縣民許進才戳傷彭三身死壹案。緣許進才與彭三鄰好無嫌。道光拾叁年春間，彭三與許進才夥種煙葉。嗣許進才將煙葉賣錢獨自用去。拾壹月初捌日，彭三往向許進才索討，許進才無錢央緩，彭三不依斥罵，許進才回罵。彭三用拳向毆，許進才順取鐵刀抵格，致傷彭三左臂膊。彭三攏向拚命，許進才情急，復用刀嚇戳，適傷其左後肋倒地。詎彭三傷重，移時殞命。報驗獲犯，訊詳審供不諱。許進才依鬪毆殺人律擬絞監候，秋後處決。謹題
請
旨

江蘇巡撫林則徐題本

審明鹽城縣客民徐萇春毆跌張有禄致淹斃擬絞監候（首缺）

兵部侍郎兼都察院右副都御史巡撫江蘇等處地方提督軍務總理糧儲臣林則徐謹
題爲移解事據署江蘇按察使怡良詳據淮安府
知府周燾詳據署鹽城縣知縣王會圖詳稱查
接管卷内道光拾叁年叁月貳拾叁日准興化
縣移開叁月初拾日據差役呂桃等稟稱協同
汛兵及鹽城縣兵役緝至興化鹽城交界地方
見該處河内一人駕船行駛形跡慌張後有潘
九連等帶同幼女張巧子喊追當即幫同捕獲
詢名徐萇春因雇坐張巧子之丈張有祿船隻
赴沙溝探親行至聶家莊河面張有祿索討船
錢與徐萇春口角徐萇春將張有祿毆跌落水
身死駕船逃逸理合帶候訊究等情當即提訊

江蘇巡撫林則徐題本　審明鹽城縣客民徐萇春毆跌張有禄致淹斃擬絞監候

道光十四年十月十三日

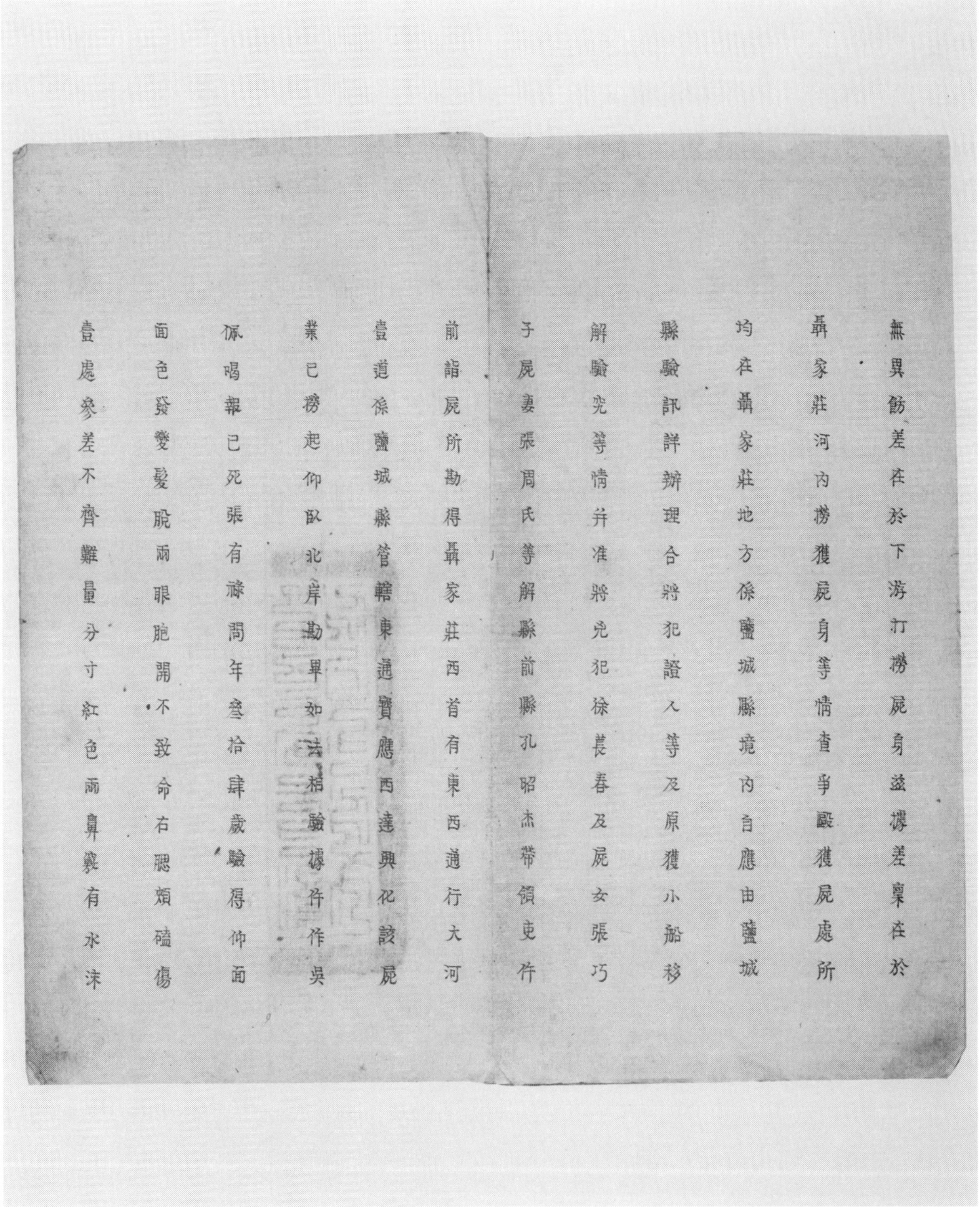
無異飭差在於下游打撈屍身茲據差稟在於
聶家莊河內撈獲屍身等情查爭毆獲屍處所
均在聶家莊地方係鹽城縣境內自應由鹽城
縣驗訊詳辦理合將犯證人等及原獲小船移
解驗究等情并准將兇犯徐萇春及屍女張巧
子屍妻張周氏等解縣前縣孔昭杰帶領吏仵
前詣屍所勘得聶家莊西首有東西通行大河
壹道係鹽城縣管轄東通寶應西達興化該屍
業已撈起仰臥北岸勘畢如法相驗據仵作吳
係喝報已死張有禄問年叁拾肆歲驗得仰面
面色發變髮脫兩眼胞開不致命右腮頰磕傷
壹處參差不齊難量分寸紅色兩鼻竅有水沫

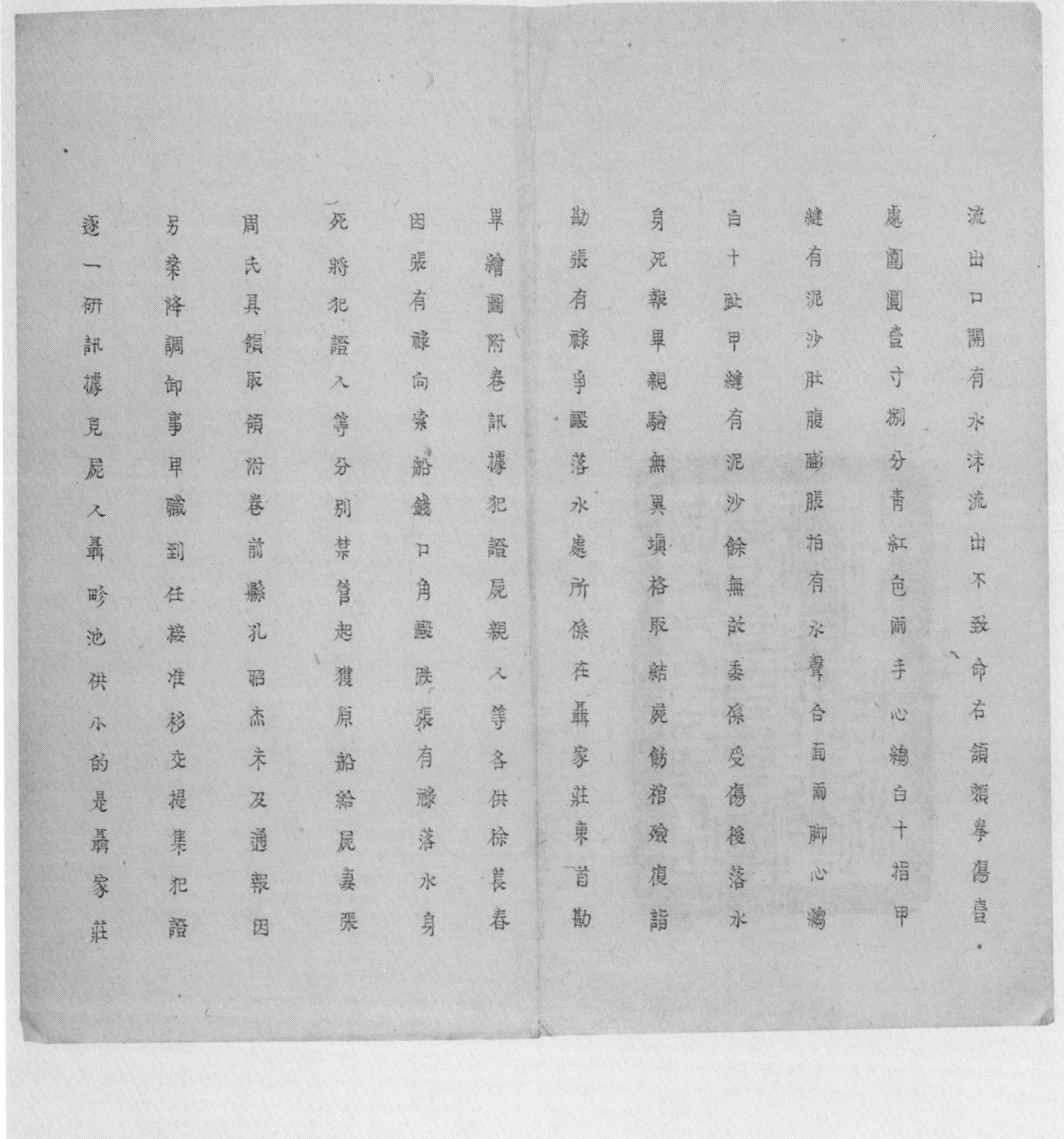
流出口開有水沫流出不致命右領頦拳傷壹
處圍圓壹寸捌分青紅色兩手心鵝白十指甲
縫有泥沙肚腹膨脹拍有水聲合面兩脚心鵝
白十趾甲縫有泥沙餘無故委係受傷後落水
身死報單親驗無異塡格取結屍飭棺殮復詣
勘張有祿爭毆落水處所係在聶家莊東首勘
單繪圖附卷訊據犯證屍親人等各供徐萇春
因張有祿向索船錢口角毆跌張有祿落水身
死將犯證人等分別禁管起獲原船給屍妻張
周氏具領取領附卷前縣孔昭杰未及通報因
另案降調卸事卑職到任接准移交提集犯證
逐一研訊據見屍人聶畛池供小的是聶家莊

江苏巡抚林则徐题本 审明盐城县客民徐莨春殴跌张有禄致淹毙拟绞监候

道光十四年十月十三日

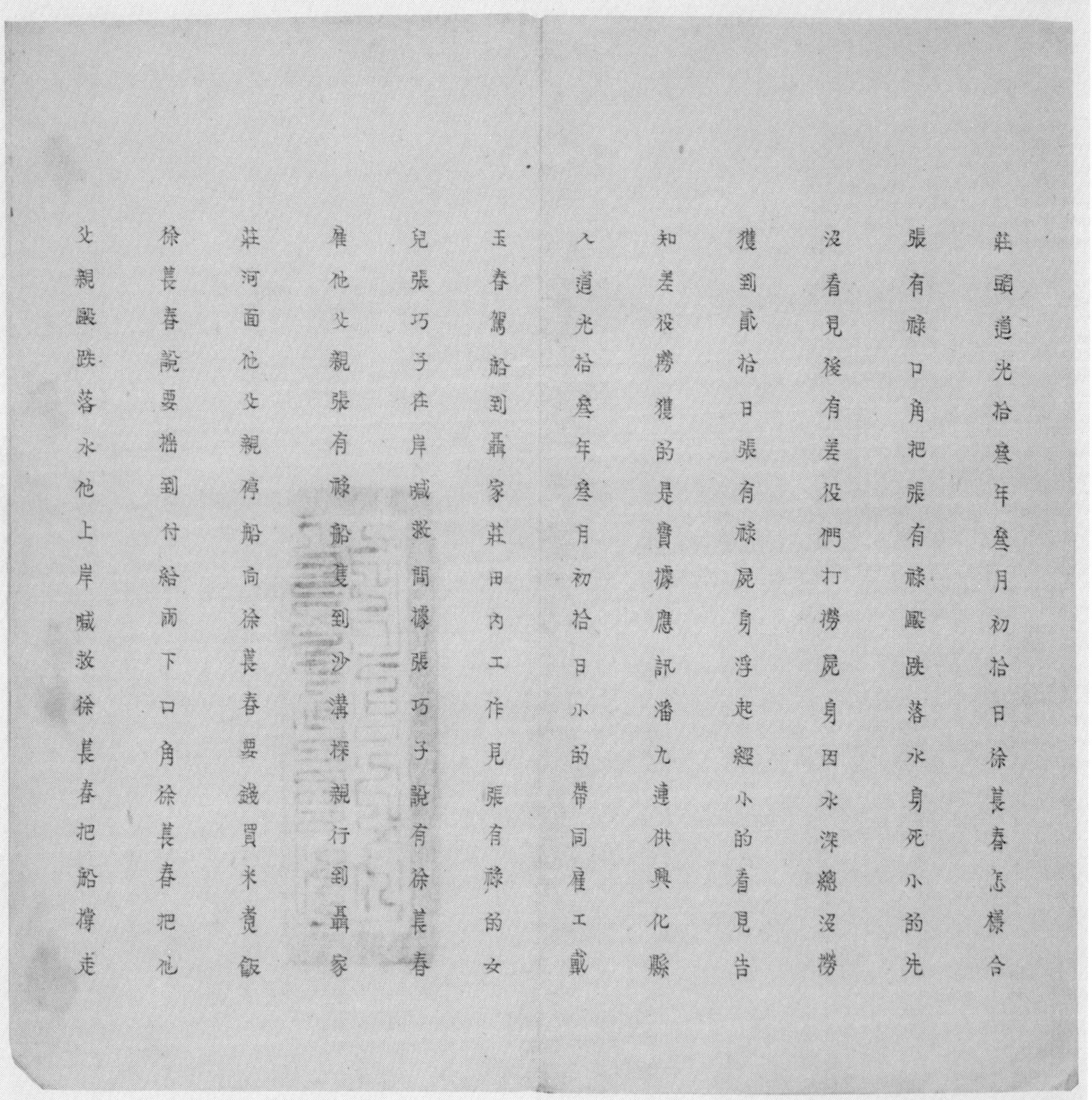
莊頭道光拾叁年叁月初拾日徐莨春怎樣合
張有祿口角把張有祿毆跌落水身死小的先
沒看見後有差役們打撈屍身因水深總沒撈
獲到貳拾日張有祿屍身浮起經小的看見告
知差役撈獲的是實據應訊潘九連供與化縣
人道光拾叁年叁月初拾日小的帶同雇工戴
玉春駕船到聶家莊田內工作見張有祿的女
兒張巧子在岸喊救問據張巧子說有徐莨春
雇他父親張有祿船隻到沙溝探親行到聶家
莊河面他父親停船向徐莨春要錢買米煮飯
徐莨春說要捎到付給兩下口角徐莨春把他
父親毆跌落水他上岸喊救徐莨春把船撑走

江蘇巡撫林則徐題本 審明鹽城縣客民徐萇春毆跌張有禄致淹斃擬絞監候
道光十四年十月十三日

的話那時徐萇春船隻尚在前面小的就駕船帶同張巧子追趕到興化鹽城交界地方適有兵役們緝至幫同把徐萇春拏獲解蒙興化縣訊供撈獲張有禄屍身移解驗究的求訊究是實據屍妻張周氏供寶應縣人張巧子是女兒張有禄是丈夫駕船度日女兒向在船上幫駕丈夫與徐萇春素不認識並無嫌隙道光拾叁年叁月初玖日徐萇春來雇丈夫船隻到鹽城沙溝裝糧言明船錢貳百貳拾文丈夫就帶同女兒張巧子撐駕婦人沒有同去初拾日早搖到聶家莊河面丈夫停船向徐萇春要錢買米煮飯徐萇春無錢兩下口角丈夫被徐萇春毆

江蘇巡撫林則徐題本　審明鹽城縣客民徐萇春毆跌張有禄致淹斃擬絞監候

道光十四年十月十三日

跌落水身死女兒上岸喊救徐萇春撑船逃走
經潘九連們駕船帶同女兒追趕有兵役們幫
同把徐萇春拏獲解蒙興化縣訊供撈獲丈夫
屍身移解驗究婦人向女兒問明丈夫實被徐
萇春毆跌落水身死並沒別故求究抵原船已
蒙給領是實據屍女張巧子供寳應縣人年拾
伍歲張有祿是父親撑船度日小女子向在船
上幫駕道光拾叁年叁月初玖日下午徐萇春
來雇父親船隻要到鹽城沙溝探親說定船錢
貳百貳拾文父親就帶同小女子撑駕初拾日
早行到聶家莊河面父親將船靠岸向徐萇春
先要船錢壹百文買米煑飯徐萇春回說沒錢

應許搖到措給父親不依徐莀春斥說父親性
急兩下爭吵父親站在船頭混罵徐莀春回罵
父親撲向毆打徐莀春用拳毆傷父親右頷頦
因船小歪側父親站立不穩失跌在槳梢上磕
傷右腮頰滾跌落水小女子年輕無力打撈就
上岸喊救那時莊上有人趕來徐莀春就搖船
逃走適有潘九連們駕船經過向小女子問知
情由帶同小女子追趕到興化鹽城交界地方
經兵役幫同把徐莀春拏獲解案興化縣訊供
撈獲父親屍身移解驗究的父親實被徐莀春
毆跌落水身死並沒別故是實據兇犯徐莀春
供興化縣人年貳拾貳歲父親於道光拾貳年

病故母親王氏年伍拾貳歲並沒弟兄娶妻陳
氏沒生子女向來幫工度日與張有祿素不認
識並無嫌隙道光拾叁年叁月初玖日下午小
的因在寶應地方尋工無着雇了張有祿船隻
想到鹽城沙溝探親借貸言明船錢貳百貳拾
文張有祿同他女兒張巧子撐駕初拾日早行
到聶家莊河面張有祿把船靠岸向小的先要
船錢壹百文買米煑飯小的沒錢應許擱到措
給張有祿不依小的斥他性急兩下爭吵張有
祿站在船頭混罵小的回罵張有祿撲向小的
毆打小的情急用拳毆傷張有祿右額顱因船
小歪側張有祿站立不穩失跌在槳椿上磕傷

右腮頰滾跌落水張巧子上岸喊救小的因見
莊上有人趕來一時驚慌不敢上岸就搖船逃
走張巧子同潘九連們駕船追趕適有兵役緝
至幇同把小的拏獲解蒙興化縣訊供拏獲張
有祿屍身移解驗究的並非有心欲殺也沒起
釁別故小的駕船逃走實係冀圖脫身並非謀
取船隻是實各等供據此將犯收禁錄供通詳
奉批飭審拾叁年柒月初伍日據禁卒稟報徐
萇春在監患病醫治詳咨於捌月初陸日報痊
隨提集覆訊各供均與前審無異不敘外該署
鹽城縣知縣王會圖審看得客民徐萇春毆跌
張有祿落水身死壹案緣徐萇春籍隸興化傭

江蘇巡撫林則徐題本　審明鹽城縣客民徐萇春毆跌張有禄致淹斃擬絞監候

道光十四年十月十三日

工度日與船户張有禄素不認識並無嫌隙道
光拾叁年叁月初玖日徐萇春在寶應地方雇
坐張有禄船隻前赴鹽城沙溝探親借貸言明
船錢貳百貳拾文張有禄帶同幼女張巧子駕
駛初拾日早行至聶家莊河面張有禄將船靠
岸向徐萇春索錢壹百文買米煑飯徐萇春無
錢許俟攞到措給張有禄不依徐萇春斥其性
急致相爭吵張有禄站立船頭混罵徐萇春回
詈張有禄撲向毆打徐萇春情急用拳毆傷張
有禄右領頦因船小歪側張有禄站立不穩失
跌在欒梢上磕傷右腮頰滾跌落河淹死張巧
子年幼無力打撈上岸喊救徐萇春因見莊上

有入趕出不敢上岸卽駕船逃逸時有潘九連
等攜船經過向張巧子問知情由帶同追捕至
興化鹽城交界河面適興化鹽城贰縣兵役緝
至幫同將徐萇春拏獲解經興化縣訊供飭差
往聶家莊河內撈獲屍身因爭毆獲屍處所均
在阜縣境內將犯解回經前縣孔昭杰驗訊未
及通報另案降調卸事卑職王會圖到任訊供
通詳嗓批飭審遵復提犯研鞫據供前情不諱
究非有心欲殺亦無起讐別故案無遁飾查律
載鬬毆殺人者不問手足他物金刃扭絞監候
等語此案徐萇春因張有祿向索船錢口角用
拳毆傷張有祿失跌落河淹死應按律問擬徐

江蘇巡撫林則徐題本　審明鹽城縣客民徐萇春毆跌張有禄致淹斃擬絞監候
道光十四年十月十三日

萇春合依鬬毆殺人者不問手足他物金刃並
絞律擬絞監候秋後處決張巧子訊因年幼無
力誘撥應免置議起獲船隻已給屍屬領回屍
棺飭埋無干省釋等情解府該府提訊犯供翻
異札委山陽縣知縣張用熙審係畏罪狡翻仍
照原擬由府審解到司前署司恐案情未確發
委蘇州府知府沈兆澐行提屍親人等來省審
明並無別故照擬解勘前來該署江蘇按察使
怡良提犯親訊核擬無異解候勘
題等情招解到臣提犯親審無異該臣看得鹽城
縣客民徐萇春毆跌張有禄落水身死壹案緣
徐萇春籍隸興化傭工度日與船戶張有禄素

不認識並無嫌隙道光拾叁年叁月初玖日徐
萇春在寶應地方雇坐張有祿船隻前赴鹽城
沙溝探親借貸言明船錢貳百貳拾文張有祿
帶同幼女張巧子駕駛初拾日早行至聶家莊
河面張有祿將船靠岸向徐萇春索錢壹百文
買米煮飯徐萇春無錢許俟搭到借給張有祿
不依徐萇春斥其性急致相爭吵張有祿站立
船頭混罵徐萇春回詈張有祿撲向毆打徐萇
春情急用拳毆傷張有祿右頷頦因船小歪側
張有祿站立不穩失跌在槳梢上磕傷右腮頰
滾跌落河淹死張巧子年幼無力打撈上岸喊
救徐萇春因見莊上有人趕出不敢上岸即駕

船逃逸時有潘九連等撐船經過向張巧子問
知情由帶同追捕至興化鹽城交界河面適興
化鹽城兩縣兵役緝至帮同將徐萇春拏獲解
經興化縣訊供飭差在聶家莊河内撈獲屍身
因爭毆獲屍處所均在鹽城縣境内將犯解回
驗訊通詳審供不諱究非有心欲殺亦無起釁
别故案無遁飾查律載鬬毆殺人者不問手足
他物金刃並絞監候等語此案徐萇春因張有
禄向索船錢口角用拳毆傷張有禄失跌落河
淹死應按律問擬徐萇春合依鬬毆殺人者不
問手足他物金刃並絞律擬絞監候秋後處決
張巧子訊因年幼無力撈救應免置議起獲船

隻已給屍屬領回屍棺飭埋無干省釋臣謹具

題伏乞

皇上聖鑒勅下三法司核覆施行再此案縣審分限

叁箇月應以道光拾叁年叁月貳拾叁解犯到

案之日起前縣孔昭杰未及通詳於肆月拾伍

日因另案降調卸事該署縣王會圖於是日到

任接審前官歷限未及壹月例得另起審限除

犯病壹月扣至捌月拾伍日滿限於拾月初玖

日解府除解府程限陸日計遲延壹箇月零拾

捌日該府提訊犯供翻異即於拾月初玖日札

委山陽縣審辦應扣委審限壹月扣至拾壹月

初玖日滿限於拾貳月初捌日審解計遲延貳

拾玖日府限壹月并封印壹月應扣至拾肆年
貳月初捌日滿據於貳月貳拾叁日解司除由
府解司程限拾伍日丑未逾違臬司恐案情未
確即於貳月貳拾肆日札委蘇州府審辦該府
提訊犯供狡展行提屍親人等來省審辦據於
伍月貳拾叁日解省除提解例限貳拾日往返
程限壹月計遲延壹箇月零玖日所有接審遲
延壹月以上職名係署鹽城縣知縣王會圖委
審遲延不及壹月職名係山陽縣知縣張用熙
提解遲延壹月以上職名係現任鹽城縣知縣
孟廣沅開報附參至蘇州府委審限壹月并司
院分限各壹月應以伍月貳拾叁解到屍親人

等之日起扣至捌月貳拾叁日全限届滿尚有
臣前赴江寧辦理文闈監臨事務公出日期可
扣除合併陳明謹題請
旨

道光[illegible]地方提督軍務總理糧儲臣林則徐

江蘇巡撫林則徐題本 審明鹽城縣客民徐萇春毆跌張有禄致淹斃擬絞監候

道光十四年十月十三日

兵部侍郎兼都察院右副都御史巡撫江蘇等處地方提督軍務總理糧儲臣林則徐謹
題爲移解事該臣看得鹽城縣客民徐萇春毆跌
張有禄落水身死壹案緣徐萇春與船戶張有
禄素不認識並無嫌隙道光拾叁年叁月初玖
日徐萇春在寶應地方雇坐張有禄船隻前赴
鹽城沙溝探親借貸言明船錢貳百貳拾文張
有禄帶同幼女張巧子駕駛初拾日早行至聶
家莊河面張有禄將船靠岸向徐萇春索錢壹
百文買米煮飯徐萇春無錢許俟搖到措給張
有禄不依徐萇春斥其性急致相爭吵張有禄
站立船頭混駡徐萇春回詈張有禄撲向毆打
徐萇春情急用拳毆傷張有禄右頷頦因船小
歪側張有禄站立不穩失跌在槳梢上磕傷右
腮頰滾跌落河淹死張巧子年幼無力打撈上
岸喊救徐萇春因見莊上有人趕出不敢上岸
即駕船逃逸時有潘九連等搖船經過向張巧
子問知情由帶同追捕適與化鹽城貳縣兵役
緝至幫同將徐萇春拏獲解經興化縣訊供飭
差撈獲屍身將犯解回驗訊通詳審供不諱徐
萇春依鬬毆殺人律擬絞監候秋後處決謹題
請
旨

上諭 林則徐審理監生陸鼎京控一案著步軍統領等嚴拏共犯歸案

道光十四年十月十五日內閣奉

上諭林則徐奏京控案內有指引遞詞之訟師請飭拏解訊等語青浦縣監生陸鼎京控一案據該撫訊係該縣捐貢生周國琛主使已將周國琛拏獲審訊茲據陸鼎供稱在京遞呈時有何芝亭代為斟酌指引何芝亭係浙江人先在刑部後在戶部當差現住前門外牛血衚衕著步軍統領順天府五城一體嚴拏務獲解往江蘇歸案審辦欽此

江蘇巡撫林則徐奏摺　**奏報江蘇省道光十四年九月份雨水糧價情形**

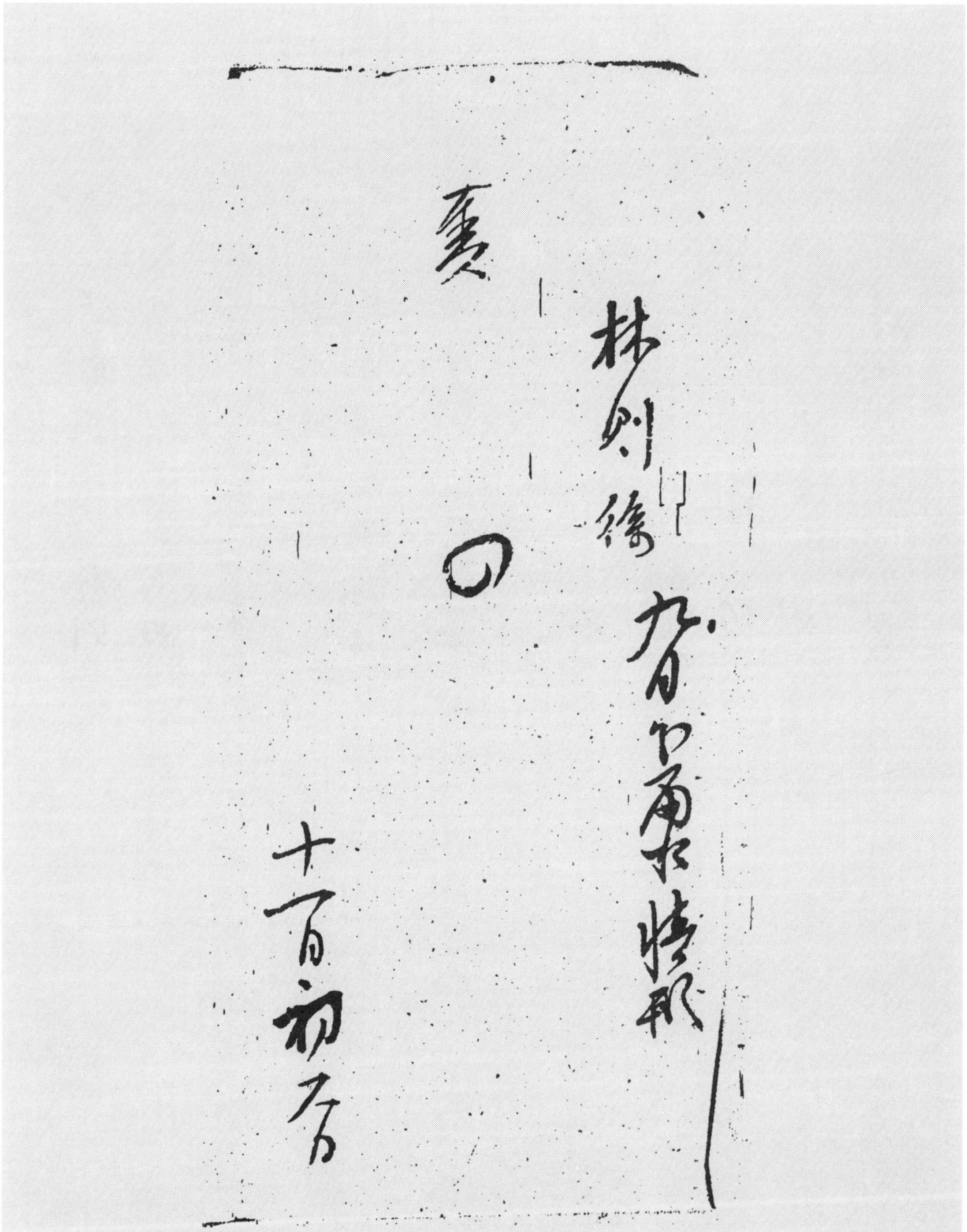

江蘇巡撫林則徐奏摺 奏報江蘇省道光十四年九月份雨水糧價情形
道光十四年十月十八日

江蘇巡撫臣林則徐跪
奏為恭報九月分雨水糧價情形仰祈
聖鑒事竊照江蘇省本年八月分雨水糧價業經臣恭
摺具
奏在案茲據各屬呈報九月上旬初二三四五七八
九中旬十一二三四五七八九二十等日或得微
雨或得雨一二三寸不等其下旬俱屬晴霽
氣候涼和早中二禾均經收割其全晚禾亦
漸次刈穫登場前此被水被旱各處仍即奏
委員陸續勘實俾得一體蠲緩並籌來歲安穫
植木棉之區收成多係減等業據臣會同督
臣另以奏摺

江蘇巡撫林則徐奏摺 奏報江蘇省道光十四年九月份雨水糧價情形

道光十四年十月十八日

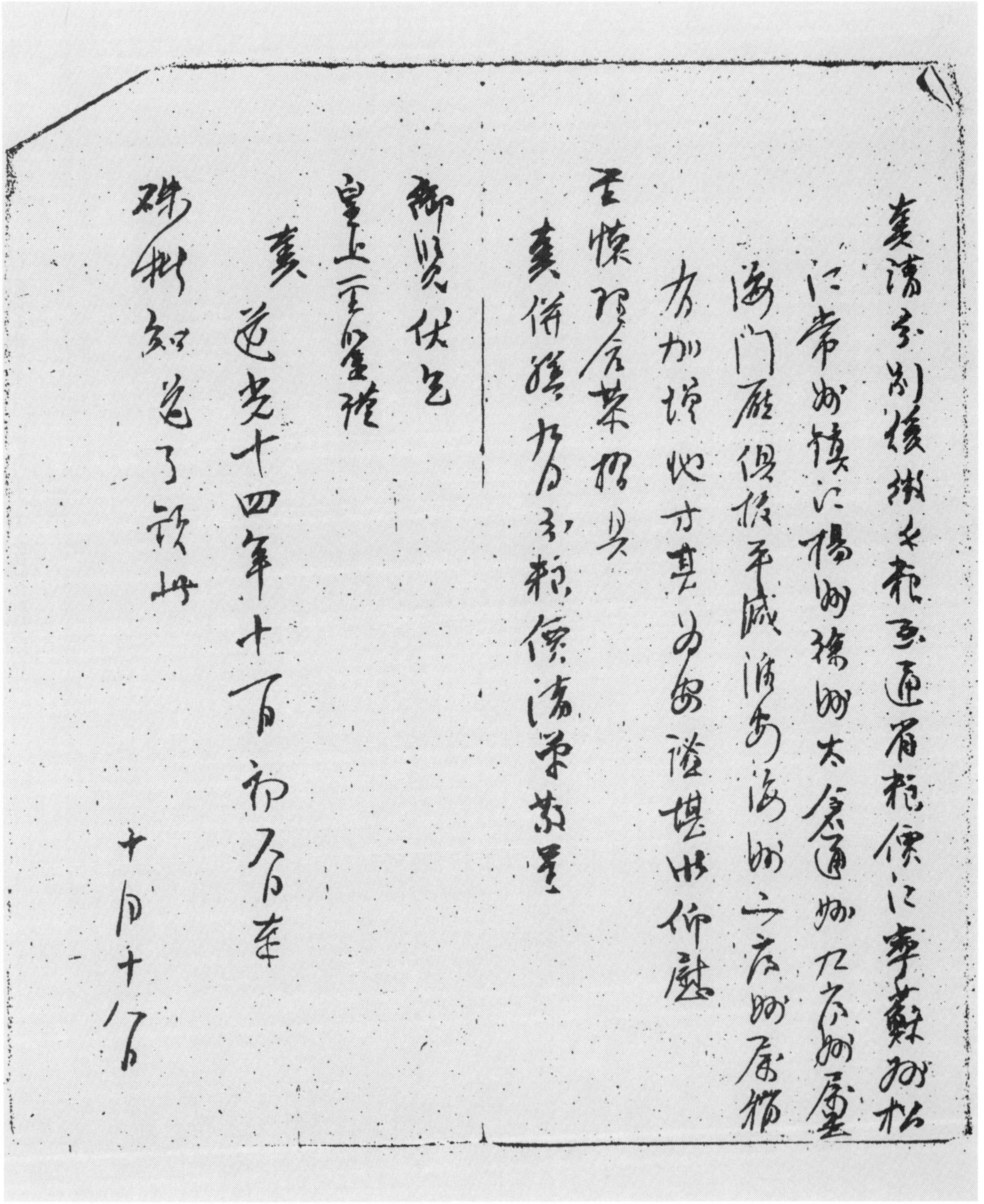
奏請分別緩徵各銀兩並通省糧價江寧蘇州松
江常州鎮江揚州徐州太倉通州九府州屬並
海門廳俱較平減淮安海州二府州屬稍
有加增地方甚為安謐堪以仰慰
聖懷理合恭摺具
奏併繕各府糧價清單恭呈
御覽伏乞
皇上聖鑒謹
奏 道光十四年十月初八日奉
硃批知道了欽此
十月十八日

江蘇巡撫林則徐清單

江蘇省道光十四年九月份糧價清單

清單

謹將江蘇省道光十四年九月分米糧時價開

繕清單恭呈

御覽

計開

江寧府屬價貴中

上米每倉石價銀二兩二錢至三兩一錢

較上月賤五錢

中米每倉石價銀二兩一錢至三兩 較上

月賤五錢

糙米每倉石價銀二兩至二兩八錢 較上

月賤五錢

小麥每倉石價銀一兩七錢八分至二兩八

錢 與上月同
大麥每倉石價銀一兩五分至二兩一錢
與上月同
黄豆每倉石價銀一兩八錢至二兩四錢
較上月賤五分

蘇州府屬 價貴中
上米每倉石價銀三兩至三兩四錢 較上
月賤一錢
中米每倉石價銀二兩六錢至三兩二錢
與上月同
糙米每倉石價銀二兩四錢至三兩 與上
月同

小麥每倉石價銀一兩七錢至二兩二錢五
分　較上月賤五分
大麥每倉石價銀八錢五分至一兩二錢
較上月賤一錢
黄豆每倉石價銀一兩九錢八分至二兩六
錢　與上月同

松江府屬　價貴中
上米每倉石價銀二兩八錢至三兩四錢五
分　與上月同
中米每倉石價銀二兩六錢至三兩一錢五
分　較上月賤一錢
糙米每倉石價銀二兩一錢至二兩九錢

較上月賤二錢五分

小麥每倉石價銀一兩五錢二分至一兩九錢七分　與上月同

大麥每倉石價銀八錢五分至一兩二錢

與上月同

黃豆每倉石價銀一兩四錢至二兩二錢

與上月同

常州府屬　價貴中

上米每倉石價銀二兩六錢至三兩　較上月賤五分

中米每倉石價銀二兩四錢至二兩九錢

較上月賤五分

糙米每倉石價銀二兩二錢至二兩七錢
較上月少一錢
小麥每倉石價銀二兩至二兩二錢五分
與上月同
大麥每倉石價銀一兩至一兩三錢五分
與上月同
黃豆每倉石價銀一兩七錢至二兩二錢
與上月同
鎮江府屬 價貴中
上米每倉石價銀二兩七錢至三兩三錢五
分 與上月同
中米每倉石價銀二兩六錢至三兩 與上

月同
糙米每倉石價銀二兩四錢至二兩八錢
與上月同
小麥每倉石價銀二兩一錢至二兩五錢
較上月賤五分
大麥每倉石價銀一兩三錢至一兩六錢
與上月同
黄豆每倉石價銀二兩至二兩四錢 較上
月賤一錢
淮安府屬 價貴中
上米每倉石價銀三兩三錢至四兩六錢
較上月賤二錢

中米每倉石價銀三兩二錢至四兩 較上
月賤二錢
糙米每倉石價銀三兩一錢至三兩八錢五
分 較上月賤二錢
小米每倉石價銀一兩八錢至二兩三錢五
分 較上月賤五分
小麥每倉石價銀一兩九錢五分至三兩三
錢 較上月貴四錢
大麥每倉石價銀一兩二錢五分至二兩
與上月同
黃豆每倉石價銀一兩九錢五分至二兩四
錢 較上月賤一錢五分

秫秫每倉石價銀一兩二錢五分至二兩五
分 與上月同
揚州府屬 價貴中
上米每倉石價銀二兩五錢至三兩一錢五
分 較上月賤五分
中米每倉石價銀二兩四錢至三兩五分
較上月賤五分
糙米每倉石價銀二兩三錢至二兩九錢五
分 較上月賤五分
小麥每倉石價銀一兩六錢至二兩九錢
與上月同
大麥每倉石價銀一兩至一兩七錢 與上

月同

黄豆每倉石價銀一兩八錢至二兩九錢五

分　與上月同

秫秫每倉石價銀一兩一錢　與上月同

徐州府屬　價貴中

大米每倉石價銀三兩九錢至四兩六錢一

分　較上月賤一分

小米每倉石價銀二兩五錢五分至四兩三

分　較上月賤一分

小麥每倉石價銀二兩一錢至三兩四錢

與上月同

大麥每倉石價銀一兩二錢至一兩九錢

與上月同
黄豆每倉石價銀一兩八錢至二兩七錢三
分　較上月賤二分
秫秫每倉石價銀一兩五錢至二兩四錢二
分　與上月同
太倉州併屬　價貴中
上米每倉石價銀三兩三錢至三兩五錢
較上月賤三錢
中米每倉石價銀三兩一錢至三兩八錢
較上月賤一錢
糙米每倉石價銀三兩至三兩四錢　較上
月賤二錢

小麥每倉石價銀一兩三錢至二兩四錢
較上月賤一錢
大麥每倉石價銀一兩至一兩五錢　較上
月賤一錢
黄豆每倉石價銀一兩七錢至二兩一錢
較上月賤一錢

海州併屬　價貴中
上米每倉石價銀三兩七錢四分至四兩三
錢　較上月貴一錢
中米每倉石價銀三兩一錢五分至四兩
與上月同
糙米每倉石價銀三兩六分至三兩六錢

與上月同
小米每倉石價銀二兩六錢至三兩九分
與上月同
小麥每倉石價銀二兩三錢九分至二兩八
錢 與上月同
大麥每倉石價銀一兩一錢四分至一兩六
錢 較上月貴一錢
黄豆每倉石價銀二兩二錢一分至二兩八
錢 與上月同
秫秫每倉石價銀一兩三分至一兩三錢
與上月同
通州併屬 價貴中

上米每倉石價銀二兩九錢至三兩 較上
月賤一錢五分
中米每倉石價銀二兩七錢至二兩八錢五
分 較上月賤二錢
糙米每倉石價銀二兩五錢至二兩七錢五
分 較上月賤二錢
小麥每倉石價銀一兩八錢至二兩二錢
與上月同
大麥每倉石價銀九錢至一兩三錢 與上
月同
黃豆每倉石價銀一兩八錢至二兩 與上
月同

海門廳 價貴中

上米每倉石價錢四兩四錢、較上月賤二錢、

中米每倉石價錢四兩二錢、較上月賤二錢、

糙米每倉石價錢三兩六錢、較上月賤二錢、

小麥每倉石價錢二兩二錢、與上月同

大麥每倉石價錢一兩六錢、與上月同

黃豆每倉石價錢二兩五分、較上月賤五分

覽

江蘇巡撫林則徐奏片　**奏報江寧蘇州兩藩庫道光十四年九月份收捐監生銀數**

江蘇巡撫林則徐奏片　奏報江寧蘇州兩藩庫道光十四年九月份收捐監生銀數

道光十四年十月十八日

再江寧蘇州兩藩庫收捐監生銀數截至道
光十四年八月底業經附片具
奏在案。茲查江寧藩庫自嘉慶五年起至道光十
四年八月底共收捐監銀三百六十六萬一千四
百一十六兩，除節次撥解及提歸墊辦外，
存銀二萬四千九百五十六兩零。九月分又收捐
監生七十二名，計銀七千七百七十六兩，共存
銀三萬二千七百三十二兩。蘇州藩庫自嘉慶
五年起至道光十四年八月底共收捐監銀四百
八十九萬三千八百兩，除節次撥解及提歸墊
辦並請留備用外，存銀六萬一千四百九十八兩

江蘇巡撫林則徐奏片 奏報江寧蘇州兩藩庫道光十四年九月份收捐監生銀數

道光十四年十月十八日

茲九月分又收捐監生四十三名計銀四千六百四十四兩共存銀八萬八千一百四十二兩前准部咨收足十萬兩解部續足收五萬兩歸撥補支賠等因此次江蘇寧藩庫歸補蘇州藩庫解部撥俟收有成數分別辦理容俟附片陳明謹

奏

道光十四年十一月初八日奉

硃批戶部知道欽此

十月十八 江蘇巡撫

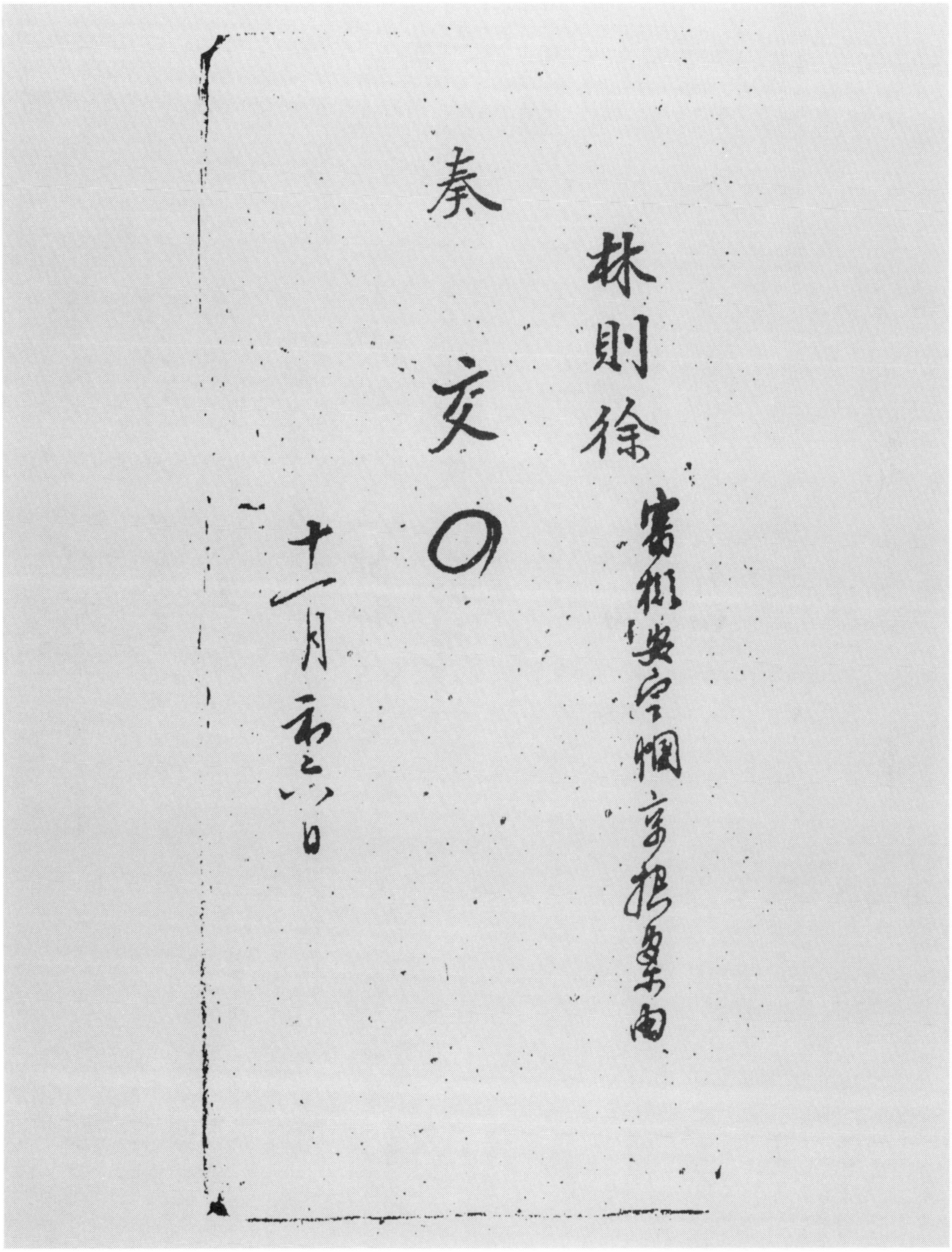
林則徐審擬安定幗京控案由
奏
交〇
十一月初六日

江蘇巡撫林則徐奏摺　遵旨審明安定幗京控命案分別定擬
道光十四年十月十八日

江蘇巡撫臣林則徐跪
奏為遵
旨審明京控案摺奏祈
聖鑒事竊照清河縣民安定幗赴都察院呈控徐
匯楊等糾令子孫將伊父安雲步撲毆斃命州
縱隱詳情一案奏奉
諭旨此案著交林則徐親提人證秉公嚴審按律
定擬具奏原告安定幗該部照例解往備質欽此臣
查此案于道光五年十一月據署清河縣范鳳諧
詳報安雲步與徐克春等因尋驢口角被徐克
春用鐵鍁傷左腿身死兇犯脫逃驗明通詳經
前撫臣批飭嚴緝照限開參嗣據屍弟安雲路

屍子安定幗以徐廷棟等縱令子姪徐希春徐堯
春等持械攢殺等情赴前督臣孝臣衙門具
控飭經該縣府先後提審並續獲徐希春據
供安雲步實被徐堯春戳斃伊止聽糾同往先
回並未幫毆該縣因續拿徐堯春無獲稟請
將犯父徐廷標犯叔徐廷棟武生斥革勒令根
交旋因徐廷棟等患病交保調治勒緝徐堯春
未獲在卷茲准部咨將原告安定幗遞解到蘇
隨提人卷至省飭委署蘇州府汪忠增審明由
臬司裕謙察審詳解前來臣親提研鞫緣安
定幗籍隸清河其父安雲步與徐廷標之子徐
堯春徐廷棟之子徐希春均係村鄰素識無嫌

道光五年十月初四日徐尭春家驢隻走失閙
被安雲步莊上拉去推磨邀同堂弟徐希春
往尋与安雲步口角勸散徐尭春在庄外將驢
找回初五日驢隻倒斃徐尭春氣忿糾令徐希
春徐如春韓步廷并工人支大幗錢小喜傅得
仲王倖子一共八人往尋拉驢之人講理徐見徐尭
春徐如春韓步廷王倖子各帶鉄鎗徐希春帶木棍
支大幗帶木柄鉄叉錢小喜帶刀傅得仲帶鉄
耙偕抵安家庄適安雲步在場上看守花生徐
尭春向其索賠驢隻安雲步不依致相吵罵韓
步廷用鎗戳傷安雲步右腿錢小喜用刀背毆傷安雲
步左後肋徐尭春用鉄鎗戳傷安雲步左

腿倒地尚有唇吻左脇左臂等傷未能看清
何人毆戳徐希春徐如春在場未經動手見安
雲步倒地均即走散安定幗聞鬧開門出視查
知情由當將伊父安雲步抬回詎安雲步傷重
旋即殞命報縣驗訊差拘徐堯春等均已逃
逸通詳參緝並著犯父徐廷標等限交未到屍弟
安雲路屍子安定幗疑係犯屬差保故縱即以
徐廷棟等縱令子姪攢毆賄保黃太貴放兇
經差朦具不究等情赴府道並督臣衙門具控
飭府提審訪獲徐希春到案供未在場
幫毆交差管押旋因患病經徐萬春鍾鐸吳
遵道保回調治安定幗復赴前撫臣具控批將武生

徐廷棟徐廷標等扣考解審諭府訊供各執
蒙具嚴飭質審節次比緝徐亮春無獲者將
徐廷標徐廷棟武生斥革比追徐廷標等旋
亦因病交保安定幗因徐亮春拖未獲案心懷
不甘即以前控情節赴都察院具控呈奏奉
諭旨交審臣以正兇徐亮春外逃未獲難保非伊父徐
廷標等縱毆庇匿即徐希春徐如春既經聽
糾持械同往自必幫同下手隨親提人証反覆
推鞫據徐廷標徐廷棟僉供徐亮春等尋毆
糾毆伊等聞知阻止無及迨徐亮春將安定幗步
毆死即時畏罪遠逃杳無蹤跡伊等屢次被控
解審並奉斥革勒交不勝受累正欲找出徐亮春

亦民何敢隨擬亦不能庇護並據徐希春堅供伊與
徐如春雖俱隨行因見徐奐春等動手兇猛轉生
怕懼不敢上前實未幫同揪毆查徐如春現患瘋
病不能取供該二原告安宣相亦無異詞衆詰不移
似無遁飾查律載同謀共毆人致死下手傷重者絞
餘人杖一百又例載人命等案現獲之犯稱逃者為
首僅獲一二名無證佐指認者將現獲之犯按例擬
罪監禁候逸犯就獲再行質審各等語此案徐希
春徐如春因徐奐春走失驢隻尋獲倒斃隨從徐
奐春持械同往安家莊講理徐奐春等用鐵戳
傷安雲步身死徐希春等雖未幫同下手致已同行
在場即屬餘人自應按律問擬徐如春應俟其去

武生與徐希春均照同謀共毆人致死餘人杖一
百律各杖一百據供係在逃之徐克春起意糾毆下
手傷重致死難保非情無質證狡謊避就應照
例監候待質徐廷標徐廷棟以失驢細故輒任
子姪糾衆持械毆斃人命事後又任其脫逃並
一門兄弟叔姪多係武生恃强爭競已可概見徐
廷標徐廷棟俱應照不應重律杖八十已革武
生不准開復徐廷棟被安定幗京控賭博逼死
姚成富一案業據該縣訊詳姚成富前在徐廷
棟地內搭棚居住求乞因貧餓服礬自盡徐
廷棟等並無賭博逼命情事應毋庸議武生徐
長春于徐克春等共毆命案訊未听糾同行其

該安定幗京控聚衆抗官一案亦據縣詳徐
長春因聽從金萬山與吳步蟾爭地糾毆打
毀鍋碗經汛弁將徐長清春連竹槍當時獲解
訊供因病畏保並無聚衆抗拒情事惟該生
聽糾持械尋毆毀物實屬不守臥碑徐長春
應革去武生亦照不應重律杖八十與徐廷標
徐廷棟各折責革落徐萬春鍾鐸等訊無
賄囑正兇勾串朦詳情弊應與並無賄縱之書
差陶廷桂金萬地保黃太及訊未藏匿正兇之
周道明均毋庸議屍子安定幗控詞失實由
于正兇無獲父命未償情尚可原請免置議
逸犯徐光春等飭縣勒限緝拿並責令徐廷

標簽訪尋務獲另結無干省釋除備錄供招

送部查核外謹繕摺具

奏伏乞

皇上聖鑒勅部議覆施行再該原告在京結稱歷

控府道學政撫督衙門各一次查核相符合併

陳明謹

奏

道光十四年十月初八日奉

硃批該部議奏欽此

十月十八日

兩江總督陶澍江蘇巡撫林則徐奏摺

江蘇省秋成間有被歉勘不成災請分別緩徵

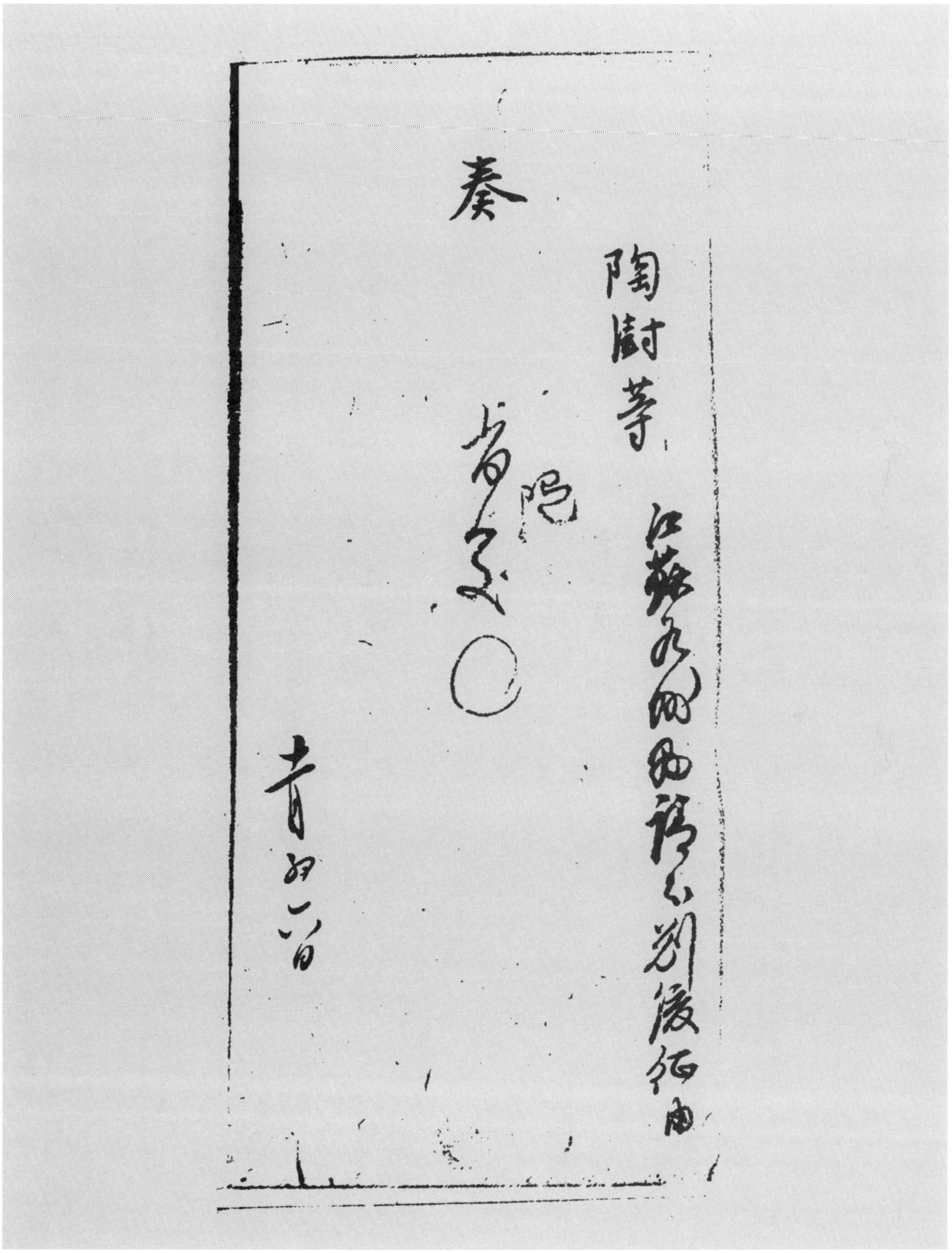
奏

陶澍等

兩江總督陶澍江蘇巡撫林則徐奏摺 江蘇省秋成間有被歉勘不成災請分别緩徵

道光十四年十月十八日

兩江總督臣陶澍
江蘇巡撫臣林則徐跪

奏為查明江蘇各屬秋成向有被歉勘不成災照
恩緩徵錢糧並將蘇松等屬歷年舊欠分別帶徵
恭摺奏祈
聖鑒事竊照江蘇省本年秋收高低牽計約有七分
業經臣林則徐恭摺
奏報在案惟查濱江一帶低田因上游湖南湖北等
省于六月間來水江潮陡長衝破圩圍淮徐
海等屬亦因夏間陰雨過多間被淹浸蘇松太
倉等府州因七月廿三四五等日大風暴雨附近
太湖一帶陸窪低內湖水驟漲淹及禾棉等
三江下游俱經挑濬寬深以資宣洩雖被淹

水不致洩實自七月下旬以來天氣久晴水勢大
都消退非極窪之處形如釜底未能涸出遂減
收成此外各屬向有高田被旱低田被水之虞者
不過一隅中之一隅且幸隨時佈濟輿情僉謂
今歲氣候均調為數年來所僅見從此
頻邀時若屢豐編氓元氣自不難漸復惟目前
閭閻中窮民力未紓其中被水被旱各州廳縣
衛均係連年積歉之區本年歉收田畝應征
米糧固已艱于輸納即其餘成熟田地若新舊
並征小民以一歲之所收而完數年之積欠亦屬
力有未逮據各屬先後詳報經臣林則徐于月
報雨水糧價摺內

兩江總督陶澍江蘇巡撫林則徐奏摺 江蘇省秋成間有被歉勘不成災請分別緩徵
道光十四年十月十八日

奏明飭司委員分別勘辦去後茲據江寧布政使楊
簧詳稱據該管府州督同印委各員陸續勘
察覈計上元江寧句容高淳江浦山陽阜寧
清河桃源安東鹽城高郵泰州甘泉寶應銅山豐
縣沛縣蕭縣碭山邳州宿遷睢寧海州沭陽贛
榆等二十六州廳縣及淮安大河徐州三衛被
水被旱田畝均係收成歉薄勘不成災應請
緩征本糧又據蘇州布政使陳鑾詳稱常熟昭文
崑山新陽上海南匯青浦川沙溧陽太倉鎮洋
崇明等十二州廳縣及太倉鎮海金山三衛節
被歉之區亦係勘不成災應請一併緩征其該州
廳縣內成熟田地並長洲元和吳縣吳江震澤

華亭奉賢婁縣金山武進陽湖無錫江陰宜
興荊溪靖江丹徒丹陽金壇溧陽寶山等二十一縣
以及蘇州衛應徵田陸本年新賦照常征收外請
將舊欠正耗銀米分別帶征遞緩各等情詳請具
奏前來臣等伏查各屬被水被旱情形已據印委
各員先後勘明統係一隅歉收均未成災其每屬查
如係鄉惟地漕正耗自應酌予緩征計至上元
江寧句容高淳江浦常熟昭文崑山新陽上海
南匯青浦川沙溧陽山陽阜寧清河桃源安
東鹽城高郵泰州甘泉寶應銅山豐縣沛縣
蕭縣碭山邳州宿遷睢寧太倉鎮洋崇明
海州沭陽海門等三十八州廳縣並淮安大河徐州

太倉鎮海金山等六衛幫被歉田畝應征道光十
四年地漕各項已未完懇
皇上天恩緩至道光十五年秋成後分作二年帶征其乙
未年正忙新賦並請緩至該年秋後一併啟征
各州縣所屬蘆課學租公費園租湖灘租油
蔴地租屯田津貼墳租灘租征收只出借籽種口
糧蘆草牧馬新舊並抄案入官地畝錢糧民
田之內係照生荒坍方一律查辦鹽場灶地應
歸鹽務衙門辦理淮揚等屬減則田地並海州
暨沭陽縣一水一麥田地亦請援照歷屆成案一
併緩征又阜寧清河桃源宿遷海州沭陽贛
榆七州縣民折官辦漕糧除贛榆縣本年全境

成熟以帶本運節餘，但有輕收應請查照歷
屆奏准本程歉田米麥緩徵，俟豐熟之年再行
採辦熟田米麥，下剩亦運江省，應緩漕價五斂
統于奏銷案內聲叙，並江淮等屬應行帶
征節年舊欠地漕等項錢米麥豆，陸續發本
年歉區，應請一體緩至十五年秋收以後分別啟征貸
鹽田舊欠，現據各屬以歉年積歉，民力維艱，詳請
分別遞緩，已飭該管府州體察民情，確加覈覈，由司
會詳覈辦，俟覈到另行專案具
奏。又蘇松等屬本年舊欠陰常熟昭文崑山新陽上海
南匯青浦川沙溧陽太倉鎮洋崇明等十二州所屬
太倉鎮海金山三衛幫本年被歉田畝應將舊欠

一併緩征其成熟田地並長洲元和吳縣吳江
震澤華亭奉賢婁縣金山武進陽湖無錫
江陰宜興荊溪靖江丹徒丹陽金壇嘉定寶
山等二十一州縣以及蘇州衛屯田除本年新賦照
常征收外有節年舊欠亦應酌量情形分別帶
征進緩查吳江震澤華亭奉賢婁縣金山上
海南匯青浦九縣應帶征十二年熟田錢糧武進
縣應帶征十一二三等年熟田并十一年災緩二限
十二年災緩初限錢糧十三年初限米石歷征
十二年初限并二課陽湖縣應帶征十三年災緩
初限米石及各年舊欠銀米無錫縣應帶征十一
年二限銀米八九十年地漕銀兩江陰縣應業

征十二十三年初限米石十二十三年地漕銀兩宜
興荊溪二縣應帶征十三年初限米石并十二
年地漕及十一年初限銀兩靖江縣應帶征
年十一十二十三年熟田地丁歷征九十十一十二年熟
田芦課十二年初限地芦銀米丹陽縣應帶征
二年初限銀米歷征十二年初限芦課及十年
熟田旧欠地漕銀米十二年應征未完并年芦
課金坛縣應帶征十二年地漕餘補溧陽縣應帶
征十二年り月芦米太倉州應帶征熟田九年
銀米嘉定縣應帶征十一年二限銀米十二年災
緩初限米於金山縣應帶征十二年熟田尾
欠均分四帶征輸其餘各年災熟銀米應請

分別應遞展緩征以紓民力除飭將緩征銀米及
遞緩舊欠各確數分別覈實造冊咨部外所
有本年查明各屬歉收情形分別辦理緣由謹
合詞恭摺具
奏伏乞
皇上聖鑒訓示謹
奏
道光十四年十月初六日奏
硃批
欽此
十月十八日

圖書在版編目（CIP）數據

清宫林則徐檔案匯編.10/ 中國第一歷史檔案館　福建省林則徐研究會　編.－ 福州：海峽文藝出版社，2016.12

ISBN 978－7－5550－0617－6

Ⅰ.①清…　Ⅱ.①中…②福…　Ⅲ.①林則徐（1785~1850）—檔案資料—匯編　Ⅳ.①K827＝52

中國版本圖書館 CIP 數據核字（2015）第 197941 號

清宫林則徐檔案匯編　10

中國第一歷史檔案館　福建省林則徐研究會　編
責任編輯　茅林立　陳　婧
美術編輯　劉小岳
出版發行　海峽出版發行集團
　　　　　　海峽文藝出版社
經　　銷　福建新華發行(集團)有限責任公司
社　　址　福州市東水路 76 號 14 層　　**郵編**　350001
發 行 部　0591-87536797
印　　刷　福建新華印刷有限責任公司　　**郵編**　350011
廠　　址　福州市福新中路 42 號
開　　本　889 毫米 × 1194 毫米　1/16
字　　數　690 千字
印　　張　31.5
版　　次　2016 年 12 月第 1 版
印　　次　2016 年 12 月第 1 次印刷
書　　號　ISBN 978－7－5550－0617－6
定　　價　300.00 元